问卷设计手册

——市场研究、民意调查、社会调查、健康调查指南

诺曼·布拉德伯恩(Norman Bradburn)
希摩·萨德曼(Seymour Sudman)　著
布莱恩·万辛克(Brian Wansink)

赵　锋　译
沈崇麟　校

重庆大学出版社

作者简介

诺曼·布拉德伯恩（哈佛大学博士，1960） 芝加哥大学心理学系和公共政策研究海瑞斯研究生院，玛格丽特和第凡内·布莱克资深教授。他经常与希摩·萨德曼一起，就调查方法论的各个论题从事广泛的写作。他是将认知心理学引用到调查问卷设计中的先行者。他曾担任国家舆论研究中心的主任数年。目前担任美国国家科学基金社会、行为和经济科学项目部的副主任。

希摩·萨德曼（芝加哥大学博士，1962） 从 1968 年到 2000 年他逝世时，一直是伊利诺伊大学（厄巴纳-香槟校区）营销学怀特·斯特勒讲座教授。综观其积极从事研究的一生，他对调查设计、调查抽样和调查方法论等领域作出了无与伦比的贡献。他还经常对美国人口普查局的工作给予指导。同时，他还是位于伊利诺大学的调查研究实验室的代主任和研究员。

布赖恩·万辛克（斯坦福大学博士，1990） 尤里安·西蒙研究学者，伊利诺伊大学（厄巴纳-香槟校区）营销学、营养学、广告学以及农业和消费经济学教授，同时也是康奈尔大学和荷兰瓦赫宁根大学的副研究员，负责指导食品和品牌实验室的研究工作。该研究室致力于与食品选择和消费有关的心理学研究（www.FoodPsychology.com）。他与希摩·萨德曼合著了《消费者固定样本组连续研究》（*Consumer Panels*）一书。

致　谢

　　虽然在我们撰写新版的过程中,希摩·萨德曼(Seymour Sudman)不幸故去。但他广博的文献知识、深刻的经验和睿智的判断,仍在不断地为本书增色。我们都深深地怀念他。

　　这一版的问世有赖于它的所有先行者和曾为它作出贡献的人们。我们要感谢很多伊利诺伊大学调查研究实验室(Survey Research Laboratory,SRL)以及在芝加哥大学全美民意研究中心(NORC)的同事。这些同事中包括编撰了第12章材料的赫伯特·杰克逊(Herbert Jackson)和在汇编、打印、综述调查设计方面的最新成果给我们以很多帮助的马修·切尼、莎拉·乔·布伦纳、马丁·卡托(Matthew Cheney, Sarah Jo Brenner and Martin Kator)。

　　感谢乔西-巴斯、塞思·施瓦茨和加斯丁·弗拉汉姆(Jossey-Bass, Seth Schwartz and Justin Frahm),在我们心烦意乱的时候,给我们耐心开导。感谢他们出色解决了在本书编辑工作中遇到的各种问题,正是他们的出色工作,才能使本书从手稿变为一本精美无比的出版物。同样,我们对于读者也怀有深深的感激之情。

诺曼·布拉德伯恩

布莱恩·万辛克

作者前言

本书初版于 1982 年,书名为《提问的方式方法:实用问卷设计指南》(*Asking Questions: A Practical Guide to Questionnaire Design*)。这一版是它的修订版。本书集中讨论了社会科学研究者和市场研究人员在结构化的问卷或访谈中使用的提问的方式方法。其中许多已经格式化的提出和设计问题的有效原则,也可用于其他背景的问卷调查。不仅如此,这些原则还可以用于在测试室和实验室中进行的、涉及对参与者进行评估或要求参与者作出反应的、用打印的问卷进行的非正式的或半结构式的访谈。

我们希望本书对社会学家、心理学家、政治学家、评估研究者、社会工作者、感官学者(sensory scientists)、市场和广告研究人员,以及其他可能需要从顾客、消费者或雇员那里收集系统的信息的人来讲,是一本有用的"手册"。

在过去的 20 年里,调查研究实践发生了两个主要变化,正是它们促使我们对本书的初版进行修订。首先,由于认知心理学在问卷研究的应用,问题设计的研究发生了重大的变革。它使我们有了一个可以用来理解问答过程,以及各种在很久以前就已经观察到了的回答效应(response effect)的成因的概念框架。这一方面工作的进展,使问卷的构建从艺术变成了科学。

其次,在将计算机用于辅助调查过程这一方面也发生了很大的技术变革。计算机辅助调查信息收集(CASIC)指的是各种专门程序,它们被用于支持调查数据的收集。例如,CAPI(计算机辅助个人访谈)或CATI(计算机辅助电话调查),都是最常见的CASIC形式。在调查中,计算机技术在收集数据的各个阶段的大量使用,使我们此前版本中的一些建议变得过时,因为这些讨论都是以传统的纸笔式问卷为依据的,所以必须彻底重写。我们也正在开创一个基于网页调查的时代。虽然对于指导这种调查的新方法我们还所知不多,但是在本书中,在讨论到相关主题时,我们还是尽可能地把我们已有的知识加入其中。

本书附有写作参阅的主要书目,其目的在于使本书更加齐备。有些读者也许想参阅一下我们的早期著作,如《调查中回答效应:评论与综合》(*Response Effects in Surveys*:*A Review and Synthesis*)(Sudman and Bladburn,1974);《改善访谈方法和问卷设计:调查研究中威胁性问题的回答效应》(*Improving Interview Method and Questionnaire Design*:*Response Effects to Threatening Questions in Survey Research*)(Sudman and Bladburn,1979);《思考回答》(*Thinking about Answers*)(Sudman,Bradburn and Schwarl,1996);《消费者事务委员会调查》(*Consumer Panels*)(Sudman and Wansink,2002)。因为这些书中有对本书给出的一些建议提供支持的经验数据更为详尽的讨论。

本书特别予以关注的问题是问卷构建,而非调查设计和实施的所有方面。尽管本书也强调在问卷设计前必须要对研究问题予以确切的阐述,但本书并没有对如何选择和阐述重要的研究问题展开任何讨论。要具备这些能力,只能求助于你们自己坚实的专业知识——知识的获得,既需要学习和评估前人的研究,也需要勤于思索和创造。然而,只要你已经能确切阐述自己研究的问题,那么本书便能帮助你提出正确的问题。

本书分作三个部分。在第1部分,我们讨论了问题提出的社会背景。我们阐述的中心论题是:研究者如希望调查的回答是准确的,那么他们就必须精心地斟酌问题的措辞。我们简要地论述了理解调查访谈的概念框架,并用一些例子来说明某些语言和有可能产生问题的背景之间存在的微妙关系。我们还论述了一些对调查研究者来说显要的道德原则——隐私权、充分知情权以及数据的保密。

第 2 部分的内容是有关提问题的方略(tactics)的。从第 2 章到第 9 章，我们给读者介绍的是，如何就不同的主题，确切地阐明自己的问题的主要方略。譬如有关行为的问题，其问题的阐述的要求，就会与有关对态度的问题有所不同。我们还考察了如何提出问题以测度认知，以及在设计评价表现、测度主体特征或人口学特征等问题时涉及的特殊问题。

在第 3 部分，我们则从有关如何就特定主题的问题阐述，转向如何精心编制一份完整的问卷的讨论。我们论述了如何将问题组织成一份完整的问卷，以及因不同的数据收集模式而产生的特殊要求，诸如个人访谈、电话访谈、自填式问卷，还有电子化的调查方式。本书的结尾，我们呈列了一组常见的问题和答案。

在整部书中，我们都使用了术语。对于调查研究的专家而言，这些术语也许很好理解，但是我们的读者也许不熟悉它们。因此，我们给出了一个常用的调查研究的术语表。许多在术语表中列出的术语，在文中都有更充分的论述。此外，在附录 A 中，我们还提供了一份学术的和非营利性的调查研究机构的名单。

第 2 部分的各章都从一份我们加以考虑的种种事项的清单开始。这份清单既可作为我们阐述主要论点的最初指南，也可作为日后在准备编制问卷时，那些我们必须牢记于心的要点的参考。

初学调查设计工作的读者可能要依次序一章一章地通读全书。有经验的研究者和那些带着专门的问题阅读本书的读者，则可根据自己的需要，有选择地阅读有关的章节。所有的读者，无论是初学者还是有经验的读者，都应检索一下本书颇为详细的使用索引。

为了能给读者提出一些有关提问的切实可行的建议，我们参阅了大量的有关问题设计的方法论方面的研究，并予以综合和精炼。这些研究不仅跨越过去的很多年，而且涉及了广泛的领域。尽管如此，我们还是想提醒那些试图寻找如何写出完美问卷的建议的读者，任何建议都不能保证问卷设计是完美的。对于那些希望进一步研究问卷设计的读者来说，还有大量有趣的工作正在等着他们去做。

目　录

第 1 部分　提问的谋略

第 2 部分　起草和制作问卷

各章要点目录

1 提问的社会背景

在提问时,精确的措辞至为关键,它可以决定回答人的答案。然而即使在日常交流中,这一事实也没得到充分的重视。例如,一个同事谈到这样一件事:有一次,他想挑选一块花岗石作为厨房的工作台,但他只有劳动节前的周六才有时间。虽然在周五,他曾经打电话确认,商店在周六仍将营业,但是当周六他到商店时,却发现商店的大门上写着"因劳动节,周末停业"。于是,我就问他是否还记得他向商店职员提的问题。他说:"我问他周六商店什么时候营业,他回答'九点到五点。'"

这个故事形象地说明了提问的基本要领。它说明,对于一个提问者而言,懂得在提问时必须遵循提问的黄金法则——问题只应涉及自己想要知道的东西,不要涉及其他无关紧要的东西,这一点是很重要的。不仅如此,他们还必须了解更为重要的一点,那就是模棱两可的语言和语境对问题含义的理解产生很大影响。我的同事在不经意间问了一个极为模糊的问题。他的问题究竟指的是通常的周六，还是特指即将到来的周六呢？显然，店员认为他问的是通常的周六。而我的同事问的却是即将到来的周六。直到他到了商店之后，才发现他的问题可能会有另外的解释。

在日常生活中，总是充满了类似的误解。在多数情况下，我们可以通过进一步的交流，或者直接提出含义清楚的问题来纠正。有时它只能在我们预期的行为没有发生时，就像看到商店关了门那样，才会被纠正。但是调查中使用的提问方式，使我们无法获得有关含混不清或者信息误传之处的反馈。我们必须依靠试调查来清除问题中的含混用词，以尽可能地将问题表述清楚——问我们想要知道的东西，不涉及其他无关紧要的东西。

本书的主题是：问题的措辞是调查的关键要素。正确的字序在问题中的重要性可以通过另一个例子予以形象说明。

> 有两位牧师，一位多明我会会士和一位耶稣会会士，正讨论同时吸烟和祈祷是否是罪。由于无法达成共识，于是他们分别去请教各自的上司。一星期后他们再度相遇。多明我会会士说："哎，你的上司怎么说？"
>
> 耶稣会会士答道："他说没问题。"
>
> "那太可笑了，"多明我会会士应道，"我的上司说那是犯罪。"
>
> 耶稣会会士说："你问他什么？"
>
> 多明我会会士应道："我问他，在祈祷的时候抽烟行不行？"
>
> "哦，"耶稣会会士说，"我问我的上司，在抽烟的时候祈祷行不行？"

细微的措辞变化会造成显著的差异

自调查的早期开始，这个事实已为问卷调查的实践者所周知，即措辞上看似细微的变化能够引起回答上显著的差异。可是，人们一般都认为明确地陈述问卷是调查研究中最容易的一部分，因而很少耗费精力在此问题上。因为就提问而言,并不存在什么成文的法则,所以似乎也不存在可以区别问题优劣的原则,即便有这样的原则存在,也为数不多。然而,我们认为,这样的原则有很多。本书提供了一些原则,问卷设计的新手和有经验的实践者可以运用它们来更好地提问。此外,全书中我们呈现的例子既有好的问题,也有不好的问题,以形象地说明问题措辞和问题的社会背景能够产生的差异。

有倾向性的措辞导致有倾向性的回答

假若有人想了解工人是否认为自己的工作得到了公正的报偿这一问题,那么问"你是否觉得你的工作得到了公正的报偿?"这样一个问题,得到的答案将与问"你的雇主或者你的代理人是否用花招来骗取你们的部分收入?"这样一个问题,得到的答案会有很大的不同。我们发现,如果一位致力于提倡改善工人条件的人问的问题是第二种的话,那么我们大可不必为此而感到惊讶。显然,诸如"花招""骗取"等字眼的使用,表明问题的作者对雇主们并无什么好的看法。实际上,这个问题正是卡尔·马克思在一个早期的工人调查中提出的问题。

人们不难发现,出自游说团体的问卷常常是有倾向性的。如一份出自某一作者的问卷含有下面这样一个问题"所谓'针对性减税'是一种特殊的利益信用,只有少数的收益团体受惠。专家们认为,这种复杂而又漏洞百出的税收方法,它会使那些大政府自由派提高税收变得轻而易举,甚至在人们还不知情的时候就提高了税收。您是不是觉得一个比较简单的税收制度——如单独一个通胀率,或单独一个不含收入税的国家销售税,可能会使你比较容易地认识到政客们在什么时候提高了你的税?"

即便一个毫无经验的研究者也可以发现这个问题中充满了情绪上具有谴责意味的词汇,例如"所谓的""漏洞百出的"以及"大政府自由派"。问题的设计者显然很想获得能够支持他们观点的回答。虽然这个例子有些极端,但是它能够形象地说明问题的设计者可能会有意或无意地使用特定的词汇以获取自己需要的答案。或许不必奇怪,这种问卷伴随着一个要求,即帮助支付汇编和宣扬调查的成本。这种问卷调查,有时被称为敛钱调查(frugging surveys),在这里所谓的"敛钱"是一种在伪装下进行的筹款。这样的调查,其主要目的通常都是筹集资金,而非收集调查信息。美国公共舆论研究协会已经宣称筹款式的问卷调查是欺骗性的和不道德的,但令人遗憾的是它们并非是不合法的。

使用特定词汇以获取所需答案并不是困扰调查者唯一的一类问题。有时问题仅仅是过于复杂和难以理解。让我们来考察一下这样一个例子,它源于英国皇家委员会委托进行的人口问题研究。"在一个相当长的时期中,您有没有遇到在既没有节欲也没有避孕的情况下却没有怀孕这样的情况?"(Moser and Kalton,1972)这个问题十分难以理解,我们不清楚调查者究竟想要了解什么问题。

政治性问题的细微差别

然而即使在不存在存心使问题有偏向性的时候,要编写出一个好的问题也并非是一件容易的事。因为我们用来描述我们要研究的现象的词汇,可能有政治上的含义。我们用来描述的有关领域的词汇可能在政治上十分敏感,以至不同词汇的使用便会导致答案分布百分比的显著变化。一个 1998 年的综合社会调查(Davis,Smith and Marsden,2000),在问及福利和对穷人进行援助的问题时,便引起了相当大的争议。

> 在这个国家里,我们面临着很多问题。没有一个问题解决起来是容易的、低成本的。我将展示其中的一些问题,对每一个给出的问题我希望您告诉我,您认为我们是花费了太多的钱、太少的钱,还是适量的钱呢?我们是花费了很多钱、很少钱,还是适量的金钱在……

	"福利"	"帮助穷人"
	(N=1 317)	(N=1 390)
太少	17%	62%
适量	38%	26%
太多	45%	12%
总计	100%	100%

并不是所有措辞的变化都会导致回答分布的变化。例如,关于政府是否对失业负有责任的问题,有两个旧的例子,虽然它们的措辞不同,但是回答人

的 69% 答了"是"。也许这是因为这类问题太平常了。一个问题来源于 1939 年 6 月的罗珀调查(Roper Survey),问到"您认为我们的政府应当还是不应当向所有的没有其他生活手段的人提供救济?"

另一个问题来自 1938 年 1 月的盖洛普民意调查(Gallup Poll),措辞有所不同,问到"您认为给那些失去工作的穷人支付生活费用是否是政府的责任?"

当问题变得愈加具体后,回答人就不太可能会有一致的看法。1945 年 5 月到 6 月间的盖洛普调查中使用的三个问题(Gallup Questions)十分形象地说明了这一点。

- 您认为政府是否应该在一个有限的时段内,给予那些失业的工人金钱,直到他们能够找到另外的工作为止?(是:63%)
- 有一项提案建议在失业和找工作的一年当中,政府给予那些需要养家糊口的失业工人共 26 周每周 25 美元的资助。您是赞成还是反对这个计划呢?(赞成:46%)
- 您是否愿意缴纳更高的税,以给予那些没能找到满意工作的人最多 26 周,每周 25 美元的资助?(是:34%)

注意引入更多的细节——比如详细说明实际的钱数、资助的时间长短,以及提醒回答人失业救济将用增加的税收来支付——会改变问题的意义,并会在答案上产生相应的变化。在后续的章节里,我们将更详细地讨论措辞如何影响回答,同时我们也将会针对如何设计出更好的问卷给予一些具体的建议。

作为一种社会过程的提问

调查访谈与一般社会交谈有许多相似之处。实际上,宾厄姆和穆尔(Bingham and Moore,1959)将研究性访谈定义为有目的的交谈。对很多专业访谈员来说,有机会与各种不同的人接触和对话似乎极具吸引力。出于相同的理由,对多数回答人来说,有机会就一系列话题与一位富有同情心的听众交谈同样极具吸引力。我们对于那些参与到社会调查中的人们的确切动机所知甚少，但是证据大致表明大多数人乐于投入到此种经历之中。而那些拒绝参与的人并非真正的拒绝，是因为他们已经参与了太多的调查，已经厌倦了。他们一点也不喜欢调查并且一贯地拒绝参与其中，或者曾经经历过糟糕的调查。

将回答人视作自愿的交谈者

不同于法庭上的证人，问卷调查的回答人不必被迫回答我们的问题。我们必须说服他们参与到访谈之中，并且必须让他们从头至尾保持对调查的兴趣（或者至少是保持他们的耐心）。如果问题是贬低身份的，令人为难的，或者是令人不快的，那么回答人就可能终止访谈或伪造答案。因为不同于工作申请人或回答医生问题的患者，回答人并不能从访谈中获得任何实际的好处。他们唯一的报偿就是在精神上得到一定程度的满足——比如有机会向富有同情心的、不随意评判的听众陈述他们的观点或他们的经历；有机会为公共的或科学的知识作出贡献。他们的报偿，或者甚至只是一种因对访谈者提供了帮助而得到的一种良好的感受。近年来大众参与问卷调查的意愿一直在下降，原因固然有很多，但其中的一个原因就是因为作了大量乏味的、误导性的调查。因此，对调查研究者来说，努力使问卷达到最高质量这一问题，具有双重的显要性。

虽然调查过程与对话过程相似，但是它们仍有以下几个方面的不同：（1）调查是两个人之间遵守特定准则的沟通。（2）访谈员不对回答人的回答进行判断，还必须把他们的答案当作秘密加以保守。（3）回答人也有与之对等的义务，真实且仔细地回答每一个问题。（4）在调查的过程中，难免有不便回答的问题或答非所问，一个训练有素的访谈员会重复他的问题或者追问不明确或无关的答案以获取合适的答案；而回答人虽然很难改变调查的主题，但是他们可以拒绝回答任意一个问题，或中断访谈。

毋庸置疑，访谈员与回答人取得联系和确保合作的能力，对访谈的成败固然有很重要的意义，但在使调查过程成为一种愉快的经历，和激发回答人回答问题的热情方面，问卷所起的作用同样也很重要。糟糕的问卷，如同令人尴尬的对话,可能将最初愉悦的情境变为令人厌烦或使人沮丧的经历。因此,不要只关注个别问题的最佳措辞,您——问卷的设计者——必须将问卷看作一个整体,考虑它对访谈经历的影响。如果问卷的主题在本质上不能吸引回答人,那么你务必特别小心地确认,至少访谈的某些部分能够引起他们的兴趣。

为何有些敏感的问题不再敏感

最初,调查研究者常常担心他们所问的问题可能会使回答人感到不安或困扰。多年前,调查研究者认为他们的访谈只能够包含被社会大众认可的问题。20 世纪 40 年代,当盖洛普民意调查的调查员向一个全国性样本的回答人问道,你们的家庭成员中是否有人患过癌症时,他相当忐忑不安。今日,问卷调查可以包含一系列过去被认为是禁忌的主题,诸如宗教信仰、收入和消费行为、个人健康情况、毒品或酒精饮料的使用,以及性行为和犯罪行为等。

一般的评论员和那些并不熟悉调查的研究者有时会注意到,他们或许不会告诉自己最好的朋友调查问及的某些事情,如性行为或收入情况。但访谈员是陌生人而不是朋友,所以他们的顾虑就相对较少,而这一事实正是访谈情境所具有的特殊性的一部分。因为回答人一般再也不会遇到这一陌生人,也因为自己的名字不会与相应的资料联系在一起,所以人们宁愿将那些不愿透露给自己最好的朋友的资料,透露给陌生人。当你将自己可能会令人尴尬的行为或关乎自己生活的私密细节告诉某位朋友时,你可能会为此所产生的反响忐忑不安。例如,罗杰·布朗(Roger Brown),一位著名的社会心理学家,在他的自传体回忆录的序言中提到这样一件事,因为他不希望长期共事的秘书为他在自传中披露的有关其个人生活的隐私而感到震惊或哀伤,所以他故意不让秘书打印手稿中的有关章节,虽然这位秘书为他打印了手稿中其他所有的章节。他宁愿请一位与其没有任何私人关系的人来为他打印这些章节(Brown, 1996)。只要有适当的动机以及隐私有可靠的保证,人们将愿意在调查访谈中披露自己的私人资料。

大多数回答人参与调查都是自愿的。他们愿意扮好自己的角色,给出最好的答案。你的责任就是通过设计有效的问卷,以增进他们的良好意愿。如果问卷需要回答人回忆过去的事件,那么问卷应该给予他们尽可能多的帮助,以便获得精确的回忆。(第 2 章将讨论涉及回忆类型的问题的相关技术。)

处理社会赞许偏差

一般而言,回答人有成为一个"好的回答人"及提供被问及的资料的动机,他们也有成为一个"好人"的动机。这表现在他们会试图向访谈员呈现自己较好的那一面。在社会调查研究中,社会期许偏差是一个重要的问题。尤其是当问题涉及社会期许的或社会不期许的行为或态度时。如果回答人扮演的角色或具有的态度让他们觉得是不能为社会所期许的,他们就会处于一种两难的境地。帮助回答人解决这种两难困境,使其成为好的回答人是有一定技巧的,包括训练访谈员与回答人建立起友好的关系,使回答人放松下来,以及不显示道德判断等。(第 3 章将会讨论能够帮助减少社会期许偏差问题的措辞技巧。)

将访谈看作一般的社会互动的一个特例,将有助于我们更好地理解提问过程中偏差产生的来源。通过一些假设,对话被赋予一定的结构。这些假设能帮助对话双方相互理解,而无须解释所有内容的意义。这些假设已经由语言哲学家保罗·格赖斯(Paul Grice,1975)给予了系统的描述(更为详尽的讨论,请参见 Sudman, Bradburn and Schwarz, 1996:第 3 章。)根据格赖斯的分析,对话在本质上是合作性的,并且由一组四项准则所支配。这组准则为每一个参与对话的参与者所理解和共享。品质准则认为,说话者不能说任何他们已知是虚假的事情。关系准则指出说话者所陈述的内容要与正在进行的话题有关。数量准则要求说话者确保其谈话内容尽可能是信息增加的而不是重复性的。方式准则要求说话者的表达方式是清楚的而不是含糊的或晦涩的。如果问卷使得回答人难以遵从这些准则,那么在访谈员和回答人之间就可能产生某种令人不快的互动。(这些原则对于问卷设计的重要性将在第 4 章和第 5 章讨论。)

调查者应该努力避免询问回答人他们没有的资料。若此类问题必须被问及,那么访谈员应该清楚地告诉回答人可以选择回答"不知道"。

标准化的面对面访谈显然是一种社会互动。自填的邮寄式问卷或那些经由网络传递的问卷,尽管并非完全没有社会互动,但毕竟要少得多。与面对面式的访谈相比,通过电话进行的个人访谈社会互动较少,但较之自填式问卷却有更多的社会互动。为了弥补互动的不足,自填式问卷,无论是纸笔式的还是电子式的,都必须完全依赖于问题本身以及问卷的填答说明,以获取精确的答案,并促使回答人参与到研究之中。在一定程度上,我们可以设法使面对面式的访谈和电话访谈回答人参与调查,并对调查的问题加以说明,但在自填式问卷中却做不到这一点。(提问的不同模式之间的差别将在第 10 章进行讨论。)

提问过程中的道德原则

在问卷调查研究中,关于道德问题的讨论集中于下列三项原则:隐私权、充分知情权和保密权。在某种意义上,问卷调查研究是具有侵入性的(intrusive)。当回答人被选中作为问卷调查的参与者,并被问及一系列问题时,回答人的隐私权就会受到侵犯。意识到回答人的隐私权是至关重要的。韦斯廷将隐私权定义为"除了因社会利益而发生的极少的例外之外,个体有权为其自身确定在什么时候和什么样的条件下,向一般公众公开其行为。"(Westin,1967:373)从社会调查的目的看,除了行为之外,我们还应该扩展韦斯廷的概念,以包含态度、意见和信仰。

为什么隐私权不是绝对的

就问卷调查的伦理而言,隐私权有几个方面的含义。第一,隐私并不被视为一种绝对的权利。尽管法律的论定有利于保护隐私,但在一些特殊情况下,有时出于对社会利益的考虑,而会认定对隐私的侵犯是正当的。第二,就信息问题而言,隐私权是指人们有权利决定是否将那些关乎他们自身的信息透露给他人。虽然他们一定会有可能被请求透露有关信息,且可能是相当敏感的资料,但是他们有权决定是否愿意回答这样的问题。不存在什么有关个人行为和信仰的秘密的法律论定。相反,人们却有权利决定对谁,和在什么条件下透露有关自己的信息。也就是说,隐私权并不阻止某人问及关于另一个人行为的问题,然而在某些情形下,这种做法可能被视作粗鲁的表现。然而,隐私权还是会保护回答人的,只要不愿意,他们就可以不必透露自己的信息。不仅如此,隐私权还要求对在保密条件下才透露的信息必须加以保密。

信息保密的规范会随着情境的改变而变化。在有些情形下,譬如在把医疗和法律信息方面的信息告知第三方时,就需要得到明确的授权(例如,"你可以告诉某人")。在其他情形中,譬如一般的对话,除非对保密有明确的要求(例如,"要保密"),潜在的规范是允许把谈话内容告知第三方。在研究性访谈中,例行地明确作出保密保证的原因之一,是为了克服研究性访谈中与陌生人谈话和日常对话中与陌生人谈话本质上的相似性,不保密是后者的潜在规范。

何谓知情同意

知情同意(informed consent)意味着可能的回答人应该被给予充分的信息,这些信息涉及他们实际上会被问到什么以及他们的答案会被如何使用。其目的是要他们能够据此判断他们的回答是否会产生令人不快的后果。它假定人们在被恳请提供有关自身的某些情况时,仅当他们知道这样做的可能后果时,才能给出明智的回答。获得知情同意的程序的评价标准,通常与提供要求的信息或参与某项研究的回答人被伤害的风险有关。正因为如此,在讨论合适的知情同意程序时,所谓的"有风险"问题就变得至关重要。

怎样才算"知情"同意呢?遗憾的是,对此问题并无一致意见。一般认为,给予回答人的信息量应当与其要冒的风险成比例。那么你必须问自己,"研究中回答人实际要冒多大的风险?在将要获取的数据不受损害的前提下,我怎么才能完整地描述自己的研究?一个一般的回答人将对研究计划能有多少了解?如果回答人不理解我对他们说的那些话,那么他们的参与是否是真正知情的?"

在研究者试图确定自己对于回答人负有的责任时,这些问题及相关问题就会困扰他们。

机构性审核委员会的重要作用

由大学或医疗研究机构实施,受联邦基金资助的研究要求,有关告知研究参与者参与风险及确定他们的知情同意的协议,必须经机构性审核委员会(Institutional Review Boards)核准。该委员会由同行和社会业外代表(lay members of the community)组成。虽然强制建立机构性审核委员会的初衷是确保生物医学实验或临床试验的参与者能被充分地告知参与实验对他们健康的风险,但如今审查程序已经逐渐地扩展到所有涉及人类参与者的研究,无论它是否涉及健康,以及是否由联邦政府支持。现在许多机构性审核委员会甚至要求对那些在正式调查之前,用来测试调查工具的试调查和焦点组访谈进行审查。

幸运的是,在那些不涉及敏感话题或涉及的回答人是非特别的风险人群(可能属于含特别风险的人群的回答人包括未成年人或药物治疗计划的参与者)时,大多数机构性审核委员会都有快速的审查程序去审查这样的协议。可是,有时社会研究的机构性审核委员会,因其成员不熟悉社会研究,而强制要求问卷调查研究者提供书面的同意书。这种做法更适合于生物医学研究项目,却不适合人口总体的社会调查研究。如前所述,只有通过访谈员(以及研究者)与选定的回答人之间进行巧妙的协商,才能实现访谈,而协商必须平衡不利于调查参与的隐私和保密问题。如果要求签署书面同意书成为了参与调查的额外或不适当的风险,那么便会使调查参与率降低到研究所要求的正当的参与水平以下。

大多数问卷调查的回答人不会有风险。在这里所谓的风险是指因回答问题而导致对回答人损害的可能性。然而,有些调查会问及违法的或社会不赞同的行为,有可能对回答人造成非物质性的伤害。在这样的情况中,如果将回答人的回答泄露给他人,那么就有可能使回答人在社会上处于尴尬的境地或被起诉。在做这一类调查时,要特别注意保密问题,以确保回答人以及回答内容的安全。

有时一项调查可能包含了会引起回答人焦虑和不舒服的问题。如一项研究请第二次世界大战的老兵回答他们的战争经历对其后来的态度和长期的行为有什么的影响（Sudman and Wansink，2002）。即使事情发生在 50 多年前，很多人还是选择跳过问及他们战争经历部分的那些问题。如果这些调查采用的是个别访谈，那么小心谨慎的、经过严格训练的访谈员会有助于消除此类焦虑、不安。专业访谈员善于创造一种能让回答人畅所欲言个人事务的环境。实际上，这种专业的、不加评判的提问是调查访谈区别于一般对话的一个方面。可是，如果由于个人的原因，问题引起了回答人的焦虑，那么访谈员所能做的就只能是尽量充分地告知回答人调查的主题和内容。

访谈员一般都会告知受访者大致的调查目的和范围，并坦率地回答他们的各种疑问。如果调查包含了敏感的、针对个人的问题，那么回答人就应当被告知这些问题是访谈计划的一部分，如果他们不愿意回答可不必回答。一般都不需获得书面同意，因为参与是自愿的这一点通常是明白无疑的。倘若访谈员除了直接询问回答人还必须从相关记录中获取信息——例如，必须根据病历核对有关回答人个人的疾病情况的报告——就必须要获得参考记录的书面许可书。很多对未成年人的访谈需要获得其父母或监护人的书面许可。

设法保证匿名

知情同意是否意味着必须明确地告诉回答人参与调查是自愿的？很多调查业界的人士认为告知回答人调查的一般性质，确保资料的保密就足以表明参与是自愿的了。但是，有时告知回答人调查的一般性质简直简单到了可能只说了几句诸如"本次调查将会问到一些您个人的消费行为"或"我们将问一些您对休闲安排的看法"这样的话。对此类不合乎一般规范的做法会使回答人产生怀疑，觉得这样的调查不太对劲。譬如，辛格（Singer，1978）发现即使是一个署名的要求都会降低整份问卷的回答率。在另一项研究中（Wansink，Cheney and Chan，2003），一个要求 500 个人在调查问卷背面署名和写明地址的对半式的邮寄（Split-half Mailing）导致回答的人减少了 23%。

在某些情形中，甚至只是提了一个问题都有可能对回答人造成伤害。譬如，你若对曾经参加过戒毒或戒酒项目的人作一项追踪式的调查，那么正是对这些人进行调查这个事实本身就说明他们曾经参与过诸如此类的事情。

假如他们并不想让家人或朋友知晓,那么与他们联络并试图对他们提问的行为都会引起他们精神紧张。这时隐私问题、同意问题和保密问题便完全纠缠在了一起。在这种情况下,重要的问题是保护回答人的隐私,为此,必须确保他们不会"冒风险",并保证信息保密。要保证回答人(或他们与朋友、家人、雇主的关系)不受损害就必须非常谨慎地对待研究的每个环节,以保证回答人(或他们与朋友、家人和雇主的关系)不受损害。不仅在最初试图与回答人联络前就需小心谨慎,就是在整个研究的过程中也必须一以贯之。

除了一些特殊的情形,如调查涉及的是药物滥用或其他一些受到《联邦消息来源保护法》保护的主题收集的资料,个体对调查给出的回答,在收到执法官或律师传唤时是不受保护的。如果是法律行动所要求的,那么研究者已经对回答人作出的保密许诺,是不能使他免于出示有关被调查个体的调查记录的。为谨慎起见,法官通常都会否决律师或法律官员获取个人记录的要求,但是在每个案件中,他们都会在司法的需求和保证研究记录的保密的公共利益之间进行权衡。如果联邦消息来源保护法不能为个人资料的保密性提供保护,那么一个可行的办法就是销毁回答人的姓名和地址,或者销毁能将回答人及其姓名联系起来的任何信息。

除非在纵贯研究中因追踪访谈而需要姓名和地址,最好是尽早地销毁一切可能辨识出回答人的资料。有时,从数据的变量中也能推断出个人的身份,诸如生日、治疗日期,以及其他细小的信息。如果因纵贯研究而需要记录姓名和地址,那么就应当设立两份单独的文件,一份记录姓名,一份记录地址,与此同时,还应有第三份文件——识别文件,上面则载有能把两份文件合二为一的编码信息。可以把识别文件放置在一个单独的、最安全的地方。在某种情形下,识别文件有可能面临被传唤,被一定程度地误用以致泄露文件中所有人的身份的危险。这时就要把识别文件保存在不必服从美国传唤制度的国家。这种看似非常规的措施,其目的是要通过尽可能地增加合并个人身份资料和实质资料的难度,来保护隐私权。这样做不仅可以保证收集资料时所作的许诺不被违反,还有助于避免无意中泄露资料,提高获取合并资料的成本,使得那些想在法律案件中探取有用信息的人无法得逞。

回答人究竟需要知道多少

大多数调查的研究者仅限于非常一般地描述调查的主题。在访谈员有机会充分地阐明调查的目的之前,多数回答人就已作出了拒绝的表示。就绝大多数抽样调查而言,真正的问题与其说是知情同意,不如说是"未知情就拒绝"。调查的参与更可能是潜在的回答人对于调查的一般态度的函数,而非对于某项具体调查内容的函数。夏普和弗兰克尔(Sharp and Frankel,1981)发现拒绝参与调查的人更多的是因为他们通常对调查持有否定的态度,或是性格孤僻,孤立在人群之外,或是非常注重对个人隐私的维护,而不管是什么调查。如今调查之所以遭到拒绝,往往只是因为人们越来越感到时间紧迫或事实上时间确实紧迫。

总之,充分恰当地告知回答人调查目的,给他们解释问题的主要内容,回答回答人可能会有的任何问题——无论这些问题涉及学术性研究的资助者还是数据的用途,都是一个研究者应尽的道德责任。此外,你还应当告知回答人他们的答案能够被保密的程度。虽然你应该尽一切努力确保达到承诺的保密水平,但是一定不可承诺过高的、超出了实际能够达到的保密的水平。因而在调查的条件不允许你确保资料的保密水平达到免于传唤的程度时,你就不应当对你的回答人作出这样的承诺。

研究问题与实际询问的问题

在讨论问卷的形成问题时,我们就必须区别研究问题和为获得研究问题而向回答人提出的特定问题。研究问题确定了研究的目的,决定了哪些特定的问题可以被纳入问卷。研究问题通常都具有一般性,可能包含了回答人难以理解的抽象概念。例如,你可能想要测定美国公众对枪支管制的态度,或是某个关于健康资讯和医疗保健的电视节目对观众的影响,或是自控设备的增加是否会导致工人异化程度变高等。

清晰地陈述研究的具体目的

研究的目的,无论是为了检验一个社会科学的理论,还是去估计某种态度或行为在总体中的分布,问卷设计的程序都是相似的。首先你需要确定研究问题中的概念。然后你要系统地陈述具体的问题,通过对它们的综合或分析可以测量研究问题中的主要概念。举例来说,如果你想要了解选民对某个候选人的态度,就必须确定哪种态度对你正在研究的主题是重要的:是对候选人现在所处位置的态度,还是对候选人个人品性的评价,或是对候选人是否具有魅力的认定。研究问题陈述得越系统、精确、清楚,具体问题的编写和整个问卷的设计也就越容易。

编写具体问题的过程对阐明研究问题是有帮助的。在对问题的措辞犹豫不决时,或是存在不同的提问方式时,最终的决定必须与调查原本的目的一致。常常会有调查目的不十分明确的情况,这时就需要在进一步精炼调查目的之后,才能作出最后的判断。譬如,倘若你调查的目的是要测定一个可能的候选人是否会参选某个官职,那么你可能感兴趣的问题就是回答人对那个人了解多少,他们认同那个人哪些政治观点,以及他们对一个好的候选人的期望是什么。相反,倘若你调查的是一个已经宣布参选的候选人,那么你可能更感兴趣的是回答人对于那个候选人在某个问题上的立场有什么看法,以及他们是否准备投票给那个候选人。

根据研究目的提出具体问题

即使是相同主题的调查,因为研究的具体目的不同,也可能提出相当不同的实际问题。例如,很多调查都会问到回答人的教育水平。假如,根据你的调查目的,把回答人分为三或四个不同的教育水平就可以了,那么一个简单的问题如"您的最高教育程度是什么?",配以三或四个回答选项就能实现调查目的了。然而,假如你的调查目的是要精确地估计总体的教育水平,那么你就需要对教育水平的细类作出更加翔实的区分,比如,区别被认可的教育程度和已经开始但还没有完成的教育年限。因为提问的方式与调查的目的是紧密地联系在一起的,所以在问到个人特征如教育、收入时,所谓的"标准"的提问方式是不存在的。(参见第9章的论述)

在设计问卷时,一条一般的原则是要不断地问:"为什么我要问这个问题?"而且每次都要能够对提出的具体问题是如何在本质上与作为调查基础的研究问题相关的这一点作出解释。我们的学术训练经常让我们确信得到的信息越多越好。遗憾的是如果我们在设计调查项目时无的放矢,那么调查成本就会变得昂贵。问题在于人们通常总是以"难道这个问题没有意思么?"这样的方式开始的,这种做法的错误在于在调查结果呈现的仅仅是一堆交互表、条形图或饼图,我们却已经花费了大量的时间和金钱,因而也无法得到的比以前的研究更多的知识。所以,始终把基本的研究问题作为中心是非常关键的。

给新手的建议

创作问题的过程是很有趣的,好的问题可以迅速引起参与者回答的兴趣。问卷创作者间的竞争在不断发展,关键是看谁能提出最巧妙、最吸引人的问题。因为存在着对更多信息的偏爱,问卷的创作者们会因此而争相问道"难道知道这些不好么?"然而不久就会因为设计出来的问题过多,使预算难以负担,或者让回答人无法忍受。问卷的创作者太容易沉醉在设计问题时的兴奋状态,以致他们在还没有充分、系统地说明研究的目的,透彻地理解研究问题之前,就匆匆忙忙地投身于问题的创作。没有经验的人设计出的问卷给他人的印象是,似乎研究者在看到自己所设计出的问题之前都还不知道自己究竟想要发现什么。

要设计出一份好的问卷,必须遵循下列原则:

- 除非你已经透彻思考了你的研究问题,否则就要抑制住创作具体问题的冲动。
- 记录下你的研究问题,并将它书写或打印出来,以便在设计问卷时随时参看。
- 每次设计问题时,你要问自己"我为什么要知道这个?"而且,要从能帮助你回答研究问题的角度给出答案。如"知道这个很有意思"这样的答案不是合适的答案。

使用现有调查中的问题

在创作一个新的问题之前，检索其他的研究者就同一主题已经使用过的问题是很有帮助的。他人的问题不但可以确证你的问题的合理性，而且还是很重要的参照。在学术研究中，若想将研究发表在核心期刊上，使用有效的测量是非常关键的。

然而，就一项研究而言，已有的、令人满意的问题不可能涵盖所有的研究问题。大部分问卷都是由一些以前使用过的和新的问题构成，然而即使是那些新的问题，也可能是由以前使用过的问题改编而来。使用已有的问题不仅可以缩短检测（问卷的信度和效度的）过程，还可以比较研究结果的异同。如果研究针对的总体相似，实施的社会条件相当，且无预期可能会发生变化的理由，那么使用同样的问题使我们可以估计回答的信度。如果研究间隔了较长的时期，或预期可能会有变化发生，那么使用同样的问题使我们可以对趋势进行估计。

有些研究者担心使用他人的问题是不道德的，然而这样的担心是不必要的，因为在一般意义上讲，科学具有可重复性，而一个体现这种可重复性的特定调查研究不仅是允许的，而且还是应当得到鼓励的。通常，使用他人的问题并不需要得到问题原创者的正式许可。然而，你可以通过与原创者的交流，了解那些在出版物上没有提到的，问题使用上的某些困难。倘若你想使用的某份问卷中的题项已经有了版权，那么在使用之前，就需要得到出版者的正式许可，有时可能还要付一些费用。

一般来说，在提交的任何报告中，重要的问题是必须说明那些已被使用过的问题的出处。研究者会逐渐地认识到复制别人的问题其实并不像表面看来那么简单。因为受访者的回答很容易受到语境的影响，所以必须要注意具体问题被问及时所处的语境（Schuman and Presser，1981；Sudman，Bradburn and Schwarz，1996）。如果你感兴趣的是经过一段时间后对某个问题的回答的趋势，那么要特别注意在先前使用这个问题的研究中，在问这个问题之前被问及的那些问题（第 10 章将讨论问卷中问题安排的次序）。一旦你们开始查找，你就会惊讶能够在某个主题上可以提供的以前使用的问题的实例来源竟有如此之多。调查问题的两种主要的来源是出版物和数据库。我们虽然列出了一些主要的来源和数据库，但是开列清单的目的是给人以启发，因而不是很完全。从图书管理员或情报专家那里得到帮助可能是非常有用的。

从以前的调查中发现好的问题

我们假定研究者为了确定研究问题，已经进行了非常细致认真的文献检索。如果参考文献是一本完整的书，通常在书的附录上会载有问卷的副本。可是，对于期刊来说，限于篇幅，常常会将问卷舍去。这时合适的做法是写信给研究的作者，请求得到一份问卷的副本。更一般性的问题来源开列如下：

Gallup, G.H. The Gallup Poll: Public Opinion, 1935-1971. (3 vols.).

Gallup, G.H. The Gallup Poll: Public Opinion, 1972-1977. (2 vols.)

Hastings, E.H., and Hastings, P.K. (eds.). Index to Interna-tional Public Opinion, 1978-1979.

National Opinion Research Center. General Social Surveys, 1972-2002: Cumulative Codebook.

New York Times/CBS News polls, as indexed in The New York Times Index.

Opinion Roundup section of the Public Opinion Polls section of Public Opinion Quarterly.

Robinson, J. P., Rusk, J. G., and Head, K. B. Measures of Political Attitudes.

Robinson, J. P., and Shaver, P. R. Measures of Social Psycho-logical Attitudes. (Rev. ed.)

Roper Public Opinion Research Center. Survey Data for Trend Analysis: An Index to Repeated Questions in U.S. National Surveys Held by the Roper Public Opinion Research Center.

下面列出了一些美国最大的调查研究数据档案馆（同时也请参阅本书附录中的有关北美和欧洲主要的非营利性的调查研究中心清单）。通常，查找并复制问题和结果都需要付一定的费用。此外，政府部门、大学和其他的非盈利性的调查组织常常也允许机构外的人，得到它们的问题或问卷，即使这些机构没有正式的档案馆。

Data and Program Library Service, University of Wisconsin, 4451 Social Science Building, Madison, WI 53706

Institute for Research in Social Science, Manning Hall, University of
  North Carolina, Chapel Hill, NC 27514

Inter-university Consortium for Political and Social Research,
  University of Michigan, Ann Arbor, MI 48106 (Institute for Social
  Research archives are at the same address.)

National Opinion Research Center, University of Chicago, 6030 South
  Ellis Ave., Chicago, IL 60637

Roper Public Opinion Research Center, 341 Mansfield Road, Unit 1164,
  University of Connecticut, Storrs, CT 06269

Survey Research Center, University of California, Berkeley, CA 94720

Survey Research Lab, University of Illinois, Champaign, IL61820

　　虽然检索已有问题的过程时常既枯燥又费时,但为此而花些时间是值得的。即使你最终仅仅用了少量的已有问题,通常检索的过程也会帮助你进一步明确研究问题,改善你创作的新问题的质量。在修改来自于他人的问题时,请考虑下面的告诫。在问卷措辞上或答案的类别上微小的变化能够导致调查结果出现巨大的差异。在一年的不同时段,有三项民意调查(见图1.1)向能够代表美国人的样本分别问到他们认为谁是20世纪最伟大的男性运动员(封闭式问题),谁是生活在20世纪的最伟大的男性或女性运动员(开放式问题),以及谁是当时体育界最伟大的、仍具活力的运动员(开放式问题)。虽然这三项调查是在一年中交叉进行的,但它们的结果却很少有相似之处。这就突出地说明了确定从其他来源借用或复制的问题,与自己的研究关心的主要问题之间是否确实具有一致性,这一问题显得非常重要。

NBC新闻台/华尔街日报,9月,9—12,1999(N=1 010)	盖洛普/CNN/今日美国,12月,20—21,1999(N=1 031)	盖洛普民意测验,8月,24—27,2000(N=1 019)
在下列的运动员中,您认为哪一位是20世纪最伟大的美国男运动员?(封闭式的)	根据他(她)们的竞技表现,您认为哪一位在20世纪生活过的男性或女性是20世纪最伟大的运动员?(开放式的)	根据您的看法,谁是活跃在当今体坛上的最伟大的运动员?(开放式的)

	%	%	%
迈克尔·乔丹	35	23	4
贝比·鲁斯	13	4	0
穆罕默德·阿里	11	0	0
吉姆·索普	11	4	0
杰西·欧文斯	10	3	0
杰基·罗宾森	7	0	0
约翰尼·尤尼塔斯	2	0	0
杰克·尼克劳斯	1	0	0
马克·麦克格维尔	n/a	9	3
华特·培顿	n/a	2	0
杰西·伊娜.柯西	N/a	2	0
泰格·伍兹	N/a	0	30
卡尔·瑞普肯	N/a	0	2
其他	1 *	27 *	26 *
没意见,不确定,或没有	9	26	35

图 1.1　谁是世界上最伟大的运动员

注：* 1%或更低。

回答误差的来源

因为设计问卷的目的是要从回答人那里获取信息,所以可以通过衡量问卷能够获得研究者想得到的信息的程度来测度问题的质量。这个标准即所谓的效度。直接测度问题的效度常常是很困难的,同时还要依赖问题本身的性质。

问题类型不同,误差也不同

我们认为把问题划分为以下三种类型是有效的:

(1)问行为或事实的问题;(2)问知识的问题;(3)问心理状态或态度的

问题。

行为或事实性的问题问的是人们的特征,他们做过的事,或者在他们身上发生过的事,从原则上说,借助于一位外部的观察者,这些都是可被证实的。换句话说,有关行为的问题所关注的特征、事件或行动是表现于个体之外的,并且可以被某位第三者观察到的(当然,认为这些行为在原则上是可以被证实的并不意味着能够很容易的去证实,或者,在某些情形中,能够得到法律或伦理上的允许去证实,例如去证实投票记录或性行为)。

与知识有关的问题,测度的是回答人对某个感兴趣的主题知识的认知能力。在抽样调查中,知识问题常常与态度或行为问题结合在一起,以测量某个问题的显著度或某个项目的成果。有些知识问题,有时被当作态度问题来使用。测量知识的更加严谨的形式,比如在知识测验中呈现的形式,更多的是用来测量教学成果的。在心理测量学中,探讨了更为高深的测量信度和效度的统计方法。对这些方法的讨论超出了本书的范围。研究者若需要更为严格的知识测度,可在设计问卷时请教心理测量学家。

即使从原则上讲,有关心理状态或态度的问题是无法证实的,因为心理状态或态度仅存在于个人的心中,就算可以直接接触,那也仅仅与受访者个人有关。对一个外在的观察者来说,要感受到他人的心理状态或态度是不可能的。就行为而言,效度概念具有直观的意义,几个观察某一事件的观察者可能就效度的值有一致的意见。对态度的测量,其效度的直观意义则不那么明确。对态度效度的衡量究竟应该依据回答人与他们最亲密的朋友在一起时所讲述的个人隐私,还是依据他们的答案与他们实际行为间的关系强度?这一问题的答案更多依据的是研究者在理论上对态度的概念化,而不是一种普遍同意的准则。

虽然人们对于态度问题的效度准则没有一个明确的观念,但是可以确定的是对于态度问题使用不同的问法会产生不同的答案,而且涉及态度的问题与其他种类的问题相比,更易于受到问题措辞差异的影响。迄今为止,我们还不知道产生这类变化的具体的心理机制,但是我们已经开始了解其中涉及的认知过程。(更全面的讨论请参见:Sudman,Bradburn and Schwarz,1996;Tourangeau,Rips and Rasinski,2000;)然而,显然有一些态度在测量它们的过程中会比其他的态度更容易发生变化。

偏倚和可变性的区别

在考察效度问题时,我们已经使用了回答效应(response effect)这一概念,包括偏倚(bias)和可变性(variability)。偏倚指对于真实值的高估或低估。可变性衡量的是问题措辞的差异对测量的影响。这种变异性有时又被称为测量的信度,因为随机误差可能来源于测量方式自身(而不像系统误差要归之于某个样本的偏倚或测量工具的某些方面)。

为阐明回答效应的来源,让我们看一个具体的行为问题。在调查中一般会问到的一个问题是"去年一年您全家包含所有来源的总收入是多少?"即便我们永远也不可能知道它究竟是多少,但这个问题的真实答案却是的确存在的。因为即使我们可以拿到所得税记录,但它也会有误差源。尽管真实的答案的确存在,但却也有可能只是因为回答人忘记了自己收入的确切数字,而使我们得到了一个错误的答案。例如回答人可能少算了某些收入,特别是那些不是很显而易见的收入(诸如来自股票的分红或储蓄的利息),或者将一笔收入归错了年份。

误置事件(incorrect placement of events)发生的时期称之为记忆错位(telescoping)。前向记忆错位(forward telescoping)指回答人将被问及的前一个时期发生的事算在被问及的这个时期中;后向记忆错位(backward telescoping)指回答人将被问及的时期前发生的事件包含到了被问及的时期内。前向记忆错位(forward telescoping)通常会导致多报某些事实,后向记忆错位(backward telescoping)则恰好相反,会把在问及的时期内发生的事件推迟至后来的某个时期,因此,会产生漏报。前向和后向记忆错位通常可能以相同的频次出现在调查中,所以两者会互相抵消。不过,研究表明前向记忆错位可能更加普遍一些,因此在大多数调查中,错位的资料大多可能是多报的。

有意的偏倚和无意的偏倚

另一类型的误差可能是对收入故意的或有意的不报。比如回答人希望隐瞒他们的非法所得或者没有向美国国家税务局申报的所得。也有的误差来源于回答人故意的高报或低报他们的收入，以给访问者留下一种印象。一般而言，这种类型的误差会使收入有所夸大，但是也会有某些回答人，特别是那些高收入的回答人，则可能会少报他们的收入。还有些误差则来源于回答人没能按照研究者所希望的方式去理解问题。譬如，回答人没有汇报礼品收入，可是这种收入却是研究者希望他们算入总收入中的。最后，回答人也可能只是因不知晓某些收入（也许是家庭成员领取的收入），而未给予报告，但这部分收入也是调查要求报告的。

这些彼此纠缠在一起的误差可以通过与回答误差有关的四个基本方面来加以识别：记忆、动机、沟通和知识。事情可能被遗忘，或者有些事情发生的时间可能被记错。回答人可能因为害怕引起不良的后果或者希望呈现自己闪光的一面，而有意地不告诉真实的情况。回答人也可能没有理解问题，而是按照他们自己的理解来回答。最后一种原因，可能只是不知道问题的答案而回答了问题，但却没有予以说明。这章之后，我们将更加细致地探讨以上四个方面以及它们影响问卷设计的方式。

推荐阅读书目

有关问卷措辞其他范例以及它们对回答的影响参见这一节收录的参考书目《给新手的建议》（*Suggestions for Beginners*）。《公共舆论季刊》（*Public Opinion Quarterly*）的民意调查部分是非常有用的。每一期它都就不同主题汇总了的相关的题项。此外，《调查响应的心理学》（*The Psychology of Survey Response*）和《思考回答》（*Thinking about Answers*）提出了一些概念框架，以及大量的科学证据，可以帮助理解调查中的回答效应。在本书后的推荐书目中，我们将它们推荐给那些希望进一步探求相关概念和文献的读者。

第 1 部分
提问的谋略

2　询问无威胁性的行为问题

最直接的、可能也是最常见的问题是向回答人询问他们的行为。对一个问卷设计的新手来说，很难看出像"您现在的住房是买的还是租的?"或"您最近一次购买的是什么牌子的咖啡?"这样的问题有什么不妥。然而,此类问题其实并不像乍一看来那样简单明了。问及行为的问题可能被视为有威胁性的,进而导致偏倚的报告。显然,问回答人有关虐待儿童或虐待配偶的问题比起问他们是否拥有电视这类问题更加困难。但是即使像近期选举中的投票行为或是否拥有借书证这样的问题产生的威胁性,也足以中断访谈员和回答人之间的顺畅交流。这种中断的发生,可能是因为问题使回答人感到不安,或是因为回答人认为真实地回答问题可能会暴露他们不光彩的一面,进而认为访谈员会因此而看低他们。

我们将在下一章讨论如何提出具有威胁性的问题,这里我们仅限于讨论不具威胁性的(或者,至少不那么有威胁性的)问题。比如这类问题可能与工作活动、消费品的所有权或购买、某些健康行为、与他人的社会交往和休假及旅行活动有关。与家庭成员构成、收入、就业及其他的人口学特征有关的问题,本应在此讨论的,也延后到了第9章再予以讨论。对此类问题,第9章给出了一些标准的措辞方式。

如同我们下面将要看到的那样,无论是有威胁性的行为问题(第3章)还是态度问题(第5章),对问题的措辞都非常敏感。虽然无威胁性的行为问题与其他种类的问题相比,对措辞的变化不那么敏感,但是它们会受到回答人的理解与记忆的影响。假设这些问题已经被正确地理解了,那么最关键的问题就是人的记忆容易出错,而人们的记忆正确与否有赖于事件持续时间的长度、发生时间和调查时间间隔的长度,以及事件本身的重要程度。在这一章我们首先对记忆误差的问题展开讨论,然后再对如何减少这类误差提出一系列策略上的建议。

本章要点

1. 判断问题是威胁性的还是没有威胁性的。如果是威胁性的问题,那么请看第3章。

2. 如果问及行为的问题是封闭式的,那么要保证所有合理的备选答案都已经包含在答案选项中了。忽略某些备选答案,或将回答都集中在"其他"这类选项中都会导致漏报。

3. 如果主要的问题是行为的漏报,那么一些辅助回想的程序可能会有助于减少漏报。

4. 提出的问题要尽量明确。如果你提出的关于行为的问题发生在一个特定的时段,而不是一般地问及回答人的通常行为,获得信息便会更加可靠。但是,如果调查的目的仅仅是为了将一群回答人分类,而不是要精确地测量他们的行为,那么这类问题就不必使用十分精确的措辞。

5. 问题涉及的时段要依赖于调查主题的重要性。以年计时(或更长的时段)可以用于重要性高的主题,诸如购入一所新的住宅、婴儿的降生,或遭遇了一场不幸的车祸。以月计时,或更短,可以用于那些不太重要的项目上,例如衣物及次要的家用物品的购买。然而,我们应该尽量避免计时的时段过短,因为前向记忆错位(将以前发生的事件记成最近发生的事件)将导致明显的多报。

6. 对于定期的、频繁发生的行为,回答人将会根据其记忆中留存的基率(basic rate)来估算事件发生的次数。通过询问回答人定期行为的例外情形,可以增进估计数的精确性。

7. 使用二级记录(如果有可资利用的)、家庭观察(household observation)以及关联记忆(bounded recall)会降低或排除记忆错位,还会提高信息报告的质量。

8. 如果需要那些经常发生的、重要性较低的行为的详细信息,那么用日记得到的结果会比记忆更精确。

9. 使用事实上所有回答人都能理解的字眼。避免使用专门的术语或词汇,除非确信样本中的所有成员都能够理解它们,或者在问题中已经对术语作了解释。

10. 通过补充促进记忆的线索、增加问题的长度可以改善回答的质量。不要误认为问题越短质量就一定越高。

11. 要认识到,就无威胁的行为而言,若问题涉及的是回答人自身,而不是他们的亲戚、朋友或同事,回答人通常会提供更加准确的信息。倘若不在意成本,回答人也能够提供关于他人非常精确的信息,例如父母关于子女信息的报告,或夫妻一方对另一方的报告。

行为问题实例

下面我们列举一些行为问题的实例,各种政府机构及调查代理机构常用它们收集有关行为的信息。这些问题呈现了专业问卷设计者的成就。所有问题都经过了认真细致地评价和前测。然而,它们并不是完全不受被访人记忆力以及后面我们将要讨论的其他一些问题的影响。

户外休闲活动

图 2.1 列出了一系列有关户外休闲活动的问题。第一部分的问题与第二部分的问题相比更容易回答。第一部分只问回答人在过去的 12 个月中是否曾经进行过某种活动。而第二部分则要求回答人报告参与某种活动的次数。伊利诺伊州对某些活动的限制参与政策使得对问题的回答变得更加复杂。正如本章后面要讨论的那样,那些经常参与某种活动的回答人并不会去计算一次一次单个的事件数,而只会给出一个估计数。调查把活动发生的期间扩大到一年,因为在这些活动中,有些是季节性的;否则,在冬季进行的调查就无法得到有关夏季活动的信息。

慢　跑

在盖洛普关于慢跑的问题中,使用了几个有意思的措辞,如图 2.2 所示。"您偶尔进行慢跑,还是不进行慢跑?",在此问题中使用"偶尔进行"(happen to)这样的措辞是为了降低或排除由社会期待所导致的偏误。表面上看慢跑似乎是一种无威胁性的话题,但是因为慢跑活动很流行,又有益于身心健康,所以那些没进行过慢跑活动的人则倾向于报告他们进行过。同样地,添加"还是不进行慢跑?"这一句话,也是为了平衡肯定性的和否定性的回答。从 1996 年盖洛普民意测验看,对上述问题的回答,与回答更简单的问题"您慢跑吗?"相比较,差别并不是十分地显著,但是增加几个字能够确保调查结果的精确性。

1.首先,我想就几种具体的活动,了解一下您进行休闲活动的一般情况。我列出了一些人们有时进行的活动。请您仔细地回想一下上个月,从_____开始。

当我念到每一种休闲活动时,请告诉我上个月您是否从事过。您……

	是	否
A.看过电影吗?	☐	☐
B.为了高兴,下过馆子吗?	☐	☐
C.逛过街吗?	☐	☐
D.看过戏或听过音乐会吗?	☐	☐
E.进行过野餐吗?	☐	☐
F.打过猎或钓过鱼吗?	☐	☐
G.为了消遣,阅读过吗?	☐	☐
H.为了消遣,有过开车兜风吗?	☐	☐
I.为了消遣,从事过园艺活动吗?	☐	☐
J.参加过世俗的或宗教的组织活动,或俱乐部活动吗?	☐	☐
K.散过步或进行过远足吗?	☐	☐
L.参加过职业的、大学的或高中的体育比赛吗?	☐	☐

2.现在,我有一些与体育活动有关的问题。请仔细地回想一下去年,从_____(填入一年前的今天的日期)。您……

	是	否
打过羽毛球吗?	☐	☐
打过篮球吗?	☐	☐
玩过保龄球吗?	☐	☐
踢过足球吗?	☐	☐
打过高尔夫球吗?	☐	☐
玩过壁球、手球或板球吗?	☐	☐
玩过垒球或棒球吗?	☐	☐
游过泳吗?	☐	☐
打过网球吗?	☐	☐

图 2.1　户外休闲调查

资料来源:National Opinion Research Center, 1975.

1.如果不考虑所有您在家从事的或在职从事的工作,您是否定期的做些什么——就是,按每天一次算——来保持您的身体健康?
　□是
　□否

2.a.您偶尔进行慢跑,是吗?
　　□是
　　□否

b.平均来说,您通常跑多远,几英里或几分之几英里?
　　_____英里

图 2.2　有关体育锻炼的问题

资料来源:Callap,1978.

也请大家注意对第一个问题主要部分给出的解释。回答人也许并不理解"定期的"一词的意义。有些回答人会认为它表示每月一次或每星期一次,也有些回答人会请访谈员澄清该词的含义,于是访谈员不得不说明该词的意思。若明确它"根据每天一次算",那么就会排除或减少问题的不确定性。有些偶尔错过了某一天的回答人在回答时仍然感到有些不确定,但是大多数的回答人便不会再感到不确定了。此外,在早前的调查中,有些回答人认为他们的工作有益于保持他们身体的健康,于是就回答"是"。而在排除了"在工作中"的活动之后,问题就变得清楚了,即回答人要考虑的只是那些与工作无关的活动。

健康服务

图 2.3 呈列了一套问题量有所删节的问卷,内容涉及医疗的资源和医疗的次数[调查研究实验室(Survey Research Laboratory 简称 SRL),1993,1978](这套问卷中有关态度的问题已经被删除)。第一个问题问回答人去年看医生的次数。尽管它被广泛地使用,且文字似乎也很直白,但是对有些回答人而言,也许还是会在理解上存在一定的困难。他们可能无法确定是不是应该把打免疫针也算入就医次数中? 免疫针是由医生打的,还是由护士打的与问题有没有关系?

1.去年一年中,您看过几次医生?

_____次

2.通常去就医,您会找某位特定的医生或去某个专门的医院吗?

☐是

☐否(跳答第 7 题)

3.您经常找这位医生或到这家医院去就诊已经有……?

☐不超过 6 个月

☐6 个月到 1 年

☐超过 1 年,但不满 3 年

☐3 至 5 年

☐5 年以上

图 2.3　关于健康的问题

资料来源:Survey Research Laboratory,1993.

在这套问题中,问及通常的医疗资源时,并没有直接询问某个或某些具体的事件;而是要求回答人首先完成一系列的回忆,然后进行一些比较,并给出一个平均数。因此,这些问题看起来似乎很难回答。然而,实际上好像所有的回答人都能够回答这些问题,同时,通过答案,我们也能够非常精确地区分出哪些回答人很容易得到医疗救治,哪些人难以得到医疗救治,还有哪些人根本得不到医疗救治。

家庭健康日记

另外一种获取健康信息的方式是使用记录人们发生的事件的日记。图 2.4 给出了这种日记的一页样表,样表包括使用说明和填入表格空白处的条目样子。

日记内容包括:"感觉不舒服,但仍然去工作或上学""看医生或请医生""上医院""得到医疗用品"和"给医生或医院付费"等。虽然使用日记似乎可能问到有关疾病的详细情况,譬如为什么人们感觉不适,用了什么药或做了什么治疗等,但是这类信息,特别是像感冒和头疼之类的小病,回想起来会相当的困难。

待在家里不去工作或上学,或者不能做一般的家务劳动

请列出那些因病而必须待在家中,不能上班、上学或者不能进行正常工作的所有家庭成员的病情。

如果同一个人开始有些不舒服,但是坚持上了两天班,接着在家里歇了两天,直至痊愈,那么请您将头两天的情况报告在第5页上,把后两天的情况报告在第3页上。

实　例

第一天待在家里的日期	恢复日常活动的日期	谁待在家里(名字)	他们为什么待在家里(头痛,感冒,肚子痛,扭了脚,等等)		他们整天躺在床上,或者部分时间躺在床上(选择一项)		吃了什么药,或采取了哪些医疗措施(选填一项)		
							没有	处方药(如果知道,写下药名)	如果不是处方药,那么是什么
			是	否	是	否			
10 月 7 日	10 月 9 日	约翰	流感		×				阿司匹林
10 月 13 日	10 月 14 日	玛丽	肚子痛		×		×		
10 月 14 日	10 月 19 日	小约翰	肩膀脱白		×		石膏固定		

图 2.4　家庭健康日志

资料来源:Survey Research Laboratory,1976.

育儿问题

就图 2.5 中儿童照料的问题,有两点评论。第一个问题是开放式的字段编码型(field coded)问题(SRL,1978)。也就是,没有给予回答人可供选择的答案,但是访谈员有一个关于答案的分类表,访员可以据此给答案分类(如果回答很模糊,这样的编码方法可能会产生额外的误差源。对态度问题而言,这个问题尤其重要。在第 6 章中,对字段编码会有更加详细的讨论)。

请注意,一个问题固然可以有多个答案,但我们并不提倡。问题 4 由两个部分组成,并带有一个跳答指示。只有在 a 部分的问题答案为"是"的时候,才需要问及 b 部分的问题。问题编号和跳答指示都会在访谈员向回答人提问时起到引导的作用。

1.您的儿子/女儿经常在哪里玩或在自由支配的时间里呆在哪里?
　　□家里
　　□学校
　　□在其他人家中
　　□屋子外或院子里
　　□在街上
　　□娱乐场或公园里
　　□社区大楼或社区中心
　　□其他(请具体说明)＿＿＿＿＿＿＿＿＿＿＿＿＿＿＿＿＿＿＿＿
　　□不知道

2.您的家里是否有地方,可以让您的儿子/女儿能安静地阅读或学习?
　　□是
　　□否

3.您是否会抽出专门的时间陪伴您的子女?
　　□是
　　□否

4.a.下列这些人曾经照料过您的子女么?
　　邻居　　　　　　　　□是　　　　□否
　　亲戚　　　　　　　　□是　　　　□否
　　朋友　　　　　　　　□是　　　　□否
　　其他的大孩子　　　　□是　　　　□否
　　托儿所　　　　　　　□是　　　　□否
　　幼儿园　　　　　　　□是　　　　□否
　　其他的人(请具体说明)＿＿＿＿＿＿＿＿＿＿＿＿＿＿
　　(如果所有的回答都是"否",那么请跳答第7题。)
　b.通常一周中,有多长时间您的子女是由其他人照料,而不是由您或您的丈夫照料?
　　＿＿＿＿＿小时

图 2.5　关于儿童照料的问题

资料来源:Survey Research Laboratory,1978.

宗教问题

图 2.6 列出的盖洛普民意调查中关于宗教问题的措辞,与它在图 2.2 中列出的关于慢跑问题的措辞颇为相似。

在综合社会调查中也询问了宗教的问题,用的措辞是"请问,您本人是基督教徒还是犹太教徒?"

1.您曾是某个教派或犹太会堂的成员吗,或者从来都不是的?
　　□是成员
　　□不是成员(跳答问题2)
2.您自己在过去的7天中曾参加过教堂或犹太会堂的礼拜活动吗?
　　□参加过
　　□没有

图 2.6　有关宗教的问题

资料来源:Gallup,2001.

读者也许对宗教问题究竟是不是一个敏感的问题心存疑虑。过去的几十年,出于政教分离原则的考虑,美国人口普查和其他的政府性的抽样调查从没有问过宗教问题。然而,非政府性的调查组织却无一例外地发现,宗教问题并不是一个敏感的话题,有关宗教行为的报告是不难得到的。在行为类问题中,单字"你(you)"通常含有歧异,因为它有可能指的是回答人本人,也有可能指回答人的所有家庭成员。在含混的语境下,为避免歧异,采取"您,您本人(you,yourself)"这样的问法常常是很有帮助的。

法律从业者调查

非住户(non-household)调查会产生一些特殊的问题。法律从业者调查(图2.7)是通过邮寄方式实施的。对于诸如表格中第三题中 b 和 c 这类问题,此种调查方式可能很有效。这两题问到公司中律师以及其他雇员的人数。

在大公司中,回答人很可能手头上并没有此类信息,必须花些时间才能得到相关的数据。很多商业调查都是通过邮寄的方式实施的,以便回答人有时间收集相关信息。

另一种方式是先通过邮寄送达问卷,以便回答人收集必要的信息,但是最终的答案是通过个人访谈法获取的,以便澄清模糊的回答。律师调查使用了专门用语,例如"个人从业者""合伙人""准律师""专职助手"。此类专门用语虽然对多数非法律从业者来说难以理解,但是从事法律职业的回答人并不会感到疑惑。

1.您是在哪一年首次被授予律师从业资格的(无论在哪个州)?

_____

2.a.目前您在开展律师业务吗?
　　□是的,在私人的律师事务所中(到问题 3a)
　　□是的,在非私人的律师事务所中(到问题 2b)
　　□没有,已经退休(到问题 4)
　　□没有,目前在从事与律师无关的职业(到问题 4)
　b.下面哪一项最恰当地描述了您的法律职业?
　　□商业法务人员
　　□政府律师
　　□法律援助律师或公共辩护人
　　□司法机构的成员
　　□法律教员
　　其他(请具体说明)_____
　　(如果不在私人的律师事务所中从业,请跳到问题 4。)
3.a.您是单独的从业人员、合伙人、股东,还是助手?
　　□单独的从业人员
　　□合伙人或股东
　　□助手
　b.还有多少其他的律师在您所在的公司中执业?
　　(1)_____合伙人或股东
　　(2)_____助手
　c.除了律师以外,有多少雇员为您所在的公司工作,如……?
　　(1)_____秘书?
　　(2)_____法务助理/律师的专职助手?
　　(3)_____其他?

图 2.7　律师职业调查中的问题

资料来源:Survey Research Laboratory,1975.

农业革新研究

从有关农场主工作(SRL,1974)调查的图 2.8 中,我们可以看到,该调查也同样使用了术语。这些术语同样也不会使被调查的农场主感到任何理解上的困难。在这一系列问题中,最可能产生疑问的问题是,"您是在几年前第一次这样做的?"有些农场主已经从事这类农业实践多年了,对他们来说,确切记起开始的日期可能是困难的,除非这个日期与某个重要的定位点(anchor point)一致,例如这一年回答人开始耕作一块特别的土地。但无论如何,问题至少应该将那些采纳某种农业技术才一两年的农场主与已经采纳了10年以上的农场主区别开来。

1.去年,您在经营农场吗?
□是的
□没有(结束访谈)
2.农场主常常会发现有些农业实践与其他一些农业实践相比更适合他们自己的农场。这里有些农业实践,我们想就此向您提出些问题。

（如果回答是,那么)您是在几年前第一次这样做(或拥有它)的?

	是	否
a.您是否利用期货市场去卖粮?	□	□_____
b.您在农场上晾晒玉米吗?	□	□_____
c.您使用远期合同去卖粮吗?	□	□_____
d.您施行窄行种植法吗,36″或更窄?	□	□_____
e.您使用大型播种机吗,一次可播种6到8行?	□	□_____
f.您拥有凿形犁吗?	□	□_____
g.在制订农场的业务计划时,您是否使用农业推广信息或农业部的经济展望信息?	□	□_____
h.您是否有计划地进行定期的土壤检测,以便确定化肥的施用?	□	□_____
i.除了要缴纳收入所得税以外,您是否还由于其他原因而保有农场记录?	□	□_____
j.您是否施行最少耕作法?	□	□_____

3.a.您是否使用等高耕作法?
□是
□否(跳答问题4)
b.您第一次这样做是在几年以前?_____
c.您是否曾经接受过政府用于实施等高耕作法的经济补贴?
□是
□否

图2.8　有关农业实践的问题

资料来源:Survey Research Laboratory,1974.

营业支出

有时问题要求提供的答案过于详细,致使回答人难以回答。来自 1997 经济普查的图 2.9 就是一个例证。在经常采用此种形式的调查中,旅店的代表被要求提供详细的商品销售情况和收据明细,例如有关白酒、红酒以及啤酒和麦酒的销售和明细。很多旅店并没有保存如此详细的记录,因此即便允许估计,也难以提供此类信息。

无论是问卷设计者还是数据分析者(如果二者不是同一个人)都必须对有一类问题持一种综合平衡的观点。这类问题要求提供的答案可能会给回答人的记忆或记录造成实质性困难,即使最后要求提供的答案是加总性的。一方面,不能因为无法获得精确的信息而草率地将问题忽略掉,有时估计的信息也非常有价值。另一方面,分析人员应当避免对这些松散的问题作精确的分析。一个很严重的,可又是人们常常犯的错误是,在个位数字的精确性还有疑问的时候,使用强有力的多元分析技术将数值精确到小数点三位以后。

消费者支出调查

图 2.10 呈列的问题是关于主要的家用设施的所有权和购买(只给出了第一页)。这是一项追踪研究,这些问题会被问两次,间隔一年。通过所谓关联记忆法,在两个不同的时期问相同的问题特别有利于减少购买日期方面的回答错误(稍后,会更加详尽地讨论关联记忆法)。同样值得注意的是,因为访谈员和回答人同样有机会核实家具和电器方面的信息,有关所有物的叙述的准确性也会提高。就这项调查和类似的调查而言,调查者感兴趣的并不仅仅是所有权或占有权,而可能是那些更加难以回忆的信息,如涉及的品牌和价格。

美国商务部普查局
表格
RT-7001

1997经济普查
旅客住宿

美国经济普查局 1997经济普查旅客住宿

RT-7001

截至日期： 1998年2月12日
如果你对完成这个报告有疑问，请给普查局打电话或写信。在任何交谈中，请确定查阅印在右边的标签上的11位普查文件号码。请将你完成的报告寄到：
调查局
东10号大街1201号
杰斐逊维尔，印第安那
州47134-0001
免费帮助电话，周一到周五早8点到晚8点：
1-800-233-6136
在回答问题前请阅读相应的说明。

普查局使用

请校正姓名、地址和邮编中的错误

您有法定回答的义务。美国法典13条，要求收到这个问卷的商业或其他机构回答这些问题并返还报告给普查局。根据同样的法条，你的普查报告是保密的。它只可能被普查局的工作人员看到，也只能用做统计目的。另外，回答人的文件中涉及的人员免于法律程序。

项目1.雇主身份证号码
显示在标签上的雇主身份证号码是否与最近的1997雇主季度税收返还表格941上的号码一样？
1□是 2□否 报告现在的雇主身份证号码
9位

项目2.地理位置
a.这个地理位置是否与显示在标签上的地址一样？
（邮箱号和乡村的小路的地址不算地理位置）
1□ 是 2□否 在下面报告地址位置

街道和号码			
城市，镇，村，等。	州	邮编	

b.这个地理位置是否在城市，镇，村等的法定边界内？
1□ 是 3□没有法定边界
2□ 否 4□不知道

c.这个地址位置在什么类型的区？
1. 城市，村
2. 镇
3. 其他，具体 _____
4. 不知道

d.这个地理位置在哪个县？

项目3.工作状态
a.这个机构1997年运作了几个月
b.下面哪个可以最好描述这个机构在1997年底的状况？（只选一个）
1□ 运作中
2□ 临时性的或季节性的不工作
3□停止运行，在右边给出时间
4□卖或租给其他人，在右边给出时间，在下面给出姓名等

只写数字
月 年

新的所有者或运作人的姓名			
街道号码			
城市	州	邮编	

如何报告美元数	美元数应该精确到千。例如：如果数字是 $1,125,628.79 最好是可接受	百万	千	元
		1	126	
		1 125	629	

项目4.收入美元
1997年出售货物和其他运作的收入（扣除已上缴的销售或其他税款）

	百万	千	元
010			

项目5.工资
1997年的工资（减税前的）
a.全年

030			

b.第一季度（1月到3月）

031			

项目6.雇员
付费雇员的数量（包括全职和兼职的）

数量
032

项目7.商业种类
1997年机构主要做什么？（只选一个）
070

有25或更多客房的宾馆	□ 7011601
少于25间客房的宾馆	□ 7011801
汽车旅馆	□ 7011311
汽车酒店	□ 7011401
有25或更多客房的小旅馆	□ 7011701
少于25间客房的小旅馆	□ 7011901
有客房住宿的赌场宾馆	□ 7011501
没有客房住宿的赌场	
有客房住宿的滑雪场或度假村	□ 7999051
没有客房住宿的滑雪场或度假村	□ 7011603
由会员组织经营的饭店：	□ 7999031
有对一般公众开放的房间	□ 7011602
有只对会员开放的房间	□ 7041101
由会员组织经营出租房间的公寓	
有对一般公众开放的房间	□ 7021002
有只对会员开放的房间	□ 7041201

瞒报将追究法律责任

CONTINUE ON PAGE 2

续图

项目7. 商业种类-续

项目	代码
租屋或寄宿房	☐ 7021001
旅行的小屋	☐ 7011321
	☐ 7021003
宿舍（商业运作的）	☐ 7011322
招待所	
运动或休闲营（钓鱼营，度假农场等）	☐ 7032001
野营车露营地，休闲自行车公园，或者	☐ 7033001
营地	☐ 8641101
由社会机构为会员办的酒吧或饭店	
酒吧，酒馆，酒家，或其他喝酒的地方	☐ 5813001
(卖酒精饮料)	
全面服务的饭店（顾客通过服务人员订餐、餐后支付）	☐ 5812121
有限服务的饭店（顾客餐前支付，包括送餐）	☐ 5812802
房产所有人开的饭店/汽车旅馆	☐ 6512919
建造者运营的公寓	☐ 6513003
其他的种类。具体_____	☐ 7777777

项目8. 不适用

项目9. 不适用

项目10. 商品收入

报告这个机构每个商品的销售，或者报告美元数字，或者报告在总销售中的百分比。

如何报告百分比	如果数字是38.76%	百万	千	元	百分比
	报告				39
	不可以				38.76

商品收入	普查局使用	可以估计。报告美元或百分比。			
		百万	千	元	百分比
	230	231			232
1. 客房或出租单元	0010				
2. 野营的费用	0020				
3. 电话服务收费	0030				
4. 娱乐收入（包括赌博游戏，投币机等）	0040				
5. 出租公共房间（如会议的房间）	0050				
6. 会员的会费	0060				
7. 饭，小吃，三明治，无酒精的饮料，冰淇淋等。					
a. 外卖的食物/无酒精的饮料	0121				
b. 堂食的食物/无酒精的饮料	0122				
c. 合计7a和7b	0120				

项目10. 商品收入-续

商品收入	普查局使用	可以估计。报告美元或百分比。			
		百万	千	元	百分比
8. 机构提供的酒精饮品					
a. 白酒	0131				
b. 葡萄酒	0132				
c. 啤酒	0133				
d. 总和	0130				
9. 外卖的烈性酒，葡萄酒和啤酒	0140				
10. 食品包括瓶装，听装软饮料，糖果，口香糖，小吃等	0100				
11. 香烟和其他附带品（不包括其他人经营的自动贩卖机）	0150				
12. 所有其他的商品（服务的收费在13项报告）（在下面具体说出商品的种类和销售额）	9810				
a. 076	9811				
b. 077	9812				
c. 078	9813				
13. 所有其他非商品的收入（包括顾客付费的租金、存费和其他服务费）不包括销售和其他税	9980				
14. 总和（如果报告的是美元，应该与项目4一致）	9990				100%

项目11. 其他信息
客房，单元或其他可以出租的房间的数目。

	到1997年12月31日的数目
房间数目	
a. 出租作为住房的单元（作为一个人主要的住所）	
b. 出租作为客房的房间或单元	
c. 总和（ab和）	

项目12. 不适用

项目13. 机构的法人地位
下面哪个最好地描述出机构在1997年的法人地位？
（只圈出一个）

1 ☐ 个人所有
2 ☐ 合伙
3 ☐ 合作组织（交税）
4 ☐ 合作组织（免税）
5 ☐ 政府 请具体_____
6 ☐ 公司
7 ☐ 其他 请具体_____

FORM RT-700

CONTINOE ON PAGE 3

续图

如果没有显示，请输入你的11位普查文件号码 ▶	普查文件号码

项目14. 所有人，管理和运作地点
  a. 你的普查文件号码第一位是零吗？
    1.□是 完成这个项目
    2.□否 跳答项目15

RT

b. 这个公司由其他公司所有或控股吗？ 097 1.□ 是 ➡ 2.□ 否	输入姓名、地址和所有或控股的公司的身份证号码 身份证号码（9位）☐
c. 这个公司拥有或控股其他公司吗？ 098 1.□ 是 ➡ 2.□ 否	输入姓名、地址和所有的或控股的公司的身份证号码 身份证号码（9位）☐

d. 1997年底在标签上显示的雇主身份号码上有多少个机构被管理？   数字
                                                      079

如果超过1个，请在下面提供每个机构的地理位置的地址和其他信息。总部的地址放在第一个，然后是其他地址。如果需要更多地址，请在注的地方以同样格式写、或以一张单独的纸写。

如果没有准确数，估计值是可以接受的。

				1997	百万	千	元
1	名称			销售收入	081		
	街道和号码			年支出	082		
	城市	州	邮编	付费员工数			
	业务种类			083			
	饭店/汽车旅馆和其他出租的单位-客房数目 ➡	084		普查局使用 083			

				1997	百万	千	元
2	名称			销售收入	081		
	街道和号码			年支出	082		
	城市	州	邮编	付费员工数			
	业务种类			083			
	饭店/汽车旅馆和其他出租的单位-客房数目 ➡	084		普查局使用 086			

				1997	百万	千	元
3	名称			销售收入	081		
	街道和号码			年支出	082		
	城市	州	邮编	付费员工数			
	业务种类			083			
	饭店/汽车旅馆和其他出租的单位-客房数目 ➡	084		普查局使用 088			

注-请使用这个空白写任何需要的注解

项目15. 证明这个报告是准确的

报告的时间段	从 月 年	到 月 年	报告的联系人姓名	
电话	区域代码	号码	分机号	称呼
签名				日期

请复印这个表格作为您的记录

图2.9 1997经济普查：旅客住宿

资料来源：U.S.Bureau of the Census，1997.

FORM OE-302

第六部分-家具，家用设施和其他选项						FIELD REPI		
A—家用设施的购买					3 06 02 6→			
a				b		c	d	e
自3个月前的1号以来，您（或你们住所中的其他人）为您的住所或你住所以外的人购买过或租用过下列的物品吗？ 不用列出在5B部分列出过的物品。如果5部分和6部分都有同样的物品，请确认他们是否重复。				你购买或租用的种类 写出品牌名称或物品的简要描述。		写出物品的代码	这是： 1. 为自己使用购买的？ 2. 租用的？跳答P栏。 3. 为你们住所以外的人购买的？ 请在框中划（×）	什么时候购买的？
	项目代码	是	否		处理过程使用			月
微波炉	120							
煮饭的炉子	▨							
电子的	100					0010	1□ 2□ 3□	
燃气的	110					0020	1□ 2□ 3□	
其他的	130					0030	1□ 2□ 3□	
冰箱	140					0040	1□ 2□ 3□	
家用冰柜	150					0050	1□ 2□ 3□	
洗碗机	▨							
固定的	160					0060	1□ 2□ 3□	
便携式	170					0070	1□ 2□ 3□	
垃圾处理机	180					0080	1□ 2□ 3□	
洗衣机	190					0090	1□ 2□ 3□	
干衣机	200					0100	1□ 2□ 3□	
抽油烟机	210					0110	1□ 2□ 3□	
以上各项	220					0120	1□ 2□ 3□	
2.现场代表检查项目 如果B-J栏没有记录，请标记X	0010 999□ 跳到B部分					0130	1□ 2□ 3□	
注释						0140	1□ 2□ 3□	
						0150	1□ 2□ 3□	
						0160	1□ 2□ 3□	
						0170	1□ 2□ 3□	

续图

访谈员——访问时把印有填答说明的信息手册交给回答人，让他看一看物品的清单。问栏目a的问题1，并且读出栏目的标题。如果回答是，然后读出个别的项目。在回答人就每一个项目报告时，完成从列b到列j的每一单独的项目行。

f	g	h	i	j	PRE		
					1	2	3
折价后的购买价格是?	如果d栏的代码是2，从3个月前的一号开始，不包括现在这个月，总共的租金花费是多少?	这个包括销售税吗?	安装是否需要额外收费?如果是-多少钱?如果没有，跳答3栏。	你购买或租用过其他东西吗?	描写栏B和5B部分的项目7	A栏的月份	计算栏f、栏g和5B部分项目7的费用
		是 否	否	是 否		月	
s .00	s .00	1☐ 2☐	0☐ s .00	☐ ☐			s .00
s .00	s .00	1☐ 2☐	0☐ s .00	☐ ☐			s .00
s .00	s .00	1☐ 2☐	0☐ s .00	☐ ☐			s .00
s .00	s .00	1☐ 2☐	0☐ s .00	☐ ☐			s .00
		1☐ 2☐	0☐	☐ ☐			s
s .00	s .00	1☐ 2☐	0☐ s .00	☐ ☐			s .00
s .00	s .00	1☐ 2☐	0☐ s .00	☐ ☐			s .00
s .00	s .00	1☐ 2☐	0☐ s .00	☐ ☐			s .00
s .00	s .00	1☐ 2☐	0☐ s .00	☐ ☐			s .00
s .00	s .00	1☐ 2☐	0☐ s .00	☐ ☐			s .00
s .00	s .00	1☐ 2☐	0☐ s .00	☐ ☐			s .00
		1☐ 2☐	0☐	☐ ☐			s
s .00	s .00	1☐ 2☐	0☐ s .00	☐ ☐			s .00
s .00	s .00	1☐ 2☐	0☐ s .00	☐ ☐			s .00
s .00	s .00	1☐ 2☐	0☐ s .00	☐ ☐			s .00
s .00	s .00	1☐ 2☐	0☐ s .00	☐ ☐			s .00

Pall A

图 2.10　关于主要的家用设施的问题

资料来源：U.S.Bureau of the Census，2001.

如何判断一个问题是否具有威胁性

判定某个问题是威胁性的还是不是威胁性的，并不存在标准的方法。有些问题，一般而言并不具有威胁性，但由于某些特别的原因对某一特定的个人而言，可能就是有威胁的。这些问题可能使某个回答人回想起近来发生的令他痛苦的事件。我们最多能做到的是判定某个问题对多数回答人而言是否可能具有威胁性。判定某个问题威胁与否的最好方式是，问自己这样一个问题：我们是否确信，回答人是否会认为问题的答案有正确与错误之分。某些行为方式会被多数人看作是符合社会期许的，因此会被多报。这些行为如下例所示：

- 作为一个好市民

    登记选举并参加选举

    协助政府官员的工作

    参与社区活动

    了解时事问题

- 作为一个见多识广的、有教养的人

    读报刊、杂志、图书以及去图书馆

    参与文化交流，如听音乐会，看戏，参观博物馆

    参与教育活动

- 履行道德的和社会的责任

    参与慈善募捐，在朋友需要时给予帮助

    积极参与家庭事务和子女的抚养

    有工作

相反，下面是一些在访谈中很多人会少报的与境况或行为有关的例子：

- 疾病和残障

    癌症

　　　　　性传播疾病

　　　　　精神疾病

　　● 不合法的或者违反社会规范的个人行为

　　　　　犯罪,包括交通肇事

　　　　　逃税

　　　　　吸毒

　● 消费酒类产品

　● 性行为

　　然而,许多行为类问题并非具有绝对的威胁性,或者说仅仅有一定的威胁性。就前面例子中的问题而言,仅有部分(如图 2.5 中问及的有关子女养育的那些问题)可能会被认为具有威胁性,即便如此,这些问题的威胁性也并不是很大。过去几十年发生的社会变迁,使得调查研究者的工作在一定程度上变得比较容易。现在我们可以在调查中询问有关癌症、毒品使用和性行为方面的问题,而在以前这是不能的。现在只有很少的回答人会拒绝回答这类问题。可是,这也并不意味着此类问题已不再有威胁性。

　　不是所有的回答人都会认为某个特别的问题有威胁性。因此对那些从未抽过大麻或者那些认为抽大麻绝不算错的人,抽大麻的问题就没什么威胁性。但是,有些回答人抽过大麻,于是他们就会担心如果他们承认,访谈员就会谴责他们,那么该问题就是有威胁性的。

　　如果你怀疑某个问题是否有潜在的威胁性,那么最好的方法就是参考一下曾经涉及了相同的或相似的问题的前人的经验。假如没有前人的经验可资参照,那么一个小型的前测则会提供许多有益的信息。(参阅 11 章中的论述。如果问题是威胁性的,或有几分威胁性,请参阅第 3 章。)

能使行为问题变得更加容易回答的八种方法

　　在过去的十年中,我们对回答人回答有关行为的频次和数量的问题的方式有了更清楚的理解。这样的问题如“在过去的两个星期中,您做了多少次?"或"您有几个姊姨、叔(舅)和堂(表)兄妹?"等。现在大家都已经清楚,回答人在回答这样的问题时并不会去计数一个个事件或单位。相反,他们通常只是根据自己的记忆,或根据调查现场可以拿到的样本数据计算的比率,给出一个估计值。

总的来讲,在一个事件发生的次数超过 5 次以上时,回答人就更可能去估算,而不是计数(Blair and Burton,1987)。如果行为的发生是有规律的或发生的频次相近,例如刷牙或吃早餐,那么估计产生的答案比计数更加精确(Menon,1997)。行为或事件发生时段的选择也会对回答人选用计数的方式还是估算的方式产生影响。那些不熟悉认知过程的数据使用者常常会认为,延长某个问题界定时期的长度,能获得更丰富的信息,其实这纯属误解。

假如行为是经常发生的、无规律的,且相对不那么重要,例如打个电话或为车加个油,或是短期内发生的,回答人会简单地算一下,再报告回想起来的事件的次数。若问的是较长时期中发生的,回答人一般会先计数某个短期内发生的次数,然后再根据这个比率计算出答案。采用较长的时期不但不会提供更多的信息,相反在要求回答人做某些推算时,还可能导致计算误差的增加。

如果行为是有规律的,回答人已经有一个比率存于脑海中,需要做的仅仅是回想起这个比率,再将其用于任何一个指定的时期。显然,就有规律的行为而言,延长调查的时期不会对得到的数据的数量产生影响。举例来说,假如回答人被问到在一个给定的时期中,他们刷了多少次牙,那么他们只会用他们每天刷牙的次数乘以要求报告的时期的天数。只是对那些不经常发生的、无规律的行为来说,如购买耐用消费品或看医生,延长调查时期的长度才会增加重新回想起来的信息的数量。当需要回答人通过计数来报告时,有八种行之有效的方法,可以提高报告的质量。

采用辅助回忆法

在最为一般的意义上说,辅助回忆法是一种将提供给回答人的一个或多个回忆的线索,作为问题的组成部分的方法。图 2.1 列出的问题,就是一种形式的辅助回忆法的实例。问题不是询问回答人"您参加什么样的户外活动?"而是让回答人选择具体参加了哪些活动和运动项目。这种方法的另一形式是将具体的事例置于问题当中,譬如"您是多少个组织的成员——如工会、教会、互助组织?"

同样,我们也可以先给回答人出示一张卡片,上面列着一组书籍、杂志和报刊的名称,然后再问在过去的一个月中,他们读过其中的哪几种。辅助回忆法也可以用在知识类问题上,卡片上可以列出著名人物的姓名、产品名称或组织名称。第6章,讨论了这样的用法。

最后一种形式的辅助回忆法是由回答人和访谈员共同制定实施的家庭存货清单。这样的存货清单可以被用于测定家具、电器、书籍和杂志以及其他商品,如食物、肥皂及清洁用品的存量。除非物品已被完全消耗,否则它的存在就会有助记忆。比起无辅助性的措施,辅助回忆措施会提升被报告的行为的水平(Sudman and Bradburn,1974),因为它们可以帮助回答人记起那些完全可能被忘记的事件。

使用辅助回忆法时需注意的事项

不过在使用辅助回忆法时,有些事项是必须注意的。首先,给出的清单或例子应该尽可能地全面,没有遗漏。如通常在研究记忆问题、杂志的读者情况和电视的收视情况中表明,那些未曾在问题中提及,或者仅仅被归入"其他(请具体说明)"这一类的行为,较之那些已在问题中提及或有具体说明的事项,前者会有相当大的低报。

如果你的问题是与媒体、产品或组织有关,那么肯定可以从已经出版的各类工商名录中获取相应的清单。其他无法取得公开清单的行为的类型,有些早期研究也许可以提供一些有关这些行为类型的信息。假如连这类研究也无法得到,那么你就可能必须作一个探索性的研究,以获得必要的信息。一个单独的研究者,有时甚至是一组研究人员常犯的错误是,仅仅根据个人的经验来编造一份各种行为的清单。个人的经验总是有限的,依赖个人经验得到的清单,只能是涵盖不全和漏洞百出的。

在某个类别中如果可供选择的事项的数量非常多,那么应该仅限于将那些数量有限的最可能被选择的事项包含在清单中。遗憾的是这将会使我们无法对那些已被排除的项目进行估计。在这样一类带有辅助回忆的问题中,我们也可以加入"所有其他"这一类。这样一个类别有助于营造友好的回答氛围，因为这样做可以让那些本来完全无法作答的回答人也有机会作出回答。可是，要注意的是，不能将来自"所有其他"这一类的数据，与那些事项被清楚地呈列出来的数据合并在一起。不仅如此，假如清单是未穷尽的话，全部的行为是无法估计的——尽管只要把已列出的行为加起来，便可以作出一个最低的估计。

有些情况下，提问可以分两步进行，先问分组的情况，再问具体的事项。例如，一份包含了所有已发行的杂志的名单几乎是无限长的。但是你可以将它们分作十二组，或相近的类别，就每一个类别再给出相应的事例。譬如，你可能问："您定期阅读新闻杂志吗，比如时代周刊或新闻周刊。体育类杂志呢？婚姻家庭类杂志呢？阅读个人健康和自我保健类杂志吗？电子类、汽车类或业余爱好类杂志呢？"如果你只是想将具体的杂志编入这些组中，那么采用这样的问法就足够好了。但我们也可以询问回答人他们阅读的某一或所有类别的杂志的具体名称。

清单越长，清单上各项的排列次序越重要，特别是由回答人自己阅读清单时。位于长长的清单的头部或底部的选项会被读得更仔细，或被听得更认真，比起位于中部的各选项，也会得到更多肯定的选择。对长名单来说，谨慎的研究人员会使用两种以上不同的形式，在所有的形式中，都会随机排列各个选项的次序。另一种方法，如图 1.1 所示，要求访谈员将所有选项都读给回答人，同时请回答人就每一个选项回答"是"或"否"。现在，这种方法被广泛用于电话调查，因为在这样的场合，我们无法向回答人出示清单卡，让其阅读。这种方法也可以有效地消除或减低选项次序的影响，然而，如果清单太长了，访谈员和回答人都会变得不耐烦。

次序效应（order effects）对问卷的实施模式很敏感。由于首位效应（primacy effects），当问卷由个人实施，辅之以示项卡时，或者当问卷是自填式时，出现在清单前列的选项通常被过度地选择。另一方面，接近效应（recency effects）会使出现在清单末端的选项会被过度地选择，当问卷调查是通过电话实施，回答人只能听到被念的清单时，情况尤其如此。

处理长清单

辅助回忆法带来的另一个问题来自长清单的使用。设想一下,回答人面前有一份包含了 50 项活动的清单,并被问到在过去某个特定的时期中,他们从事过其中哪些活动。如果他们没有从事过其中的任何一项,那么即使问题涉及的话题是无威胁性的,这个问题可能也会让他们感到非常的不愉快。他们会认为访谈员期望从这份含有各项活动的长清单中,至少有几个回答是"是"。这类回答人很可能报告某些活动,或者故意撒个小谎,或者不经意间记错了行为发生的日期。

你应该预见到这个问题,同时,运用以下两个技巧避免其发生。第一个技巧,如图 1.1 所示,使清单包含的范围尽量地广泛,以至于让所有的回答人都可以就某些选项回答"是"。第二个技巧是用一个甄别型问题作为开始,例如在给回答人出示一份各种杂志的清单前,先询问这样一个问题:"在过去的两个星期中,您阅读过杂志,还是没阅读过?"

长清单的例子显示了辅助回忆法带来的最严重的问题——隐含着一种期望回答人应当给予正面回答的期待。如果一种行为相当重要,且要求报告的时期又非常短,辅助回忆法可能会导致显著的过度报告,因而不能使用。如果一定要使用,则必须辅之以其他能减少过度报告的方法。(第 3 章论述的社会不期许的行为是这一规则的例外。在那一章辅助回忆法是一种对回答人总的低报倾向进行补救的方法。)

简短的甄别性问题——"在过去的两个星期中,您曾阅读过杂志,或没阅读过?"——可能会产生反作用。如果在访谈中这类甄别性问题被多次使用,回答人便会意识到通过说"否",他们可以略过整个一系列问题。总之,最好是尽可能地变换问题的形式,让回答人更多地投入到访谈中,同时减少回答人预料到后面的问题的机会。

让问题变得具体

让每一个问题尽可能具体的一个简单的原因,是为了让填答问卷的工作对回答人而言变得更容易,这样,就会得到更为精确的行为报告。一般性的问题,如果要用心作答,需要回答人投入相当大的精力。请思考一下这样一个看似很直接的问题,例如"您通常购买什么牌子的软饮料?"假设回答人很严肃地对待这个问题,那么他肯定先确定一段适当的时期,然后考虑究竟应该包括一些什么样的情况。是在工作中购买的,上餐馆时购买的,体育锻炼时购买的,还是在看电影时购买的?或者只包括家庭消费批量购买的?接下来,回答人还必须判定"你(you)"这一个字的含义。这个字仅仅指的是回答人本人,还是指回答人全家的所有成员?一个家庭成员为其他的家庭成员购买的怎么处理?最后一个要解决的问题是软饮料的定义。柠檬水、冰茶、果汁或矿泉水算是软饮料吗?或者不算?

有些行为非常一致的回答人可能总是选择同样的品牌。对他们来说,回答这个问题没什么困难。但是大多数回答人都可能会购买几种品牌的产品,为回答这个问题,就不得不做些认知工作。这就是说,他们将把有关行为的问题变换成了有关品牌知晓程度和显著程度的问题。这样就会导致对那些被广为宣传的品牌,如可口可乐和百事可乐的显著高报。只有小部分回答人会回答他们不知道,或询问访谈员,以获得更多的信息。因此,回答"不清楚"的回答人的百分比很小,并不能确保问题已经被精确地回答了。如佩恩(Payne,1951)所指出的,研究者应该像新闻记者那样行事,问五个问题:什么人,做了什么,在什么地方,什么时候,有时还要问为什么。

谁的行为

对行为类问题而言,到底是要回答人仅仅报告他们自己的情况,还是其他家庭成员的情况,抑或所有家庭成员的情况,必须很清楚。单字"你(you)"既可以是单数,也可以是复数,因此,通常是引起混淆的根源。我们建议,在只想了解回答人本人的信息时,可使用"您自己"一词;而在想确定家庭中任意一成员是否有过某种指定的行为时,则可使用"您或任何一个家庭成员"一词;当调查想获取所有家庭成员的行为的信息时,使用"您以及所有其他的家庭成员"这样的词更好。显然,如果访谈发生在某个组织或行业中,可以考虑使用类似的措辞。只要根据情况把"家庭"一词换作"企业""公司"或"组织"即可。

什么行为

图2.2中的问题1给出了一个回答人要回答的行为是什么的实例。该问

题将所有与工作有关的活动都排除在外。在有关购买汽油的问题中,你必须说明,在度假中或在其他旅行中进行的购买是否应该被包含进来。同样,在有关食品和饮品消费的问题中,还必须指明是否应该包括家庭以外的消费。

发生在什么时间

在表述"什么时间"这样的问题时,应该用具体的日期确切指明事件发生的时期,而不要使用诸如"上个星期"或"上个月"这样的短语。如果访谈进行的时间是 6 月 28 日,而回答人被问到的又是有关上个月的情况,那么有些回答人就会把从 6 月 1 日到 6 月 28 日这段时期当作上个月,而另一些回答人则可能会从 5 月 28 日这一天开始算起。在这种情况下,一般可以这样问"在过去的两个星期,也就是从 6 月 14 日……"或是"在过去的一月(或 30 天)中,自 5 月 21 日起……"。通常缺乏精确性的做法是问"最近一次,您做这事是什么时候?"即使回答人能够准确地记得,这种问法也给予两类不同的回答人以相同的权重,一类是经常从事某种活动的回答人,另一类是几乎从来不做的回答人。根据此类数据作出的分析和得到的结论是很混乱和错误的。此外,对那些几乎从来不做的人来说,记忆的任务就越加困难,以至于他们的回答就容易产生更多的记忆错误。

限定事件发生的时期意味着有些(可能是多数)回答人将报告在限定的时期中没有从事的事情。这样将会使得那些试图最大限度地增加信息量的研究者感到困扰。然而,从调查的总质量看,与其尽可能地增加信息量,不如尽可能地减少错误的或潜在的错误回答。

为什么有这种行为和什么时候有这种行为

本章并不适于讨论"为什么(why)"的问题。同样,"什么(what)"这一问题,也很难在一般的意义上进行讨论。因为"什么"依赖于你的研究目的。在开始设计问题之前,对于为什么要做研究,你就要有一个清楚的想法。尽管有少数研究者无需正式的程序,就能够牢牢地记住他们的研究目标,但是大多数——特别是刚开始从事研究工作的人——做不到这点。在你设计任何问题之前,一个不错的想法就是在纸上正式地记下研究的目标、假设、表格的样式和准备要做的分析。这些目标不应该是绝对的,相反,他们应该能够成为某种有用的指导方针和界限。

即使你很清楚想要问的是什么，然而，回答人可能并不确定你要问什么，因为就某个话题，他们不会具备你的观点。贝尔森（Belson，1981）证明误解调查的问题是普遍存在的。他还证明，诸如"通常（usually）""有（have）""平日（weekday）""儿童（children）""年轻人（young people）""一般（generally）"，"定期（regularly）"和"比例（proportion）"这样的词都容易导致问题的误解。他假定回答人不会像研究者希望的那样宽泛地解释含义广泛的短语或概念。同时，他认为回答人会曲解问题，以适合他们自己的境遇或经历。虽然无法确保所有的回答人都会按问题的设计者所希望的那样，正确地理解所有的问题，但是使用具体的问题将会有助于降低回答人在理解上的困难。如果使用一般化的或是总体性的问题，那么需要对这些问题进行检验，以确定回答人是如何理解这些问题的。

选择需要询问的恰当的时间段

之所以要在精心考虑之后才确定问题涉及的时间段的主要原因是，个人对某种行为的准确回忆直接与行为发生后已经过去的时间的长度以及行为的显要性有关（Sudman and Bradburn，1974）。对回答人而言，事件越显要，就越容易记住。虽然有关显要度的研究是有限的，但是显然有三个维度，可用于区分哪些事件更显要：①事件不同寻常的程度；②事件的经济和社会成本或收益；③事件持续的后果。

给非常重要的事件选择更长的时间段

那些在人的一生中几乎只会发生一次的事件——例如高中毕业，结婚，买房，有了孩子或遭遇了一次严重的交通意外，做了一次大手术——可能会被终身记住。历史性的事件也可能有相同的重要程度。几乎任何一个年龄足够大的人都能确切地记住珍珠港被袭的时候，肯尼迪总统被暗杀的时候，或2001年9月11日世贸大楼倒塌的时候，他们正在做些什么。相反，惯常发生的事件，即使是一两天，也难以被记住，譬如所有那些人们在日常工作和生活中所做的事。

一般而言，一项活动的成本越高，收益越大，人们就越有可能对之有深刻的记忆。在国家的博彩活动中，那些赢得了 10 万美元的中奖者比起仅赢 25 美元的中奖者，能更清楚地记住中奖的细节。比起购买 69 美分的削皮器来说，购买 500 美元的微波炉更容易被记住。少年扒手会记住他们被抓的那一刻，但会忘记他们成功扒窃的一些细节。最后，有些事件会产生一些持续存在的提示，说明事件曾发生过。一栋房子、汽车或主要的家电的存在就是一项提示，表明购买曾经发生。儿童的存在是他们出生的提示。

许多行为在两到三个维度上都很显著。如买一所房子是一个独特的事件，它要付一大笔钱。此外，建筑物的存在也起到一个持续的提示作用。另一方面，食品的购买就是低成本的、惯常发生的行为，不带持续的后果。

在此框架下，就一年或更长的时段而言，人们对非常显著的事件的记忆能力都会有令人满意的效果。可是，已经做的惯常的工作中极少有一年以后还能清晰地记住的。然而，对那些非常显要的事件，例如严重的意外事故或重大疾病，两到三年后一般都还会清晰地记得细节。对那些低显要度的事件而言，选择两个星期到一个月的时间段来考察看来是恰当的。对那些中等显著度的行为，选择一到三个月的时间段最为常规。选择了一个最适当的时间段并不意味着收集到的数据就一定可以免于错误，它只不过意味着，在需要回答人回忆过去的时候，回忆误差有可能被限制在最小的范围内。

为概要性的信息选取更长的时间段

如果概要性的信息是可以获取的，那么可以选取更长的时间段。很多回答人都可以就总的医疗费、度假的支出或过去一年的收入，给出相当可信的估计，尽管他们记不住怎样以及为什么花费某一笔钱或获得某一笔收入的细节。人们之所以能给出比较可行的概括性信息，也许是因为他们已经有了用于其他目的的，如税收记录的概括性信息，或因为他们曾为度假作过一个预算。

如果概要性的信息能够从记录中获取，同时也有此要求，你应该使用此类信息，以代替短期的数据的收集，再计算每天发生的数额。不过，一般情形下，你可能不仅对概要性的数据有兴趣，也会对个别事件的细节有兴趣。这时候，不但应该问概要性的问题，而且也应该问回答人在一个短的时间内发生的事情的问题。比较概要性的结果，和那些得自于根据短期数据推断的结果,使你可以检验回答的可信度。

如何尽可能地减少记忆错位

如果你想尽可能地减少后向记忆错位,或减少将较早以前发生的事记做近期发生的事的概率,那么确定一个适当的时间段也是很重要的。假如一个全国性的家庭样本被要求报告他们在过去 7 天中购买的咖啡的数量,然后再将这一总数与所有咖啡生产商的出货量,或与在零售渠道中观测到的销售量相比。一般,这些比较的结果会显示,报告的量要高于生产的量和销售的量50 几个百分点。这种事情的发生是一种过程,我们把这一过程叫作记忆错位。

如果回答人记住了发生的事件,而忘记了确切的日期,记忆错位就会出现。过去,多数研究者并不关心记忆错位,因为他们确信日期上的误差会随机地分布于真实日期的两侧。可是,近来的研究表明,随着时间的流逝,回答人根本无法确定日期。其结果就是,回答人一般会将他们的答案置于惯常发生的时间段中,譬如十天前,一个月前或三个月以前。这两个过程导致被报告的事件的过度陈述。如发生咖啡购买的过度陈述,因为那些两三个星期前购买咖啡的回答人很可能会报告他们是在十天前或两个星期前买的。

由较短的时间段引起的记忆错位偏差的增加

不同于纯粹的遗漏,遗漏会随着选择的时间段的长度的增加而增加,记忆错位偏差则会因为访谈进行的时间和事件发生的时间之间的时间间隔缩短而增加。记忆错位中最严重的问题是由非常短的时间段——昨天,三天前,上个星期——引起的。理由是显而易见的。如果被问的是昨天的情况,那些仅仅记错了一天的回答人将百分之百地过度报告,若被问的是前两个星期的情况,将有7%左右的过度报告,倘若被问的是过去三个月的情况,那么仅会有1%左右的过度报告。由于更长的时间段,正确日期的绝对偏差虽然会增加,但是相对的偏差却会变小。

如果行为非常重要,被遗漏的事件的百分比会很小;但如果选择的时间段太短,那么尽管被遗漏的时间的百分比仍然很小,但过度陈述却会比较多。在这种情形下,研究者想要从更长的时间段中获取更多数据的期望,就会与通过时间段的选择获取最准确的回忆的期望相吻合。因为记忆错位和事件的遗漏是同时发生的,不仅如此,对这两种形式的遗忘而言,时间对它们的效应是相反的,于是会有一些相反的偏差互相抵消的时段,从而使被报告行为的总水平会是大致正确的(更充分的论述请参见 Sudman and Bradburn,1974)。对许多种行为而言——如杂货店的购物,休闲活动,例行的医疗保健——介于两个星期和一个月之间的时间段似乎比较恰当。然而,即使选择了最适当的时间段,就具体的个人而言行为的细节也可能不正确。

使用关联记忆法

由内特和瓦克斯伯格(Neter and Waksberg,1963,1964,1965)开发的那种关联记忆法,涉及到对同一组回答人进行重复的访谈(一种定组重访法)。初次的访谈是无关联的,数据也不会在这一期使用。不过,在所有后来的访谈中,回答人被提示先前已经报告过的行为。访谈员也会将那些新报告的行为与早前报告的行为进行核对,以确保没有重复的数据出现。也就是说,为了防止日期上的错误,早期的访谈对时间段进行了"界定"。

关联访谈法已在广泛的领域得到了成功的运用。然而,请注意定位效应(effects of bounding)与辅助回忆的效应恰好相反。划定范围会减少记忆错位,并有助于获取细节方面的信息,但对遗漏问题却没有作用。如果遗漏问题比较严重,关联访谈甚至会导致更大的误差,因为关联访谈排除了可抵消偏差。同时使用辅助回忆法和关联回忆法将会导致较低的和实际的净偏差。

使用定界法的主要问题是它们需要进行多次重复的访谈,对多数研究者来说,它不仅费用过高,且耗时也太多。一个备选的方案是在一次访谈中使用定界的方法(Sudman,Finn and Lannom,1984)。那就是,你以一个有关较早时期的问题作为开始,然后再使用从那个时期得到的数据,划定当期报告的界限。例如,在一个实施于6月中旬的访谈中,某位回答人首先会被问到5月中服装的购买行为。接下来,便可用5月的日期定界,询问关于6月中的服装购买行为。尽管对混合偏差的担忧还是存在(假设5月的估计值太高),但这种方法的确给出了令人惊讶的精确的估计值。

考虑使用二手记录

减少记忆错位,增进细节信息的另一种方法是使用家庭记录,如果有家庭记录可用(Sudman and Bradburn, 1974)。记录查找的工作,例如查找家庭财产清单,最好在面对面的访谈中完成。此种查找工作不可能在电话访谈中实现,因为回答人和访谈员都无法看到对方在做什么,这就会使双方身心疲惫。假如查找的工作耗时太长,它可能对接下来的访谈的流畅产生反作用。

一个可以用于电话调查的替代方案是,事先将问卷邮寄给回答人,并在问卷中指明将用于参考的记录的类型。这样一来,查找工作通常就会在访谈之前就做好。在有记录是可资利用时,访谈员应当注意这些记录是否被使用了,因为更精确的报告将来自于那些使用了记录的回答人。就邮寄和基于网络的调查而言,回答人可能会被请求使用记录,但对于回答人而言,不存在任何促使他们这么去做的强烈动机,而对研究者而来说,也没有什么方法可用来判定回答人是否使用了记录。可供我们使用的记录有很多种,其中最常使用的是下面列出的几种:

- 用于商品和服务的票据通常会载有产品购买的日期或服务被提供的日期,同样也会载有供给者的名字,以及其他的细节。这些票据既可以被用于研究医疗保健、法律服务、家庭维修,以及汽油消费,也适用于研究其他种类的支出。
- 保险报销单提供了有关医疗和其他的保险花费的信息。
- 支票簿记录或作废的支票提供了与票据相似的信息,它可能无法提供详细的信息,或提供的信息不够精确。
- 所有权凭证和租赁契约可以提供有关居住单位和机动车辆特征的信息。
- 其他类型的金融记录,例如保险合同、存折,以及股票持有凭证,能提供与财产和储蓄相关的信息。

所有的记录,特别是那些与金融资产有关的记录,很可能会被回答人认为是相当私人的。尽管好的做法是鼓励回答人使用这些记录,但是如果回答

人不愿意 这些记录不容易被找出来,那么也不必坚持。

学会使用日记和追踪研究

一个能降低对回忆的依赖,又能提供更精确的行为信息的替代方案是使用日记。回答人或日记的记录者被请求随时记录相关事件,或者至少是做到当天记录。日记法已经被用于各种主题,包括消费支出,食品的配备,车辆的使用,电视的观看,以及健康保健(参见图2.4)。这些都是经常发生,又不显著的事件的实例,对它们难以有准确的回忆。

最初日记法被用于追踪研究,家庭或个人隔一段时间报告一次他们的行为,这样就可以在个体水平上测量变迁(Sudman and Wansink,2002)。然而,有些追踪研究,譬如大多数的投票研究,使用重复的访谈,并不使用日记;而有些食谱研究,以及劳动统计局的消费支出调查仅仅使用日记获取单一时间段的可靠信息。

因为日记不仅是高成本的,还要求大多数研究者具备并不熟悉的技巧,所以他们并不经常被使用。导致成本增加的一个原因是为了保证日记记录者的持续记录活动,通常要给他们相应的补偿,而这在多数其他类型的研究中则是不必要的。为了能使它的回答人达到与其他一些精心实施的个别访谈相同的合作水平,它也需要逐个遴选回答人(或通过面试或通过电话),并对他们进行深入的追访活动。正因为如此,尽管它的单位信息成本比较低,但是信息收集的总成本还是比较高的。有些研究者曾经使用花费较少的邮寄式方法进行回访和搜集日记,但用此类方法,回答人的合作程度很低(进一步的讨论请参阅第10章)。与此主题相关,有三项发现来自于萨德曼和万辛克(Sudman and Wansink,2002)。现列示如下:

- 分类式日记(如图2.4所示),在这种日记中事件按照类别分别予以记录。相对于定期式日记,此类日记中事件被随时予以记录,会得到更多精确的信息,更易于日记记录者的填写,同时对研究者而言,也很容易处理。由于不同类型的事件需要记录不同的细节,因此分类记录的方法就很有用。此外,标题可以起到提示作用,告诉记录者什么是需要记录的。

- 日记应该保持相对的简短——最好是 10~20 页。更长的日记,带有更多的项目,可能导致少报,特别是位于日记中间几页的那些项目会少报。

- 日记研究应该要求报告几种不同的项目,而不是单一的行为类型,或是单一产品的购买。否则,记录者将会专注于这种行为,进而可能导致这种行为发生变化。一项日记研究,如果它仅要求报告谷类食品的购买,就很可能导致对谷类食品更多的购买和消费,至少在短期内会如此。

如果你想要获得精确的、细节性的信息,而这些信息与频繁发生的、低重要程度的行为有关,那么即便日记是高成本的,这种方式也相当值得考虑。

运用正确的措辞

总的原则很简单:使用样本中每个被调查者都能理解的词汇,而且这些词汇仅具有你所希望的意义。设计出能满足上述原则的问题是相当有难度的,需要丰富的经验和判断力。在使所有的措辞都能令人满意之前,你需要进行大量的试验和纠错,如试调查等。

一种简单明了的提问的方法是用最简单的词汇来描述被测度的行为。然而,常常会有很多回答人可能并不理解这个最恰当地描述了行为的单词的含义。由佩恩(Payne,1951)提出的经典的,并被广泛采用的解决方案是先解释那个字的意思,然后再给出那个字本身。例如,像"您做事'拖沓'么?"这样的问题,可能会让那些并不理解这个词的回答人感到困惑,而像"您做事'拖沓'么,就是说,你将当天可以做完的事拖到明天再做?",这样的问题则可能含贬义。问题最好的表达方式是"您会将当天能做好的事拖到明天吗?也就是说您做事拖沓吗?"这个问法在结尾处的用词比较有技巧,委婉而含蓄,因而对回答人而言,它似乎就不再含什么贬义了。

通常应当避免使用俚语和俗语,不仅是因为这些词汇不符合习惯用法,而且因为很多回答人可能不理解这些词汇的意思。但是,假如样本是同质的,而且大多数回答人都会使用相同的俚语,那么俚语的使用就会很有效。例如,一项有关违法男童的研究,他们来自某一社区中同一种族群体,就可以使用那个社区的俚语。在这里,俚语的使用近似于在专业群体中术语的使用。举例来说,在图 2.8 中,问题"您有凿式犁吗?"以及"您使用少耕法吗?",对大多数农场主而言就是有意义的,虽然多数大学生、城市内的居民或调查研究人员无法理解其意义。如果调查的是不熟悉的群体,那么对于那个群体的一个小样本(非随机的)的先期的小组访谈会有助于指明哪种类型的词汇可以使用或应该避免。当然,这样的小组访谈并非是必须的,但是如果被研究的总体是异质性的,它还是会很有用。

然而,与难明其意的词汇相比,更为棘手的问题是提问语境中,有多种含义的词汇,只能依据被用词汇所处的语境来明白其意义。可是,有些词汇,即使在一定的语境中,也难以理解。下面的例子采自佩恩的"问题词汇病语集"(Payne, 1951,第10章):

- Any,anybody,anyone,anything。人们可能意指"每一个(every)""有些(some)""其中之一(only one)"。
- Fair。含义包括:"平均的(average)、相当好(pretty good)、不太差(not bad)""良好的(favorable)、公正的(just)、诚实的(honest)""依照原则的(according to the rules)""平常的(plain)""公开的(open)"。
- Just。可能意指"正好(precisely)""接近(closely)""刚刚(barely)"。
- Most。如果它位于另一个形容词前,那么就不清楚它修饰的是这个形容词,还是后面的名词,如短语"most useful work(非常有用的工作,多数有用的工作)"。
- Saw,see,seen。可能意指"观察(observe)",或者可能指"看医生或找律师(visit a doctor or lawyer)"。

其他的词汇对有些回答人可能会有意想不到的含义。由敏锐的访谈员实施的,认真仔细的试调查是发现这些有问题词汇的最直接的做法。由于回答人的回答并不总是能够揭示出他们对于这些词汇可能存在的混淆之处,那么在试调查的结尾处问回答人"如果我们问××(某个词汇或短语),您认为我们指的是什么意思?"这样一个问题,通常是会很有效的。

确定问题的适当的长度

过去,通常的做法是使问题尽可能地短。这种做法以某些态度类问题研究为依据,这些研究表明随着问题长度的增加,回答的可信度会随之降低。然而,对行为类问题的研究则表明适用于态度类问题的发现并不能应用到行为类问题上(Cannell, Marquis and Laurent, 1977; Cannell, Oksenberg and Converse, 1977; Bradburn, Sudman and Associates, 1979)。就行为类主题而言,更长的问题不仅有助于减少被遗漏事件的数量,还可以增进回忆。有三点主要的理由可以说明为什么更长的问题能增进回忆。

第一,更长的问题提供了记忆的线索,起到类似辅助回忆的作用。在一项实验中,我们比较了短问题和长问题,两个问题都与饮酒有关。请注意较长的问题列出了可能被饮用的酒的类型,还提示回答人可能饮酒的场所和场合,以有助于回忆。如:

您曾经喝过葡萄酒或香槟吗?即使只有一次。(如果回答是):在过去的一年中您喝过葡萄酒或香槟吗?

过去的几年里,饮用葡萄酒(说到葡萄酒,我们指的是利口酒、甘露酒、雪利酒,以及类似的饮品,还包括进餐时饮用的淡酒、各种汽酒和香槟。)在这个国家渐渐变得流行起来。您曾经喝过葡萄酒或香槟吗?即使只有一次。(如果回答是):您那时喝葡萄酒可能是为了饭前开胃,为了就酒下菜,为了庆祝某些场合,为了享受社交聚会,还是有其他原因。在过去的一年中,您喝过葡萄酒或香槟吗?

第二,较长的问题对回答人来说要花费更长的时间来阅读,它也给予回答人更多的时间去思考。在所有其他条件都相当时,回答人花费在记忆工作的时间越长,他们能记起的东西就越多。

第三个理由与最近在心理学实验中的发现有关。实验发现回答的长度直接与问题的长度相关。如果写下来的问题越长,回答人也会写得越多。尽管回答的长度不一定必然是回答质量的直接测度(特别是在态度类问题中),但是在回答人自我对话的提示下,更长的回答通常会促使其记起更多的事件。

可是更长的问题与辅助回忆一样也会有不利之处。尽管更长的问题能减少忽略，但是对肯定回答的潜在的需要可能会增加记忆错位。也就是，如我们将在下一章看到的，对那些社会不期许的行为，长问题是有用的，但是它会导致社会期许的行为的过高报告。

把回答人当作知情人

迄今为止，我们一直假设回答人仅能叙述他们个人的行为。出于成本和实用性的考虑，我们通常希望回答人报告家庭中其他成员的情况，有时你甚至希望他们报告自己的朋友或所在的组织的情况。如一个家庭的知情人，通常就是主要的购物者，可能被要求报告家庭的所有食品购买；一个母亲被要求报告她的所有的子女生病和就医的情况。或者一个成年公民被要求报告家庭中所有其他成年公民的投票行为。

你也许能预计到，同时研究也证实，回答人所报告的其他人的行为与其报告自身的行为相比，其精确度要低10%～20%，除非行为是有威胁性的（Marguis and Cannell，1971；Menon，Bickart，Sudman and Blair，1995）。通过参与到他人的活动中，观察他们，或同他们谈论他们的行为，知情人了解到他人的行为。有时候，知情人可能并不了解他人的某些行为。例如，子女可能避开家长购买小零食，或者与同伴嬉戏打闹，而他们的父母可能并不知情。也有些行为可能并不突出，也就不被注意，例如购买个人护理品或收听广播。还有些其他的情形，譬如一场小病，可能并不重要，很会被他人忘记了。

可是，如果回答人确实了解某些重要的行为，例如一次住院经历或一次选举行为，那么来自知情人的信息就会相当可信。如果你想从总体中甄别出特殊的个体，例如找出打高尔夫的人，或找出参加了海湾战争的老兵，那么知情人的使用就特别有效。在扩展式访谈中，访谈由一个子样本来实施，构成子样本的人被报告具有给定的特征，误报（false positive）就会被排除。不过，漏报（false negative），即那些虽拥有要求的特征，但没有被知情人报告的人，仍然会被这种甄别丢失。

小 结

本章我们强调的问题是,回答人有可能无法记起以前发生的行为。能够使回忆的工作变得更简单的任何事不仅可能促进数据质量的提高,还会增加回答人和研究者在访谈中的满意度。文中我们提出了几种相关的技术,它们有助于帮助回答人记忆某一事件,也有助于减少记忆错位。这些技术是:(1)运用辅助回忆;(2)让问题变得具体;(3)对所有问及的事件选择适当的时间段;(4)使用关联回忆法;(5)使用二手记录;(6)使用日记和追踪研究;(7)运用正确的措辞;(8)确定问题的适当长度。

总之,关键是选择那些实际上能够被完成的任务。这里,也有必要考虑使用知情人。如果任务比较容易,且使用的程序也比较恰当,那么我们就可以从这些知情人那里获得相当精确的对行为的报告。然而,如果这项工作很困难,即便是最好的程序也无法避免错误的结果。我们认为,在这种情形下,最好的备选方案是,既不要将所有得到的结果弃之不用,因为完全精确的结果是不可能得到的,但也不要忽视数据中存在的基本问题。我们应该谨慎小心地使用这些数据,既要认识到它们的局限,也要认识到有瑕疵的结果总比完全没有结果好。

推荐阅读书目

本章中推荐给读者的那些参考读物,关注的主要问题是研究发现,那些对于这些研究发现有兴趣的读者不妨按图索骥,有选择地进行阅读:《答案的思考》(*Thinking About Answers*,Sudman,Bradburn and Schwarz,1996;特别请参阅6~9章);《自传体记忆和回顾性报告的效度》(*Autobiographical Memory and the Validity of Retrospective Reports*,Schwarz and Sudman,1994);还有我们的两本早期著作,《调查中的回答效应问题》(*Response Effects in Surveys*,Sudman and Bradburn,1974;特别参阅第 3 章)和《改进访谈方法和问卷设计》(*Improving Interview Method and Questionnaire Design*,Bradburn,Sudman and

Associates, 1979：第 2 章）。

有关计数和估计的研究可以在布莱尔和伯顿（Blair and Burton 1987）的书中找到。有关记忆的有用的普通读物，可参看《人的记忆：理论和实践》（*Human Memory*：*Theory and Practice*, Baddeley, 1990）；《会议的组织》（*Organization of Memory*, Tulving and Donaldson, 1972）和《场景要素》（*Elements of Episodic*, Tulving, 1983）。另请参阅林顿（Linton, 1975, 1978, 1982）；米恩斯和洛夫特斯（Means and Loftus, 1991）和瓦戈纳（Wagenaar, 1986）。

如欲了解有关如何使用日记，以及如何实施和分析来自于连续的或非连续的消费者追踪调查的研究，请参阅《消费者同组追踪调查（第二版）》（*Consumer Panels*, 2nd ed, Sudman and Wansink, 2002）

对于本章来说，《提问的艺术》（*The Art of Asking Questions*, Payne, 1951）中的第 9 章和第 10 章是非常有用的补充阅读材料。读者，如果想要熟悉当前有关问卷设计的研究，可以参阅下列期刊，它们经常刊登此类研究：《舆论调查季刊》（*Public Opinion Quarterly*）、《市场研究》（*Journal of Marketing Research*）、《美国统计学会会刊》（*Journal of the American Statistical Association*）、《消费者研究》（*Journal of Consumer Research*）、《个性和社会心理学》（*Journal of Personality and Social Psychology*）、《社会学方法和研究》（*Sociological Methods and Research*）和《美国人口普查局技术文献》（*Census Bureau Technical Papers*）。

3 询问有威胁性的行为问题

调查研究人员很久以来就已经认识到,对那些涉及个体行为的、有威胁性的问题需要认真仔细地进行措辞。巴顿(Barton, 1958:67)大约在半个世纪以前就饶有兴趣地总结了许多技巧。与此同时,许多民意调查者也在这方面投入了大量的时间和精力,试图发现一些可以用不令人尴尬的方式去询问令人尴尬的问题的方法。下面我们给出几个用于"您是否杀死过您的妻子?"这一问题的技巧的实例:

a.不经意法(the casual approach)

"您是否恰巧谋杀过您的妻子?"

b.编号卡法(the numbered card approach)

"能否请您读出这张卡片上同您妻子的情况相符的那一项的数字?"

（把卡片递给回答人）

（1）自然死亡　　（2）我杀死了她　　（3）其他（具体是_____）

c.人人法（the everybody approach）

"您知道,现在很多人一直都想杀死他们的妻子。您是否恰巧杀死了
自己的妻子?"

d."他人"法（the"other people" approach）

（1）"您是否认识某个曾经谋杀过他的妻子的人?"

（2）"您自己呢?"

e.密封投票法（the sealed ballot approach）

在这种方法中,你要说明调查会尊重人们的有关婚姻关系的匿名权,
但是他们自己要填写问题的答案,并把他封存在一个信封中,再将其
投入到一个由访谈员携带的、上面醒目地贴有"密封投票箱"字样的箱
子中。

f.金赛（Kinsey）法（the kinsey approach）

在访谈的末尾,牢牢地盯住回答人的眼睛,然后用简短的、清楚的语言,
好像回答人已经习以为常,并且以一种假设人人都做过的口吻问回答
人:"您是否曾经杀死过您的妻子?"

今天,由巴顿发现的那些基本方法,其中有一些还在使用,但另一些则因
为无效而被弃用了。此外,强有力的计算机技术的发展,导致一些新方法的
诞生。这些方法提高了回答人的信任度,他们更确信自己的答案是保密的。
然而当问题变得更有威胁性时,回答人也就更有可能高估或低估相关的行
为。即便使用了最好的措辞方式,也不可能完全消除所有的威胁性问题。例
如,时至今日,与家庭的收入有关的问题仍是最有威胁性的问题之一(第9章
会讨论如何减少该问题的威胁性)。

本章要点

1. 自填式的计算机辅助法可以减少问题的威胁性,有利于敏感问题的报告。

2. 一般来讲,就获取那些社会反对的行为频次的信息而言,开放式问题通常比封闭式问题更好。不过,在报告是否曾经做过某种社会反对的行为时,封闭式问题可以降低问题的威胁性。

3. 就获取那些社会反对的行为频次的信息而言,长问题比短问题更好。

4. 使用人们熟悉的词汇可以增加报告社会反对的行为的频次。

5. 为了减少对社会期许行为的多报,要尽可能使用由见多识广的知情人报告的数据。

6. 就社会反对的行为而言,比较好的做法是在询问回答人目前有没有这种行为之前,先问一下他们从前是否有过这种行为。而就社会期许的行为而言,较好的做法是先问目前的行为,而不是先问他们通常的或典型的行为。

7. 为了避免对有威胁的话题的过度重视,应设法把它插在一张有一系列威胁性较小的话题清单中。

8. 考虑使用标准化问题的替代方法,例如随机答案或卡片分类法。

9. 请不要依靠"您是否恰巧"这样的措辞来提高有威胁性的问题的报告数。这种措辞实际上更容易使回答人感到威胁性。

10. 为了同时提高信度和效度,可以考虑使用日记法,或同组追踪调查法,在不同时点的几次调查中问一些问题。

11. 请不要用在同一份问卷中反复问同一个问题的方法做信度检验。这样做会打扰回答人,进而使他们感到这一话题似乎对自己有着异乎寻常的重要性。

12. 在访谈结束时问几个有关威胁性感受方面的问题,以确定回答人究竟认为该话题有多大的威胁性。

13. 设法进行验证,即便只是在加总的水平上。

有关社会期许行为问题的六个例子

疾病诊断

卫生保健研究者常常发现,疾病预防活动场会被视作一种期许的行为,因而会被多报,即报告的数字高于医疗记录中记录的数字。图 3.1 给出了一组用于诊断妇女是否患有癌症的问题。问题涉及乳房 X 线照片、帕氏涂片和乳房内科检查等。所有这些预防性的检查都存在相当程度的高报倾向,但是较之帕氏涂片和检查乳房的 X 线照片则是一种更为独特的事件,因而它的报告具有较高的精确性。不同研究结果的高报程度有所不同,一般乳房的 X 线照片的高报大约在 40%,而帕氏涂片和乳房检查的高报则高达100% 或更多。这组问题试图以某种方式排列这些行为的顺序,从而提高报告的精确性。

借书证的拥有情况

确定某个人是否有借书证的最好的方法是什么? 答案似乎是:直截了当的问题可能最好。考虑一下这个问题"您是否有丹佛市立图书馆的借书证?"

在表面看来,这个问题好像没有威胁性,但是因为阅读常常被认做是一种允许的活动,所以借书证的拥有情况可能会被虚报。事实上,在调查中使用上面这样的措辞的问题,有 10%～20% 的人虚报了借书证的拥有情况(Parry and Crossley,1950)。

就社会允许行为而言,虚报的程度不仅取决于设计的问题的社会期许度和问题的措辞方式,同时也取决于那些没有按照社会期许的方式做事的人占总体的比例。正因为如此,借书证拥有情况的虚报程度大大高于汽车安全带使用情况,因为只有少数的成年人才拥有借书证。图 3.2 给出了另一种被使用过的方法,它曾试用于估计芝加哥地区借书证的拥有情况。

1.a.子宫抹片是一项常规的检查,通常也是骨盆检验的一个部分。其做法是医生使用一个药签从子宫或子宫颈的入口处取样。您曾经做过子宫抹片检查吗?
　　□做过
　　□没有
　b.从(年)(月)开始,在过去的五年中,您一共做过多少次子宫抹片检查?
　　共＿＿＿＿＿＿次子宫抹片检查

2.a.乳房 X 光照片是利用机器将胸部压在一块平板上,而对胸部进行的一种 X 光透视。您曾经做过乳房 X 光照片吗?
　　□做过
　　□没有
　b.从(年)(月)开始,在过去的五年中,您一共做过多少次乳房 X 光照片?
　　共＿＿＿＿＿＿次乳房 X 光照片

3.a.胸部检查时医生或医护人员会触摸胸部,以检验是否存在肿块。医生或医护人员曾经给您做过胸部检查吗?
　　□做过
　　□没有
　b.从(年)(月)开始,在过去的五年中,您一共做过多少次胸部检查?
　　共＿＿＿＿＿＿次胸部检查

图 3.1　有关癌症筛检的问题

资料来源:Survey Research Laboratory,cited in Sudman and others,1997.

1.您认为坐落在您家周边的芝加哥公共图书馆的设施是好的,一般,还是不好?
　□好
　□一般
　□不好
　□不知道

2.您家有人持有芝加哥公共图书馆的读者卡吗?
　□有
　□没有(结束访问)

3.您自己持有芝加哥公共图书馆的读者卡吗?
　□有
　□没有

图 3.2　有无读者卡的问题

资料来源:Bradburn, Sudman and Associates,1979.

这一版本的提问试图通过其他问题,如对图书馆设施的态度以及家庭其他成员的借书证拥有情况等,来消除由某一特定的问题带来的压力,从而减少高报。然而即使用这种版本,就所有回答人而言,仍然有10%~20%的高报。没有证据说明这个版本是有效的。与较早进行的丹佛调查一样,在芝加哥,也发现了同样程度的高报(或者可能还略大些)。

书籍的阅读

图3.3给出了有关书籍阅读的各种问题。像借书证的拥有情况一样,书籍的阅读也是一种社会期许的活动,因此那些在过去的六个月中读过一本书的人的比例可能被夸大了。但是因为没有外部的可资验证的信息,因而我们无法了解夸大的确切程度。

方法1

在过去的六个月中,您是否读过任何精装的或平装的书?(如您已经读了,即便还没读完,也算是读过。)

　□读过

　□没有

方法2

a.您是否定期阅读杂志?

□是

□否

b.过去六个月中,您读过一本书吗?

□读过

□没有

方法3

请您尽量回想一下,您最近一次阅读是在什么时候,无论是精装的还是平装的书?(如果做出回答,继续问)它的书名是?〔圣经及课本排除在外。〕

图3.3　有关阅读的问题

资料来源:National Opinion Research Center,1965.

如图3.3所示,一种用以调查爱读书的人的情况的方法(国家舆情研究中心 National Opinion Research Center,简称 NORC,1965)是询问"在过去的六个月中,您是否读过任何精装或平装书?(假如你已经读了,但是还没有读完,也算是读过。)"第二种方法(NORC,1963)是先问杂志的阅读情况,再问书籍的阅读情况。这样做的主要目的是希望让书籍的阅读只是成为几个阅读项目中的一项,以减少对这一项目的注意,从而避免高报趋势的发生。第一个问题比较长,而且还给出了第 2 章讨论到的几种记忆的线索。然而,调查的结果显示在那些在过去的六个月中读过一本书的人的比例上,两种调查并没有明显的区别,报自己爱读书的回答人的比例都在 50%左右。

第三种方法(Gallup,1971)中的措辞没有使问题变得很具体(如我们在第 2 章中建议的那样,而是代之以指明一个具体的时段,问"您最近一次阅读……是什么时候?")。指明某个具体的时段,或许可以避免社会期许行为的高报。盖洛普发表的结论是以过去一个月中的阅读情况为依据的,且不包括阅读圣经和课本,因此这些结论不能同国家舆情研究中心(NORC)的结论直接进行比较。

安全带的使用

盖洛普(Gallup,1973)在这个问题上的措辞方式是"回想一下上次进入汽车后,您是否系了安全带?"这个问题是经过深思熟虑的,它没有问及经常的或典型的行为。假如问及了典型行为,问题会更有威胁性,而且那些不系安全带的人很可能会否认。仅仅问及许多常见事项中的一项,例如进入汽车,似乎可能会减少信息得到的数量,但是因为要记起日常行为的一个单独的片段是很困难的,所以许多回答人会通过精确地报告他们通常的做法来回答这个问题。

慈善捐赠

在一项对丹佛市的慈善捐赠的研究中(Parry and Grossley,1950),用以获得人们对某个地方慈善机构(被称做社区福利基金)的捐赠信息的问题使用的措辞,把前一章给出的具体性建议同交叉参考二手资料的建议结合了起来。例如,一个调查问题:"您本人是否在去年秋天的慈善活动期间,刚好给社区福利基金捐过款或者承诺过捐款?"

调查的结果同丹佛社区福利基金的实际记录进行了对照。大约 1/3 的回答人报告给予了捐赠而实际上也确实给予了,但是34%的回答人虽然没有给予捐赠,却报告他们给予了捐赠。正如我们所看到的那样,"刚好"一词显然对于高报的减少收效甚微。在这个例子中,使用更直接的问题似乎也不会对高报产生更多的影响。

投票与选民登记

在美国,投票研究几乎是最经常进行的一种研究。然而,在选举后进行的研究几乎总是夸大总体中投票者的数量,以及投票给领先的候选人的比例。

图3.4给出了几个有关投票和选民登记问题的例子,都是几家调查公司在不同年代的选举年进行的调查中使用的。尽管使用它们的目的都是为了减少高报,然后大多数都不太成功。有许多不同的策略被用于争取降低高报。其中一些如下所述:

- 用诸如"无疑"或"肯定"这样的词说明"记不起来"也是一个可能的答案。
- 在问题中指出人们之所以不能总是参加投票的实际理由。
- 在问题中给出候选人的姓名,作为提示,以有助于避免同其他的选举相混淆。
- 把这个问题当做一系列有关政治态度的其他问题中的一个来问。

有趣的是,一个能有效地降低高报的方法,是从一个家庭的汇报人那里,而不是每个家庭成员那里获取所有家庭成员的投票信息。家庭汇报人和报告的精确性之间的关系是一种很重要的关系,我们将会在本书的后面予以讨论。报告的精确性也是登记的选民中实际参与投票的选民的比例函数。总统选举的问题可能会有最精确的回答,因为有更多的登记的选民实际参与了总统选举的投票。根据投票记录,在1949年5月的调查中,总体中13%的人虽然宣称他们参与了1948年的总统选举,而实际上却没有。人们还被问到他们是否参与了四年前,也就是1944年的总统选举。结果是,在那些宣称参与投票的人中,有23%的人不能与投票记录报告相匹配。

1.1996 年,比尔·克林顿代表民主党与共和党的代表鲍勃·多尔,以及独立候选
  人罗斯·佩罗竞选总统。您能否确切地记得在那次选举中您是否参加了投票?
      □参加了投票
      □没参加投票
      □不记得了
  如果回答"是",您投给了谁?
      □比尔·克林顿
      □鲍勃·多尔
      □罗斯·佩罗
      □其他(具体说明) _____
      □不记得了

2.在同人们谈论选举时,我们常常发现有些人或是因为没有进行选民登记,或是
  因为生病,或是因为恰好没有时间,而没有能够参加投票。那么,下列陈述中的
  哪一项最恰当地描述了您的情况?
      □我没有(在今年 11 月的选举中)参加投票
      □我本想参加这次投票,但是却没有
      □我通常都会参加投票,但是这次却没有
      □我确定我参加了投票

图 3.4 投票问题

资料来源:Burns and others,2001.

在 NORC 的调查中,有 65% 的回答人报告他们参与了 1976 年的选举(综
合社会调查, 1977—1978)。而在以家庭汇报人报告的数字为依据的"当前
人口调查"(current population survey),则显示总体中参与选举的比例仅为
59%(美国人口普查局, 1976),而实际的投票率是 57.5%。尽管 NORC 和
"当前人口调查"二者存在的差异,也可以归结于某些其他因素,但是这些结
果都说明,就投票以及其他一些社会期许行为而言,汇报人几乎都会认为有
关他人的问题,较之有关他们自己的问题威胁性更小一些。所以对于诸如这
样的问题而言,更为可信的信息是,来自汇报人而非直接来自个体本人。

投票的严重高报可能会发生在那些只有很少人参与的投票选举中。初
选和多数地方选举对回答人来说不是很重要,因而更容易将它们同其他的选
举相混淆。因为候选人的名单很长,所以对研究人员来说,给出记忆的线索

也很困难。就这类选举而言，如果可能，就更需要使用汇报人。尽管如此，实质性的夸大仍然在所难免。

近年来，有关哪些技术可以最大地减少投票报告中的误差的观点已经有所改变。在最近的一次对2000年9月的投票和选民登记的调查中，美国人口普查局已经将注意力放在了如何增加如实完成问卷填答的人数上了，如图3.5所示。

1.在历次大选中，有些人可能因为生病了或事务繁忙，或是因为其他一些原因而未能参与投票，还有一些人则是不想参加投票。请问，您在11月7日，即星期二的大选中您参加投票了吗？
　□参加了
　□没有参加

2.您没有参加投票的主要原因是？
　□生病或行动不便（自己或家人）
　□在外地或离家外出
　□忘了去投票（或发出缺席选举人票）
　□没兴趣，认为自己的投票不会改变什么
　□太忙了，与工作或学校的日常安排冲突
　□交通的问题
　□不喜欢候选人或不关心竞选结果
　□选民登记的问题（也就是说，没有收到缺席选举人票，在目前的居住地没有登记站）
　□天气太差
　□投票时间，投票地点不方便，或者是等待或排队的时间太长
　□其他_____

图3.5　提高了精确性的投票问题

资料来源：Bureau of the Census, 2001.

因此这个问题的重点已经集中在如何让参与调查的人，能在感觉非常好的情况下报告自己是否在总统选举中投了票。他们首先被问到的问题是是否投了票。最开始提出的问题要非常谨慎地说明，一个人可能会出于各种原因而无法投票，或决定不去投票。假如回答人回答了"没有"，那么他们接着会被问到他们为什么没有投票，同时给他们11个不同的回答选项，请他们从

中作出选择。再接下来便会问该人在什么时候以及怎样进行投票登记。

很清楚,本次调查的目的是要获得 2000 年大选投票者人数的精确的估计值。与以往的美国人口普查局的报告不同,这个报告计算投票率和选民登记率的基数是达到投票年龄的公民总体——考虑到并非达到投票年龄的所有人口都是公民和有投票资格的,所以在计算标准上的这一变化,使最终的投票率也变了整整 5 个百分点,法定投票年龄的公民的投票率从 55% 变成了 60%。而说到底,这无非只是我们试图能从调查中收集更为精确的答案,而采取的一系列措施中的一项而已。

有关社会反对行为的问题的四个例子

交通违规

交通违规的威胁性有轻重之分,轻的如违规停车罚单,重的如酒后驾车。在我们在芝加哥作的一项方法研究中,为了提高报告的质量我们分别使用了两种策略。第一种策略,问了一系列有关各种交通违规的问题,这样回答人就不会知道酒后驾车才是研究的主要问题。第二种策略,使用了随机回答法(randomized response procedures)。图 3.6 显示了访谈员是如何使用这一方法的(在该问卷中,这一方法也被用在了其他的主题上)。使用随机回答法使我们得以估计做了某种有威胁性行为的人在总体中的比例,但是它无法确定某个单独的、特定的回答人的孤立行为(本章的后文中还会更具体地解释这种方法)。

随机回答是一种旨在让回答人确信,访谈员不会知道他们给出了哪一种答案的方法。这种方法使回答人有一种匿名感,另一种方法是使用自填式问卷。尽管增加回答的匿名性通常都可以减少报告误差,但并不能完全排除报告误差(见图 3.6)。就那些非常有威胁性的、社会反对的行为而言,譬如醉酒驾车,即使用了随机回答法,在样本选自于交通法庭的记录的回答人中,仍有 35% 的回答人否认曾被控醉酒驾车。但是与使用标准程序发现的 50% 的低报相比,这则是一个较低的回答误差了。

1.这里有一些被认为可能涉及个人隐私所以难以直接询问,但在调查中却会遇到的问题。尽管人们有这样的想法是可以理解的,但是又有必要获得相关总体的信息。现在我们有一种办法,可以让人们给予信息,同时不用告诉任何人有关他们自己的情况。现在让我给您展示一下如何来做:我们以我手头现有的问题作例子。(递给回答人卡片 F)像您看到的那样,卡片上有两个问题:一个是有关本研究关注的"真的"问题;另一个是完全无关的。两个问题都可以回答"是"或"否"。请您随机地选取两个问题中的一个,然后作答。马上我就告诉您该如何来做。这样我就不会知道您回答的是哪一个问题……

(把盒子递给回答人)您看,这很简单。您就用这个小塑料盒。请注意,这个盒子里有红色的和蓝色的两种小圆珠。摇动盒子,您会发现小圆珠中的一个会出现在盒子底部一角的小"窗口"中。请试一下。(鼓励回答人"摇一下"盒子,习惯它)好的,现在,请您看一下卡上的问题,其中的一个在它的旁边有一个红圈,另一个是蓝圈。随机地选取您要回答的问题。再摇一下盒子,现在看一看窗口中出现的小圆珠的颜色——不要告诉我它是什么颜色。如果小圆珠是蓝色的,请您回答卡片上"蓝圈"示意的问题;如果小圆珠是红色的,请您回答卡片上"红圈"示意的问题。我看不到窗口中出现的是哪一种小圆珠;而您也不要告诉我您要回答的是哪一个问题。只要告诉我您回答的是"是"还是"否"。

　　卡片F.(红圈)在过去的 12 个月中,您收到过违章停车的罚单吗?(蓝圈)您的生日是在 6 月份吗?

2.(把卡片 G 递给回答人)请再摇一摇盒子,用这张卡片,回答与窗口中的小圆珠有一样颜色的问题。您的答案是"是",还是"否"?

　　卡片 G.(红圈)在过去 12 个月中,您曾因为闯红灯而收到过罚单吗?(蓝圈)您的生日是在 7 月份吗?

3.(把卡片 H 递给回答人)现在请再摇一摇盒子,然后使用这张卡片,回答与窗口中的小圆珠有一样颜色的问题。您的答案是"是",还是"否"?

　　卡片H.(红圈)在过去的 12 个月中,您曾经因为超速而被警察指控过吗?(蓝圈)您的生日是在 8 月份吗?

4.(把卡片 I 递给回答人)现在请再摇一摇盒子。使用这张卡片,然后回答与窗口中的小圆珠有一样颜色的问题。您的回答是"是",还是"否"?

　　卡片I.(红圈)在过去的 12 个月中,您曾经因为酒后驾车而被警察指控过吗?(蓝圈)您的生日是在 9 月份吗?

图 3.6　交通违规调查

资料来源:National Opinion Research Center, 1972,转引自 Bradburn, Sudman and Associates,1979.

非法用药

非法用药不仅是一个重大的健康问题,也是一个重大的法律问题,因此,测量其发展趋势对政策制定而言是非常关键的。很显然,在社会的大部分人中,非法的药物使用被视作一种社会反对的行为。在三角研究院(Research Triangle Institute,简称 RTI)为美国国家药物滥用研究所做的每年一度的研究中,开发了一种能使访谈员不知道回答人给出的是什么答案的自填式程序。图3.7 列出的问题便是问卷的一部分,这些问题还具体说明了需要的信息。

就自填式问卷而言,最直接的方法是在没有访谈员在场的情况下,请回答人自己阅读和填答问题。不过,遗憾的是,药物使用的问卷都很复杂,许多回答人在阅读问题,按照填答说明填答时都会遇到麻烦。起初,RTI 试图通过一边让访谈员读问题,一边请回答人填写答题卡的方法来解决这个问题。只是在最近,他们才开始运用这种音频计算机辅助的自填式访谈。若要用这种方法(在本章的后面部分对此还有更详细的讨论),就需要给回答人一台便携式计算机和一副耳机。问题由录音提出,回答人则把答案输入到计算机中。这里需要再次强调的是,这种自填式的方法虽然可以减少回答误差,但是无法完全排除误差。

很显然,对那些用药者而言,如图3.7 中问题3 那样,问及用药天数的问题,是很难,甚至是不可能回答的。温特兰德和史密斯(Wentland and Smith,1993)认为,诸如这样的问题的一个可能的价值在于,说明大麻的使用是否很普遍。因而诸如这样的问题,其答案不必要求具体的天数,而是是否使用大麻,而使用这样一种答案类型的问题将减少对大麻使用问题的低报。

---

1. 下面的问题是有关大麻和哈希什的。大麻也被称作"烟炮""草"或"麻醉剂"。大麻通常都是抽的,或者是掺入被称之为加料的香烟中,或者是放在烟斗里。有时,它也会被煮在食物中。哈希什是一种特定样式的大麻,也被称作"哈希"。它通常是放在烟斗中抽的。您曾经,即便只有一次,用过大麻或哈希什吗?
   □ 有
   □ 没有

2. 第一次真正地使用大麻或哈希什时,您的年龄是?
   _____ 岁
   □ 我从未用过大麻和哈希什。

3. 您生活至今,总计有多少天使用过大麻或哈希什?
   □ 我从未使用过大麻和哈希什
   □ 1~2 天
   □ 3~5 天
   □ 6~10 天
   □ 11~49 天
   □ 50~99 天
   □ 100~199 天
   □ 200~299 天
   □ 300~399 天
   □ 400 天或更多

4. 您最近一次使用大麻或哈希什是多久以前?
   □ 我从未使用过大麻和哈希什
   □ 在 30 天以内
   □ 超过 30 天,但是不到 6 个月
   □ 6 个月以上,但是不到一年
   □ 1 年以上,但是不到 3 年
   □ 3 年以上

5. 请仔细地想一下过去的 30 天——也就是,从今天算起往回数 30 天。在过去的 30 天中,其中有多少天您使用过大麻或哈希什?
   其中的 _____ 天我使用过大麻或哈希什。
   □ 我使用过大麻或哈希什,但不是在过去的 30 天中
   □ 我从未使用过大麻或哈希什

（相似的问题还问到了香烟、酒精饮品、止痛药、安定药、兴奋剂、镇静剂、吸入剂、致幻剂、可卡因,以及海洛因。）

图 3.7　非法的药物使用的问题

资料来源:Research Triangle Institute,1990,转引自 Turner, Lessler and Gfroerer,1992.

酒精饮料的饮用

尽管很多人会认为有关他们饮用酒精饮料的问题是没有威胁的,但是有些人——特别是那些嗜酒成瘾的人——还是会把这类问题看做是有威胁的。图 3.8 给出了一组问题,第一个问题来自盖洛普,它要测定的是回答人是否喝酒、喝多少酒和多长时间喝一次酒。盖洛普的问题很短,很简单,也很直截了当。NORC 的问题则由一组问题构成,形成了一个比较长的问卷,这样设计的目的在于使问题更便于回答人回想和承认饮用了酒精饮料。对那些嗜酒成瘾的人而言,提问技术的这一改进使回答这类问题的回答变得更容易,使回答人无需回避,或使回答人减少低报饮用的频率。

请注意,例子中回答人首先被问到他们是否曾经饮用过任何酒精饮料或者某种特定的饮料,如啤酒。在这个阶段,那些曾经喝过,以及现在正在喝的人可能不愿意承认。假如他们否认自己饮酒,那么他们将不会被问到任何与目前的行为有关的问题。

与盖洛普问卷相比,NORC 问卷的威胁性更小一些。NORC 问卷在一个题中问回答人是否喝过啤酒,在另一题中则问是否喝过葡萄酒,在其他的问题中是否喝过其他特定的饮料。而盖洛普问卷则直接问回答人是否喝过任何酒精饮料。与盖洛普相比,NORC 问卷中回答人报告饮用过葡萄酒和啤酒的比例更高。这可能是因为有些愿意报告他们饮用过葡萄酒和啤酒的人,不愿意报告他们饮用过酒精饮料,因为后面这个术语被认为指的是烈性酒。

在回答人报告他们饮用过啤酒、葡萄酒或烈酒之后,使用长的、开放式问题,如“假如您喝啤酒,那么您平均多长时间喝一次?”这样的问题询问回答人饮酒的情况会比较有效。但我们将这类开放式问题同那些给出了回答选项的简短的封闭式问题相比较时,我们发现在长的、开放式问题中得到的饮酒的频次,是简短的、封闭式问题的两倍多。

图 3.8 的问题 4 和问题 5 是为减少问题的威胁性而采取的又一些步骤,这些问题请回答人用他们自己的语汇对烈酒和醉酒问题进行讨论。这种方法似乎同样也可以使饮酒报告的精确性有所提高,但提高程度不如使用长的、开放式问题。

1.您是否曾偶尔喝过酒类饮品,例如烈酒、葡萄酒或啤酒,或者您是一个完全不饮酒的人?

2.现在,我们有一些问题,它们与以消遣为目的的饮酒行为有关。在这个国家中,最常见的酒类饮品是啤酒或浓啤酒。人们有时会在酒馆里喝,有时会在就餐或在批萨店里喝,或者是在运动会上,或是在家里边看电视边喝,也可能在其他的地方喝。请问您喝过啤酒或浓啤酒吗,即便只有一次?(如果回答否,跳答问题3)(如果回答是)我们对近期内的情况很感兴趣。请问您在过去的一年里喝过啤酒或浓啤酒吗?

□喝过(问 a,b,c)

□没有(问 a 和 b)

a.如果您喝啤酒或浓啤酒,那么平均来说,您多久喝一次?无论您喝多少都算一次。

b.在您喝酒时,通常,您一次喝多少瓶,多少灌或多少杯?

c.请回想一下近期的情况,您在过去的一个月中喝过啤酒或浓啤酒吗?

3.过去的几年里,在我国葡萄酒已经逐渐为大众所接受;我们所说的葡萄酒指的是甜酒、果酒、雪莉酒以及相似的饮品,同样也包括餐桌葡萄酒、葡萄汽酒和香槟酒。您喝过葡萄酒或香槟酒吗,即便只有一次?(如果回答"否",跳答问题4)(如果回答"是")喝酒可能是为了在餐前开胃,或者是在就餐的同时,或者是出于庆祝的目的,或者是因为参加聚会,还可能因为其他的原因。那么,您在过去的一年中喝过葡萄酒或香槟酒吗?

□喝过(问 a,b,c)

□没有(问 a 和 b)

a.如果您喝葡萄酒或香槟酒,那么平均起来,您多久喝一次?无论您喝多少都算一次。

b.在您喝葡萄酒或香槟酒的次数中,最常见的情况,平均起来您一次喝多少杯?

c.您在过去的一个月中喝过葡萄酒或香槟酒吗?

4.我们研究的部分目的是希望找出询问此类问题的最佳的方式。因此有时,比如在研究这个问卷时,我会请您就我们应当使用的令您感觉舒服且便于理解的术语给出些建议。例如,我下面几个问题是有关所有的像威士忌、伏特加和杜松子酒这类饮料的。在我们询问有关所有该类饮品的问题时,您认为哪个词汇可以最恰当地称呼它们?

(如果没有回答,或是用词不当,那么在下述问题中请使用"烈酒"。否则,请使用回答人的词汇。)

续图

人们有时单独的饮用_____,或是和着配料,如水、软饮料、果汁和甜酒一起饮用。您曾经喝过_____吗,即便只有一次?(如果回答否,跳答问题5)(如果回答是)您可能把_____当做爽口品,或开胃品来饮用,或在酒吧消闲时饮用,或是为了庆祝的目的,或是参加聚会时饮用,或者是出于其他一些原因而饮用。那么,您在过去的一年中喝过_____吗?

□喝过(问a,b,c)

□没有(问a和b)

a.如果您喝_____,那么平均起来,您多长时间喝一次?无论您喝多少都算一次。

b.在您喝_____的次数中,通常情况下,平均起来,您一次喝多少?

c.您在过去的一个月中喝过_____吗?

5.有时,人们可能喝了过多的啤酒、葡萄酒或威士忌,以至于他们的行为与往常不同。当人们出现这样的状态时,您认为我们应当用什么词汇去描述他们,以便您能理解我们所指的是什么,同时在想到它时会感觉比较舒服?

(如果没有答案,或是比较尴尬的用语,那么在下述问题中使用"醉了"作答。否则,请使用回答人的词汇。)

(如果回答人就是否在过去的一年中喝过任何酒,回答是)偶尔,人们喝的稍微多了些,因此会变得_____。在过去的一年中,您多久会有一次因为饮酒而变得_____?

6.下面,想一下您的三个最亲密的朋友。不必说出他们的姓名,只需要在心里想着他们。如您所知,他们中有几位在过去的一年中曾经_____?

图 3.8 有关酒精饮料使用的问题

资料来源:问题 1 引自 Gallup,1977;问题 2~6 引自 National Opinion Research Center,1972,转引自 Bradburn,Sudman and Hssociates,1979.

性活动(sexual activity)

图 3.9 呈现了一组自填的问题,来源于 NORC 对性的研究(Laumann,Gagnon,Michael and Michaels,1994)。研究人员在对访谈员对回答人对问题的坦白程度和理解程度的评估加以控制的情况下,审视这些问题的回答,并将它们与未加控制的回答作了比较,没有发现什么差别。当然,这并不表示

所有的性活动都被精确地报告了。我们经常注意这样一个问题,那就是访谈员实际上是无法真正确认什么时候回答人没有真实地回答问题。然而,我们也注意到,就这类真正具有威胁性的问题而言,自填式问卷的使用确实可以减少问题的威胁性。

1.当前,人们对于艾滋病不仅忧心忡忡,还担心应当如何应对它。由于这个问题的严重性,我们预备问您一些个人问题,同时请您给予坦率而诚实的回答。您的答案是保密的,只会被用做统计报告。请问您在过去的 12 个月中有几名性伙伴?
☐没有
☐1 名
☐2 名
☐3 名
☐4 名
☐5~10 名
☐11~20 名
☐21~100 名
☐100 以上

2.在过去的 12 个月中,您的性伙伴是……
☐只有男性吗?
☐既有男性又有女性吗?
☐只有女性吗?

3.在过去的 12 个月中,您大概多久有一次性行为?
☐根本没有
☐1 或 2 次
☐大约每月 1 次
☐一月 2 至 3 次
☐大约每星期 1 次
☐每星期 2 至 3 次
☐每星期 4 次或更多

4.手淫是一种非常普通的行为。为了了解性行为的整个范围,我们需要就您的手淫的经历问几个问题。手淫,我们指的是自己进行的性交,或自己进行的性刺激,也就是说,刺激自己的生殖器(性器官)达到兴奋的状态,但是不一定要达到性高潮。下面的问题涉及的不是与性伙伴之间的行为,而是当您独自一人或是在没有他人注意情况下的行为。平均起来,过去的 12 个月中,您多长时间进行一次手淫?
☐每天不止一次
☐每天

续图

☐每星期几次
☐每星期一次
☐每月 2~3 次
☐每月一次
☐两个月一次
☐每年 3~5 次
☐每年 1~2 次
☐今年 0 次

　仅限女性回答(一组相似的可比较的问题是问男性的)

5.您曾给男人做过口交吗?
☐是
☐否

6.曾有男人给您做过口交吗?
☐是
☐否

7.您曾有过肛交吗?
☐是
☐否

8.您曾与男人有过有偿的性交吗?
☐是
☐否

图 3.9　有关性行为的问题

资料来源:Laumann, Gagnon, Michael and Michaels,1994.

请注意,有关频次的问题,应当给出回答的选项,而不要只是简单地问回答人多少次或有多少个性伴侣,由回答人自己作开放的回答。那些认为这个问题很敏感或回忆起来很困难的人可能会用一个中间的回答选项,以表明那些研究人员认为是最可能的回答。不过,就性伴侣的人数而言,很显然最常见的答案是 1 个。

我们再次可以看到,对问题的顺序所进行的排列在两个方面提高了报告的精确性。第一,它可以辨别和澄清被调查的活动,这样就不至于在性的"定义"上引起混淆。第二,通过先问比较一般的问题,还可为导入更令人不安的问题作好准备。

使有威胁性的问题更精确的九种技巧

使用自填的方法

可能最广泛被应用于减少问题的威胁性的方法是把问题设计成自填式的。这种方法不仅适用于社会期许的行为,也适用于社会反对的行为。较之访谈式调查,回答人在计算机或纸上自行回答时,高报社会期许的行为的可能性较小,如投票或给予慈善捐赠。他们不仅不太可能低报社会反对的行为,甚至不太可能低报那些被认作是社会所反对的态度。

然而我们必须认识到,自填式方法并不能产生十全十美的信息。有些行为对回答人而言实在是太有威胁了,所以即便能确保完全的匿名,他们也不愿意报告这些行为。更常见的情况是,回答人并不会完全相信有关匿名的保证。他们认为某些人,如果不是访谈员,会去查看他们的答案,这样他们就有被识别出身份的可能。问题的威胁性越大,匿名的效率就越低。

在计算机辅助访谈流行以前,自填式方法通常包括请回答人自行阅读问题,圈选出答案,然后再请他们把填好的表格放入一个密封的、会被寄回给访谈员的信封中。另一种方法是,有时他们会把填好的表格放到一个与我们在投票站看到的箱子相似、上了锁、密封好的匿名投票箱中。一个特别有效的自填方式是小组式填答,在使用这种方法时,小组中的人各自填写个人的问卷,然后这些问卷会被收到一个共同的箱子中或信封中。因为这种方式不包含可辨识身份的信息,所以小组成员会有强烈的匿名感。在班级中进行的毒品问题研究,报告的毒品使用人数一般都比用个别访谈进行的毒品研究报告的人数多,其原因或出于此。

现在,在用计算机进行访谈时,都先会给回答人提供一台计算机,并请他们把答案直接键入到计算机中。假如回答人有阅读困难,那么访谈员先朗读问题,回答人再键入答案。不过,在这种情况下,让访谈员朗读问题似乎会减少回答人的匿名感。现在,完全排除了访谈员的带音频的计算机辅助访谈法正越来越多地被使用。在使用这种方法时,播放的是问题朗读的录音,回答人通过耳机聆听问题,然后再键入答案。在同一房间中的其他人则不可能听到读出的问题。我们将在第 10 章具体讨论计算机辅助访谈的其他特性[譬如分枝(branching)和跳答问题]。

使用卡片分类法和随机化的回答

卡片分类法曾在英国被用于面对面访谈中,测量犯罪和青少年犯罪的程序(Belson,Millerson and Didcott,1968)。在这个程序中,访谈员先提供给回答人一组卡片,上面列出了各种各样的行为,包括有威胁的那些行为。然后请回答人把每张卡片投进标有"是"字或"否"字的箱子中。在访谈将要结束时,访谈员可以请回答人重新考虑一下那些在标有"否"字的箱中的卡片,如果有必要,还要请他们重新对这些卡片进行分类。卡片分类法隐含这样一种思想:对有些回答人而言,不在口头上承认某种社会反对的行为(或者不去宣称某种社会期许的行为)可能比较容易一些。然而,正如我们所知,到目前为止,卡片分类法还从没有在经验上被证明是有效的,且也从未与其他的备择程序作过比较。

随机化的回答技术是真正的随机化的提问技术。它是一种既不让访谈员有可能知道,也不让研究者有可能知道回答人答的是什么问题,从而确保回答人的匿名的方法(Greenberg and others,1969;Horvitz,Shaw and Simmons,1967;Warner,1965)。确切地讲,在使用这种方法时,访谈员要问两个问题,一个是有威胁的,而另一个则是完全没有威胁的。例如,问题 A 包含了一个非常有威胁的问题,如"在过去的 12 个月中,您是否因为醉酒驾车而被警察指控过?"问题 B 则是没有威胁的问题,比如"您的生日在 9 月吗?"两个问题可以有相同的回答,"是"或"否"。回答人要回答哪个问题取决于一种概率机制。我们自己和其他的一些研究者,曾经使用过一种内有 50 个 70%红色、30%蓝色小珠子的塑料盒。盒子被设计成这样,当回答人摇晃它时,那些只能由回答人看见的红色或蓝色小珠子就会出现在盒子的窗口中。假如小珠子是红色的,回答人就回答有威胁的问题;若是蓝色的,则回答没有威胁的问题。

为了形象地说明这种程序是如何实施的,让我们设想一下,在一个有1 000个回答人的样本中,其中200个对上面给出的这对问题回答了"是",另外800个回答了"否"。对出生月份的问题回答"是"的人的期望值大约是25(1 000×0.3÷12)。这是假定人们的出生日期平均地分布在12个月份中,同时假设30%的回答人看到了蓝色的小珠子。也就是,对酒后驾车的问题回答"是"的实际人数是200-25人,或175人。回答问题A的人数大约是0.7×1 000,或是700。承认因酒后驾车而被捕过的人是25%。

运用这种程序,你可以在完全保证回答人的匿名的情况下,估计一群人的不良行为。但是,用这种方法,你无法把回答人的个体特征同个人行为联系在一起。也就是,标准的回归方法不可能用在个体的水平上。假如有一个很大的样本,那么就可以将群体的特征同得自于随机化的回答的估计值联系在一起。例如,你可以先查看一下所有年轻女性的回答,然后再把她们的回答同男性的回答以及老年群体的回答相比较。一般来说,在用随机化的回答时,很多信息会丢失。即便得自于随机化的回答的信息是无误差的(实际上不可能),信息的丢失也使得这种方法远不如它最初被引入时那么流行了。

由随机化的回答得到的信息的精确性取决于回答人遵从访谈指示、理解访谈程序,以及在匿名交流的情况下说真话的意愿。不过遗憾的是,就非常有威胁的问题而言,譬如前面我们给出的酒后驾车的例子,对这种社会反对的行为仍有比较严重的低报。

就有关社会期许行为的问题而言,随机化的回答也不是一种合适的程序,在这种情况下它可能会导致比标准化的方法更高的高报水平。随机化的、匿名的回答程序适合于在研究例如人工流产,申请破产这样的行为时使用。在这种情况下,回答人个人可能不会对这种行为感到羞愧,但却并不知道访谈员会怎样看待这种行为。

除了报告质量的问题之外,有些读者可能还会问,诸如随机化的回答以及卡片分类法这样的程序是否会由于打乱访谈的进程,因而对回答人的合作产生一些负面的影响。所有的证据都表明事实正好相反。无论是回答人还是访谈员都很乐于去做卡片分类或者摇晃有小珠子的盒子这类工作。访谈员报告称,如果问答进行的方式有所变化,回答人的合作就会有所改善。

使用开放式的问题

一般讲,研究人员更乐于采用封闭式的问题,因为它们比较容易处理,因而可以减少编码变异(参见第 5 章)。然而,在获取有威胁行为的频次时,在编码上并不存在这样的问题,因为答案是数字型的。例如图 3.8 中的问题 2a,问的是回答人多长时间喝一次啤酒,同时允许有这样的回答,如"每天""一星期几次""每星期一次""每月一次"等。所有这些答案都可以转换成每月或每年的天数。

在这里,没有明显的证据可以说明,为什么开放式的问题,比那种把可能的选项写在一张卡片上、并请受访人选择其中一项的封闭式问题更优越。一个可能的原因,是封闭式的问题必须按照一定的逻辑顺序排列回答选项,排列的顺序可以从最频繁的到最不频繁的,或相反。在这两种排序方式中,极端的回答"每天"不是位于卡片中序列的最上部,就是最下部。那些每天都喝啤酒的酒徒,如果要正确的报告,那么也必将选择这个极端的选项。然而,对于回答人而言,存在着一种一般的趋势,即避免极端的答案,而宁愿选择位于排序居中的答案,因为人们认为这一值是研究人员认为的总体中最可能出现的值。这一点既适用于态度问题和知识问题,同样也适用于行为问题。正因为如此,有些每天喝酒的酒徒会选择更接近中间位置的回答选项,从而导致严重的低报。

另一种可能的解释是,开放式问题允许真正嗜酒的酒徒报告的数字超过最高的预设的值。当研究人员预先设定编码时,他们倾向将最高的值设定在仍然有很高频次的水平上。但是,假如分布的尾部比较长,那么最高的预编码选项就不能捕捉到那些真正的嗜酒的酒徒。(有关开放式问题的更详细的讨论,请参考:Bradburn, Sudman and Associates, 1979,第 2 章)。

在有一种情形中,可能需要使用封闭式的问题。这种情形是人们的研究兴趣在于了解回答人是否曾经做过某些可能被认为是社会反对的行为,例如在过去一个月中的手淫行为。像图 3.9 中的问题 4 一样,询问一个封闭的频次问题会给回答人这样的暗示,手淫是一种普遍的行为,因此一个处于量表较低端上的答案并不会让任何人感到震惊。

使用带俗语的长问题

用于无威胁行为的较长的问题的优点和可能的缺点在第 2 章已经讨论过了,在此就不必重复了。当问题问的是有关社会反对的行为的频次时,由于对大多数人并不存在高报问题,因此比较长的问题有助于降低低报的倾向。使用这些比较长的问题,试着提供其他更多的记忆线索也很重要。所以,在图 3.8 中的问题 3,一开始指出啤酒和葡萄酒的受欢迎程度,并列出几种饮酒的场合。

较长的问题比标准化的短问题可以增加社会反对行为的活动报告数为25% ~ 30%。然而,对回答人报告是否曾经做过某种社会反对的活动,如饮用烈性酒或酗酒,较长的问题却没有作用(Bradburn,Sudman and Associates,1979)。

有些问卷调查研究程序的批评者宣称,使用标准化的措辞方式会把访谈情景变得矫揉造作。他们宣称这种生硬的措辞方式,会使受访者在理解、回答问题时变得更困难。对多数受访者而言,俚语则更容易理解。这些人进而争辩道,当被讨论的行为是社会所反对的行为的时候,俚语和口头语常常被用在通常的交谈中,因而更适用于同这类行为相关的问题。

与这种意见相反,其他一些研究人员则认为,使用俚语,对不同的回答人使用不同的措辞方式会导入不可控制的方法上的易变性。对态度问题而言,情况尤其如此,因为这些问题的答案显然在很大程度上都取决于提问的方式方法,而对于行为问题来讲,这一问题则不那么重要,因为就行为问题而言,最重要的是理解问题。不仅如此,询问行为问题的方式方法还会显著影响回答人对威胁的感知程度。

如果标准的词汇,例如"烈性酒"或"性交",显得太正式,那么一种可以减少威胁性的方法是,让回答人(而不是访谈员)去决定要使用的词汇。在我们的研究中,我们了解到多数回答人宁愿用术语"做爱"而不用"性交",还有些则用更直接的口语。像烈性酒,许多回答人就直接用"酒"来表示。然后,访谈员也接着使用回答人使用的语汇。在计算机辅助访谈中实现这点很容易,因为在这种情况下,一旦这个词被访谈员键入到计算机中,它就可以通过计算机程序显示在随后的问题中。例如,图 3.8 中的问题 4a 可以这么问,"如果您喝酒的话,那么平均而言,您多长时间喝一次?"同使用标准的措辞相比较,俗语的使用可使社会反对行为报告频次增加大约 15 个百分点(Bradburn, Sudman and Associates,1979)。

在请某些回答人给出他们愿意使用的用语时,回答人或不知道该给什么词,或是给出了一个不太恰当的回答。比如,在前测中,一个回答人用"毒药"这个词来描述烈性酒。在遇到这种情况时,访谈员必须提供一个应急的用语,以便他们将答案键入问卷。通常,这个用语都是标准的用语,譬如"烈性酒"或"性交"。

使用汇报人

在前一章,我们曾指出了使用家庭汇报人的成本效益,但同时也指出,这样做可能要以某些信息的质量的损失为代价。不过,就有威胁的问题而言,特别是那些涉及社会期许行为的问题,汇报人会提供比回答人更可靠的信息。当然,必须问那些汇报人可能知道的有关他人的行为,无论是通过观察了解到的,还是通过交谈得知的。这种方法可以包括这样一些话题,例如投票、书籍的阅读,或者饮酒和吸毒(Bradburn, Sudman and Associates,1979)。

这种问题既可以问及同一家庭中已经确认的成员,也可问及未曾确认的朋友或亲戚。在这两种情形下,回答人在回答有关他人的行为的问题时感到的威胁,与回答与他们自己的行为有关的问题时一样。但这个规则有一个例外,那就是请父母报告其子女的情况,这时父母可能会受到更多威胁,因而他们报告的子女的社会反对行为的程度,将低于子女自己报告的,或父母是在不太了解自己的子女的情况下报告的。

使用日记法和同组追踪调查

第 2 章我们已经讨论了日记法的使用。这种方法可为我们提供重复的书面记录,增进对非显著事件的记忆。日记法和消费者同组追踪调查还可以减少回答人感受到的威胁水平。首先,任何一个事件,只要能随着时间的推移重复发生,那么它的威胁性就会逐渐变小,进而成为一种习以为常的事。那些最初对购买啤酒或避孕产品问题犹豫不决的回答人,随着时间的推移,会逐渐对这些问题变得不那么拘谨和压抑。

其二,由于重复的暴露,回答人会逐渐增加对收集数据的组织或研究人员的信赖。一段时间后,回答人会更好地理解所收集的数据是以合计的方式被使用的,因此不会对报告各种行为的个人有什么影响。有证据显示,在两至三次的日记记录和访谈以后,无论是对研究的信赖,还是对问题的威胁性的感受都会很快趋于稳定。这对于我们来说是件大好事,因为假如这两者不能很快趋于稳定,那么有关趋势的实际数据便会遭遇回答效应问题(Ferber,1966)。

最后,日记法把某些有风险的主题嵌入到更一般的可避免其影响的框架中。这种嵌入的办法对于减少问题的风险性似乎同样有效。例如,那些在日记中报告了医药支出的回答人(Sudman and Lannom, 1980)比那些仅仅被偶尔访谈到的回答人报告了更高水平的对于避孕产品的支出。在这里,日记法看起来同样起到了匿名的效果。

嵌入问题

问题的威胁性在一定程度上也取决于其被问的语境。假如在前面已经问到了某个更有威胁性的主题,那么某个有威胁性的问题,较之与其假如被最先问到的时相比,威胁性就会变得小一些。然而,这种方法的使用是有一定的限制的。如我们将要在第 10 章看到的那样,你可能不希望一开始就问非常有威胁的问题,因为这样做会降低回答人在回答问卷的剩余部分时的合作意愿。同时,把最有威胁的问题放在最前面,有可能会使在该题上的低报变得更糟。不过,假如你感兴趣的只是啤酒的饮用。那么你就可以问一个有关烈性酒饮用的问题,作为先导问题,以减少啤酒饮用问题的威胁性。假如你对入店行窃特别感兴趣,那么你可以用下面的顺序去问(Clark and Tifft, 1966)。

您是否曾经做过下列的事(即使只做过一次)?

武装抢劫?	是	否
强行闯入他人的家中、商店或其他的建筑物内?	是	否
未经主人的许可就将他人的车开走?	是	否
没有付账就把商店的东西带走?	是	否

就更一般的意义而言,个别问题的威胁性还取决于整个问卷的一般背景。也就是说,那些涉及对酗酒的态度的问卷比那些涉及消费支出的问卷更具有威胁性。因此,当问题是一系列有关消费支出、消遣活动或生活方式的问题中的一项时,回答人可能更愿意承认他们喝酒。

有时候,对于研究人员而言,要决定是否使用那些与研究的有威胁的主题并无直接关系,而仅仅是为了嵌入有威胁的主题,才把它们纳入问卷的问题可能会比较困难。这些加进来的问题不仅会增加整个问卷的长度,还会增加研究的成本。不过,我们认为,明智地使用这类问题,只要稍微增加一些研究费用,不仅可以增强回答人的合作意愿,而且还会提高数据的质量。一个灵巧的调查人员,在遇到需要嵌入有威胁的问题,选择增加的问题时,会去选择那些虽然并非最初主要感兴趣的,但却可以丰富研究内容的问题。换句话说,在一个给定的问卷调查中,我们可以用其他的问题来减少回答人对我们关注的主要问题的关注度。

选择合适的时间范围

在所有其他方面都相同的情况下,发生在过去的事件的问题与那些有关当前行为的问题相比,显要性和威胁性都要相对小一些。也就是,就社会反对的行为而言,较好的做法是开始的时候问这样的问题"您是否曾经做过……,即使仅做过一次?",而不是立即询问当前的行为。具体的例子请参见图3.8中的问题2、3和4(有关啤酒、葡萄酒和烈性酒的饮用)。我们还可以列举一些其他的例子,如像下面这样有关违规的问题:"您是否曾经在父母不知情的情况下逃学,即使仅有一次?""您是否曾经拿了商店的东西而没有付钱,即使仅有一次?"

在问过了"您是否曾经做过……"之后,访谈员可以再问发生在某个确定的时段内的行为,比如过去的一年中。但正如我们在前一章已经指出过的那样,对回答人而言,要去准确地回忆起已经隔了一段时间的事件的细节会比较困难,除非这些事件非常的显要。

不过,对社会期许的行为而言,应当采用的策略,恰好与之相反。对回答人来说,承认他们从未做过某些事,譬如系安全带或读书,都会是很有威胁的。因此,盖洛普的有关安全带使用的问题("请回想一下您最近一次进到车中时的情况,您是否使用了安全带?")比这样的问题("您系安全带么?")好很多。因为后一种措辞方式只用于那些不常见的行为。就那些不太常见的行为而言,通过询问在一段相对较短的时期前的行为,访谈员也可以得到相同的效果。也就是说,访谈员不要问"您曾经听过音乐会或看过戏吗?",而应当问"在过去的一个月中,您听过音乐会或者看过戏吗?"

减少问题的威胁性

诚如本章开头巴顿给出的有趣的列示那样,为了减少问题的威胁性,研究人员一直都在不断地给问题加载。然而,与此同时,用以测试这些加重负荷的程序的效率,有控制的实验则做的很少,因而至今我们仍然无法确认这些程序究竟是否真的有效果。尽管如此,我们还是想在这里对它们展开一些讨论,因为它们具有一定的直观的吸引力。就社会反对的行为而言,下列加载技术曾被使用过。

使用"人人都这样"法

在问题的序言中说明此种行为是很常见的,以此来减少报告它的威胁性。例如,"即使是最冷静的父母也会偶尔对子女发脾气,那么自(日期)算起,您的子女做过什么让您生气的事没有?"图3.8中的问题2的引言中给出了另一个例子:"在这个国家中最受欢迎的酒精饮料是啤酒。"当然,"人人都这样"的陈述,在回答人看来必须要是合理的。假如不合理,譬如巴顿的例子中——"如您所知,目前许多人都杀过妻子"——这样的陈述,不但是无效的,实际上还可能会惹恼回答人,从而增加问题的威胁性。

假定有该行为,询问发生的频次或其他的细节

通常并不需要假设某人做过某个事,因为做了这样的假定的问题会导致该行为的高报。不过,对于那些低报的行为而言,这种做法则是必要的。例如,一个用"不吸烟"这一类作为答案类别排在最前一类,且答案范围在1~40支或更多支的,类别的排序由低到高的封闭式问题"您每天吸几支烟?"可以减少报告吸烟行为的威胁性。

就财务状况问题而言,应该在假设资产存在的前提下,来询问资产的细节则能够使报告的质量有所提高。因此我们不要去询问"您或您的家人有没有储蓄账户?",而应该以下面的措辞方式询问:"说到储蓄账户——也就是,在银行、储蓄或借贷协会(savings and loan associations),或信用社开设的账户——您家中各位家庭成员是否有分立的账户,或者是否在不同的地点都有在您名下的账户,或其他什么的账户?对每个账户,我都有几个问题想问一下,麻烦您一个一个地谈一下。首先,我们想知道账户是在谁的名下?开设的地方在哪里?"(Ferber,1966:331)。请注意,这个问题给回答人提供了回忆的线索。

用某种权威给行为正名

如果问题的表述可归结到某个回答人喜爱尊重的人,这样的陈述将有利于回答人回答问题。下面有关饮用烈性酒的问题的导语就是一个很好的例子:"现在很多医生都认为适量饮用烈性酒有助于减少得心脏病或中风的可能性。请问,在过去的一年中,您喝过烈性酒吗?"在这里,可能比较好的做法是用群体的称呼,比如医生、科学家或研究者,而用某个具体的人名,有些回答人可能并不认识这个具体的人,或者他们并不认为这个人是专家。

注意,假如问题所涉及的行为是社会期许的,或无威胁的,那么这些针对报告社会反对行为的给问题加载的建议,则可能会产生我们所不希望看到的后果,导致高报的增加。同样,下面那些为减少社会期许行为的高报而提出的建议,也不应当用在那些社会反对的主题上。

给出为什么不做的理由

假如给了回答人很好的不去做某些社会期许的事的理由,比如投票或系安全带,那么他们就不太可能去高报这类行为。这些理由既可以采用问题的形式,也可以采用一般陈述的形式。比如,在一个安全带使用的问题中,其导语可能是"有很多开车的人都报告说系安全带不仅不舒服,还会使按开关变得困难,比如车灯和雨刷的开关。请仔细回想一下,最近一次上车后,您系安全带了吗?"另一种方法是问问题的方法,可以是:"您是否认为系安全带不舒服? 系了安全带后,您是否在按开关时感到不便,比如车灯和雨刷的开关? 请您仔细回想一下,最近一次上车后,您系安全带了吗?"

测定问题被感知到的威胁性

在访谈的尾声去测定哪些问题被认为是有威胁的,或者是难于理解的,通常是很有用的。在图 3.10 给出了一个例子。这个例子来自于一系列我们为此目的而使用过的问题。其中最有用的是问题 4,它请回答人表明他们是否认为这些问题使得大多数人感到非常的不安,有些不安,略微有些不安,或是完全没有不安的感觉。注意,这是一个有关大多数人的感受的问题,因此它比起那些请回答人报告他们自己的不安感受,则不太有威胁性。

1.现在我们的访谈已经基本完成,不过我还希望了解一下您对访谈的感受。请问,总体来说这次访谈有趣吗?

2.请问哪些问题问的不清楚或是难以理解?

3.请问其中哪些问题涉及了个人隐私?

4.(将卡片 W 递给回答人。)问题有时对人们会产生不同的影响。对于本次访谈中的一些问题,我们希望了解您的看法。当我提及下面几组问题时,请告诉我您是否认为这些问题会让多数人感到非常不安,有些不安,轻微的不安,还是完全没有不安。

您如何看关于……问题?

a.空闲的时间以及一般的休闲活动

b.体育运动

c.幸福和健康

d.与朋友赌博

e.社交活动

f.饮用啤酒、葡萄酒或烈酒

g.醉酒

h.使用大麻或哈希什

i.使用兴奋剂或镇静剂

j.爱抚或亲吻

k.性交

l.手淫

m.职业

n.教育

o.收入

p.录音机的使用

图 3.10　威胁的访后评估

资料来源:National Opinion Research Center,1974.

这类问题不仅可以用来测定威胁的一般水平,还可以作为测定回答人是否诚实的指标。因为那些报称问题让多数人感到不安的回答人,更可能比其他回答人低报。

用其他来源的资料进行精确性确证

虽然在行为的调查中,用外来的资料确证回答的精确性的做法总是很有价值,但这种做法对于确证某个特定行为的威胁水平则尤为重要。如我们在本章已经看到的那样,有各种各样的办法可以处理高报和低报,但是对于在特定的情形下预知这些程序的影响究竟有多大,还是缺乏充分的研究。不仅如此,有些行为,比如性行为,它本身具有的特殊性质决定了它的私密性,因此用外部的资料来对它进行确证是根本不可能的。然而,只要在可以使用外部资料进行精确性确证的地方,这样的一种将为我们得自各种备择方法的结果进行评估的程序,进而最终能因此而产生一份比较的问卷。

在个人水平上的确证是最有效的,不过也是最困难的。例如,把个人看医生和去医院的报告与医疗机构或保险公司的记录作一下比较的确是可能的。但是,它需要得到个人的同意和医疗机构的合作。我们还必须记住,记录的信息也可能是不完整的,同时在质量上是参差不齐的。一些类似头发、唾液和尿液样本的化学分析的验证方法也已经得到了一定的开发,被用于对报告的对某些药物使用情况的精确性的确诊。很显然,化学分析需要有回答人的合作,不过,让人感到意外的是,大多数回答人都愿意提供这类样本。公共行为,如登记投票或参加投票都可以同投票记录相印证。此外,有时候我们也有可能把开支的数据与票据或公司记录进行一番比较。

假如能够找到合适的外部量度,那么在加总水平上的确证是比较容易的。最起码,在断言无法进行确证之前,有必要仔细地搜寻一下这样的量度。假如行为涉及某种产品或服务,那么你可以将消费者的报告,同生产厂家、零售商或服务的供应商的报告,就啤酒、葡萄酒和烈性酒的购买问题进行比较。就社会期许的行为而言,如慈善赠与,你可以将报告的数量同实际收到的总量相比较;也可以把报告的看戏和听音乐会的数量,同已售出的票数的总数相比较。但是,一定要小心,不要把不相干的东西放在一起比。许多情况下,在用于确证的数据中有可能存在着与家庭无关的部分。也就是说,公司也可能有一定的捐赠,和从零售商那里购买商品。不过从另一方面看,这样的比较即使不是很完美的,用于确证的数据仍然会是非常有用的。

小　结

有威胁的行为问题本质上比无威胁的问题更难于询问。当问题变得非常有威胁时,尽管使用了特定的调查技术或精当的问题措辞,实质性的回答偏差仍是不可避免的。不过,就那些稍有威胁问题而言,经过精心设计的问题形式和措辞可以在一定程度上提高回答的精确性。

针对这类有威胁的主题,本章中所建议的,用以获得更精确的报告的程序包括:(1)使用自填式的方法以提高对保密性的信心;(2)使用卡片分类法和随机回答;(3)使用开放式的问题;(4)使用带俗语的长问题;(5)使用汇报人;(6)使用日记法和同组追踪法;(7)使用嵌入问题法;(8)选择合适的时间范围;(9)减少问题的威胁性。对社会期许的行为,要询问回答人最近的行为,而不是他们通常的行为。对社会反对的行为,在问回答人目前的行为以前,要先问他们是否曾经有过某种行为。

在访谈的结尾附加一些问题是很有用的,它可以用来测定回答人感受到的威胁的程度。此外,无论在个别水平还是总计水平上,确证回答的精确性都是有益的。

推荐阅读书目

本章中的许多工作基于《改进访谈方法和问卷设计》(*Improving Interview Method and Questionnaire Design*)一书中的研究报告(Bradburn, Sudman and Associates, 1979;重点参考了第1,2,5,9和11章)。特纳、莱塞勒和格夫勒雷尔(Turner, Lessler and Gfroerer, 1992)的书中给出了匿名对于回答有威胁的药物使用问题之影响的研究。从三角研究院或国家药物滥用研究所可以得到有关音频的 CASIC 方法的补充信息。梅奇科夫斯基(Mieczkowski, 1999)详细介绍了用于确证药物使用报告的程序。温特兰德和史密斯(Wentland and

Smith，1993：第 4 章）对涉及各种敏感主题包括与饮酒相关的行为、偏差行为和性行为等的研究，进行了深入的探讨。

较早的有关匿名的研究是由阿什和阿布拉姆森（Ash and Abramson，1952）、科隆博托斯（Colombotos，1969）、费希尔（Fischer，1946）、富勒（Fuller，1974）、赫希斯蒂姆（Hochstim，1967）和金（King，1970）等人所做的。有关随机化回答的研究，可参看格林伯格等（Greenberg et al.，1969）；霍维茨，肖和西蒙斯（Horvitz，Shaw and Simmons，1967），以及赖因穆特和戈伊茨（Reinmuth and Geurts，1975）。这个题目的第一篇文献是由瓦尔纳（Warner，1965）提出的。

其他一些对敏感话题处理的例子同样可以参看第 2 章中提及的那些刊物。此外，几乎在任何一个特定的调查中，人们都在对具体的提问技术进行不懈的探索。在特定调查中的提问方法取得的进展，可能只与特定的领域，如医疗卫生报告、酒精和毒品使用、金融行为等有风险的活动有关。

4 询问与态度或行为意图有关的问题

与行为问题相比,为态度问题的设计制定一系列规则更加困难,因为态度问题无"真实的"答案可言。这就意味着态度是一种主观状态,从根本上讲,它是无法从外部被观察到的。态度只存在于人们的心目中,既可以是一致的,也可以是不一致的;既可以是清楚的,也可以是不清楚的;但却谈不上是对的,还是错的。因此,在研究不同的措辞和不同的语境对态度问题回答的影响时,我们不可能用外部标准来证实不同形式的问题的效果。我们只能依赖于观察不同的因素对受访者的回答会有什么样的影响。研究者必须自行确定哪种问题形式最适于自己的目的。

在这一章,我们将要介绍问题设计者面临的主要问题,以及建议采用的解决这些问题的合理方法。对那些刚刚开始着手进行问题涉及的人,我们给出的最好建议是,借用别人已经成功使用过的(有信用的)问题。通过借用问题,你可以不必绞尽脑汁构建问题和进行有深度的前测。如果这些问题已在以前被经常地使用,那么问题中的大多数缺陷很可能已经得到了补救。同时,如果问题曾经用于与你所感兴趣总体样本相似的样本上面,那么你就可获得一份可资比较的数据。尽管我们非常提倡大家采用复制的方法,但是我们必须提请大家注意的是,你必须确信你所借用的涉及的态度,正是你想要研究的态度,而不是其他不同的态度。

本章要点

1.确信要测量的态度已被清楚说明。

2.确定测量的态度的关键方面的主要成分,如认知、评价和行为方面的主要成分。不要假设这些成分一定是一致的。

3.借助与问题本身融为一体的强度尺度来测量态度的强度。既可以用一些分离的问题,也可以用一系列彼此独立的问题来反映一般的态度。

4.既可以直接,也可以通过询问回答人将会有某种行为的可能性来测量行为的意图。对于不经常发生的行为最好用可能性的测量;而对于经常发生的行为则直接测量更佳。

5.避免问题含有双重或多重指向,以免因此而引起的概念多重性和答案的非单一性。

6.只要有可能,设法将议题与个体或该议题的来源分开。

7.如果双极题项(bipolar items)有可能无法检测独立的维度,可考虑使用分开的单极(unipolar items)题项。

8.要认识到有没有清楚地对备选项加以陈述,将会对回答产生重大影响。

9.清楚地对备选项加以说明将有助于问题的标准化。

10.对新的态度问题进行前测,以确定回答人是如何解释它们的。在前测中使用折半样本法(split ballots)是非常有必要的。

11.如果一般的和具体的态度问题是有关联的,要先问一般的问题。

12.如果有若干问题同时构成了某一价值,但它们的普遍程度各不相同,要把最不普遍的问题放在最后问。

13.在测量态度随时间发生的变化时,要尽可能地在所有的时间段问完全相同的问题。

确定态度的客体

态度不是抽象地存在的。它们或与某个事物有关,或指向某个事物。那个事物通常被称之为态度的客体。实际上态度客体几乎可以是任何东西。它涉及的范围相当广泛,从非常具体的事物(例如总统或玉米片)到非常抽象和一般的事物(例如公民自由或隐私权)都可以成为态度的客体。正像所有的问题一样,对于态度问题而言,最基本的规则也是只问你想要知道的问题,而不要问其他无关的问题。

然而,问态度问题较之行为问题更难于确定什么才是我们想要了解的事物,因为态度的客体通常不是含糊不清的,就是定义不够明确的。较之行为问题,在态度问题中,提问的语境对态度的测量有更大的影响,因为态度问题的含义会受到问题提出时的语境的强烈影响。即使我们可以做到在提问时,对每一单独的问题使用完全相同的措辞,也仍然无法保证两份问卷是完全可比的,因为问卷中的其他问题也有可能改变问题的被感知的含义。

制作标准化的态度问题的第一步是确信自己已经清楚地了解和阐明了态度的客体。换言之,要明白你想要研究的和发现的问题是什么。在很多情形下,这要求有相当深度的思考和清晰的表达。例如,我们不妨来考虑一下下面这样的问题:"你认为政府国防的开支是太多,差不多,还是太少?"试问,这个问题所指的态度的客体是什么呢? 乍看一下,一个人可能会说它指的是政府的国防政策,但是是哪个政府——联邦政府、州政府,还是地方政府呢?"国防"又应作何解呢? 它仅包含那些抵御恐怖分子攻击的防卫么? 它包含国民的骚乱和叛乱么? 它包含那些抵御自然灾害的防卫,例如地震、龙卷风或是那些抵御电网故障或核电站泄漏的防卫么? 因为很多问题都含有诸如这样的模糊之处,因此,如果想要真正研制标准化的、含义清晰不会引起误解和歧义的问题,必须进行深度的前测。

遗憾的是,由于调查预算的限制,以及误认为问题的措辞是一件很容易的工作,不需要熟练的技巧或丰富的经验,所以很多研究者并没有投入足够的时间和精力对问题进行前测。

贝尔森(Belson,1968)提出了一种用于前测阶段的,现在被称做认知访谈(cognitive interviewing)的技术,它要求回答人用他们自己的词汇重新陈述他们认为的某个问题的意义。这项技术类似将问题翻译成另一种语言时的回译(back translating)。另一种认知访谈技术是要求回答人描述他们整个回答问题过程中的思路历程。在使用了认知访谈之后,贝尔森不无悲观地断言,即使使用经过精心制作的、已经简化了的问卷,很多回答人仍然不会依照研究者希望的方式来理解一个问题。

在有些态度客体中,清晰性的缺乏是极普遍的。这些态度客体常常在媒体上被讨论,例如"福利""大生意""公民权"以及"利润"等。例如,在佩恩(Payne,1951)所论述的一个研究中,总体中超过三分之一的人不理解"利润"究竟是什么意思。在剩余的那部分人中,则有很大一部分人,他们对利润的理解与那些报告这些利润的公司使用的相去甚远。菲(Fee,1979)考察了一些用于大众舆论研究的普通的政治术语的含义。她使用的方法系由贝尔森使用的方法变化而来,它要求回答人详细地阐述他们对于一些特定术语的理解,例如"能源危机"。她发现,"能源危机"这一术语上至少附有 9 种不同的含义。无独有偶,我们也可以从"大政府"这一术语中,觅得四种截然不同的含义或图景:(1)"福利""社会主义"和"超支";(2)"大事业"以及"为了富人的政府";(3)"联邦控制"和"被削减了的州的权利";(4)"官僚体制"和"缺乏民主过程"。具有不同的政治倾向或教育水平和持有不同态度的人向往着不同的图景。研究者如果不清楚回答人向往的是诸图景中的哪一种,那么他就不可能对有关"大政府"的回答作出解释。自菲的调查结果问世至今,我们认为这样的情形已经有了明显的改观。

简言之,概念的含糊不清在问卷中普遍存在。对问题的措辞进行前测和实验,能在一定程度上解决一些关系回答人对问题的措辞的理解模糊不清的问题;但是只有在你对你想要发现的东西有了一个清晰的概念时,才可以去进行这样的前测和实验。如果连你自己也不知道你想要了解的究竟是什么,那么回答人对此也就更无能为力了。

态度的三个组成部分

意见和态度,两个术语彼此并无明显的差异。一般而言,意见更常用来指对某个特殊的客体的看法,例如某个人或某项政策,而态度则更常用来指一组意见,这些意见之间或多或少是一致的,而且它们与某些复杂的客体有关。一个人可能对某项旨在改变医疗保险供给的建议有所意见,同时也会对医疗保险制度有更一般的态度。意见更常由一个问题来测量,而态度通常由一组问题来测量,并以某种测量模型为根据来把这些问题组合在一起。

态度有三个组成部分:认知、评价和行为部分。认知部分由一组与态度的客体有关的信念组成(例如"在下面这些维度上,比萨是怎样有益于健康的?")。评价部分由对客体的评价构成,比如,回答人认为是好的或不好的,或者他们喜欢或不喜欢("您喜欢吃比萨么?")。行为部分与回答人对他们自身的行动的态度有关系("下个月,您将吃几次比萨?")。实际上,态度问题通常涉及的都是信念和评价。测量行动部分的问题将在本章的后面部分论述。

不同的态度组成部分需要不同的问题

人们通常认为,在这些态度的组成部分之间存在着某种趋向一致的张力,这一观点在经验上也得到了一定的支持。人们一般不太可能对自己喜爱赞赏的东西持有辨义,同样,人们也不会对自己不赞成的事物在行动上给予支持。这种认为三个组成部分是一致的信念是如此强烈,以致有时会使一些研究者忘记了应独立地对这些成分加以评估。他们假定只要通过测量态度的某一组成部分,就能够据此推断它的其他部分。例如,对某一产品持有积极的态度的回答人可能会对该产品显示出良好的愿望,因而很有可能购买它。同样,某人投了某一候选人的票,可能对该候选人有一定的了解,因而对他有一定的好感。遗憾的是,态度常常是非常复杂和有着很大差别的。即使态度的组成部分在一般方面彼此相关,但它们之间仍然是有差别的。尤为困难的是,根据对态度的认知和评价部分的简单测量,作出对行动的推断,因为态度以外的因素会也影响行动。

即使在测量的只是某一个组成部分,如评价部分时,使用不同的评价词汇产生的结果也会有所不同。相近(如果不是同义)的表示对某个态度客体持有的正面的取向的词语其含义可能会略有差别,它们产生的答案便会因此而有所不同。例如,词语"赞同和不赞同"和"喜欢和不喜欢"经常被用于态度问题,但是很少有人注意到它们之间在含义上可能存在的差异。

在有关全年夏时制问题的语境中进行的经验测试中,我们得知了这些词语的相似性(Murray and others, 1974)。在 1974 年的三月和四月,研究者要求来自一个全国的概率样本的同一组回答人,回答下面两个问题。

> 如您所知,最近我们从标准时间变为了全年夏时制。这意味着与时制转换前相比,现在早上天晚亮了一个小时。这也同样意味着,与以前相比,现在晚上天也晚黑了一个小时。现在您怎么看待正在实施的(全年)夏时制?您会说您非常喜欢、有些喜欢、不太喜欢或非常不喜欢?

> 如您所知,这个冬季,美国国会将在今年冬天恢复夏时制,以此作为一个为期两年的节约能源计划的一部分。有些人认为我们应该全年都实行夏令时——这也就是说,在明年 10 月底也不必将时钟往回拨。您赞成或不赞成明年全年都实行夏令时,或者您认为实行哪一种制都无所谓?

尽管这两个问题的回答的列联表显示,这两个词语之间存在正相关,但仍有 14% 的选择"非常喜欢"全年实行夏令时的人,选择"不赞成"实行它,还有 10% 的选择"非常不喜欢"的人,选择"赞同"实行它。在那些对时制问题持强烈态度的人中,两种评价的一致性是最高的。而在那些选择比较温和的喜欢或不喜欢的人中,两种评价的一致性则比较低。这些发现为以下观点提供了支持,即持强烈的态度人比持温和的态度人,更少受到问题措辞的影响。

评估态度的强度

强度这个概念可以应用于态度的任意一组成部分。评价可以是强烈的或微弱的,信念可以是确定的或不确定的,同样,行动可以是被明确承诺的,或含糊其辞地答应的。下面给出了三种用以测量态度强度的一般的战略：
(1)通过同时测量评价和强度,将一种强度尺度嵌入到问题中;(2)用分开的
问题评估强度;(3)用一系列独立的问题评估强度,每一个问题都要反映相
同的总的潜在的态度。在第三种情形下,态度强度的量度值由回答人赞同的
题项的总数决定。尽管实际上一般态度都是用一种综合或全面的维度来进
行评价的,但询问了多个题项的第三种方法,还是可以适用于态度的任何一
个组成部分的。

在测量态度的强度时,最常用的方法也许是在回答选项中建立一个强度
等级。人们的回答不仅显示出他们评价的方向,也显示出他们的强烈程度或
确定程度。通用的方法是询问回答人一个问题,同时测量评价的方向和强
度,像在前面我们引用的关于夏令时的第一个问题。

这个问题也可以用两道分开的问题问。例如可以问,"您是喜欢还是不
喜欢全年夏令时?"和"您是有一些还是非常地喜欢或不喜欢夏令时?"这时,
简单地使用喜欢—不喜欢尺度和简单地使用两个强度的修饰语表明,这两种
尺度可以被合并成回答人容易理解的单一的问题。请注意,这时那些原来回
答说他们无所谓的回答人,虽然并没有被强迫选择他们可能会倾向于那一
边,然而,这样的问题形式显然不鼓励回答人持一种模棱两可的态度,因为回
答选项中根本就没有包括"无所谓"这一类(我们将在下一章对这一问题展
开更为详细的讨论)。

另一个有关夏令时的调查则说明了如何使用分开的问题来评估态度强
度。在这个调查中,研究者认为在喜欢夏时制的人和不喜欢夏时制的人之
间,态度强度是不能均分的。因此,研究者决定对总的赞成和反对取向,以及
持这两种取向的感觉强度分别进行测量。图 4.1 给出了国家舆情研究中心
(NORC)在调查中使用的问题的样式。在这个调查中,研究者发现,那些不
赞同夏时制的人实际上比那些赞同的人有着更为强烈的态度。该调查对那
些对时制无明确取向或不了解的回答人,也没有促使他们去表明他们究竟倾
向于哪一种时制。

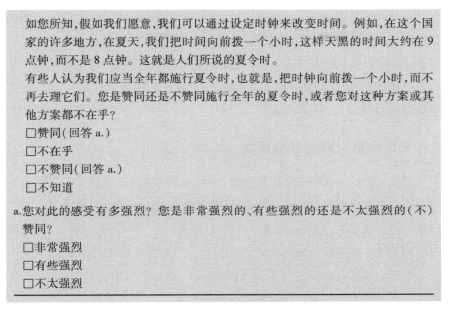

如您所知,假如我们愿意,我们可以通过设定时钟来改变时间。例如,在这个国家的许多地方,在夏天,我们把时间向前拨一个小时,这样天黑的时间大约在9点钟,而不是8点钟。这就是人们所说的夏令时。

有些人认为我们应当全年都施行夏令时,也就是,把时钟向前拨一个小时,而不再去理它们。您是赞同还是不赞同施行全年的夏令时,或者您对这种方案或其他方案都不在乎?

☐赞同(回答 a.)

☐不在乎

☐不赞同(回答 a.)

☐不知道

a.您对此的感受有多强烈?您是非常强烈的、有些强烈的还是不太强烈的(不)赞同?

☐非常强烈

☐有些强烈

☐不太强烈

图 4.1　有关夏令时的问题

资料来源:National Opinion Research Center,1977.

态度的综合测量

测量态度的强度的另一个策略是,把几个分开的、每个都被看做是态度的一个量度的问题的答案合并起来。

这种方法经常被用来测量与抽象的客体有关的一般态度,譬如"自由主义"或"言论自由"。这个一般态度被看成一个单独的维度,通常态度都是从正面到反面,或由低到高,有时也会固定在带有冲突倾向的两端。在特定个案的观点形成时,一般态度也就被概念化了。这样一种形式的态度量度常常都基于一个显性或隐性的数学测量模型。该模型通常能把某一特定问题的答案与某一态度尺度(attitude scale)上的位置联系起来。

一般,公共舆论调查都使用单一的问题来测量态度。有时它会用单一的问题来测量信仰。而更多的时候,它则用单一的问题来测量有关对象的态度的评价方面,可称为经典的、盖洛普总统评定问题就是这种用法的一个范例,"您赞同还是不赞同(总统的名字)作为总统处理工作的方式?"

与单一问题法不同,科学的和许多商业的调查常常使用若干个问题测量态度的不同方面,再将问题合并成一个尺度,从而能测量到更大的差别。如果这些多项尺度(multi-item scales)是精心构造的,那么它们就能产生更可信的态度量度,因为它们过滤掉了许多的随机"噪音",而这些"噪音"都应归结于测量误差(measurement error)。

李克特量表和哥特曼量表

依据不同的潜在的态度测量模型,发展出了若干种量表技术。其中最为普遍的是李克特量表(Rensis Likert)。李克特是态度测量领域的先驱。李克特量表隐含的基本思想是,态度可以被看做是由个人持有的,与信念、评价和行动相关的一组命题。如果你请回答人就一组与态度的客体有关的命题中的一个样本表示同意或不同意,然后你就可以把这些答案合并起来,进而得到一个更好的态度测量。许多不同的统计技术都可以用来判定一组特别的问题是否真的构成了一个量表(参见补充读物),但是所有这些技术都基于这样一种思想:一个好的量表有高度相关的题项。

另一种普遍的量表类型是以态度测量的另一个先驱——哥特曼(Louis Guttman)的名字命名的哥特曼量表。哥特曼法将问题设计成测量对态度对象(attitude object)的属性的逐渐增加的同意(或不同意)。它不同于李克特量表,因为李克特量表中态度的量度是统一的题项的总数,而题项的排列是无序的。但在哥特曼量表中,各题项的排列则有一定的顺序,有些题项只有那些处于量表低端的人才同意,而另一些则只有那些位于态度量表高端的人才同意。

图 4.2 给出了不同的用于测量言论自由问题泰德的量表的缩写式,以揭示两种量表在测量路数上存在的差别。第一个样式是李克特表。该量表以命题的方式陈述了几个题项,同时要求回答人就某个陈述表明他们的同意或不同意的程度。量表分数(scale score)则是这样确定的:先确定每一答案类别的数值,然后再将回答人给出的答案的数值加在一起,得到的和数就是该回答人的量表分数。

利克特式

请告诉我您对于下列陈述赞同或不赞同的程度。您非常赞同、有些赞同、不太赞同,或非常不赞同?

　1.应当允许在学校里教授共产主义。

　2.应当允许人们发表支持下述观点的言论,即白种人天生要优于其他人种。

　3.对于那些建议暴力推翻政府的书籍,应当明令禁止其进入公共图书馆。

哥特曼式

如果有一个人认为白种人在基因上天然优于其他种族。如果他想在您的社区做一个演讲,宣称白种人在基因上优于黑人,是否应当允许他做演讲?

　□允许
　□不允许
　□不知道

是否允许这种人在大学任教?

　□允许
　□不允许
　□不知道

如果你们社区的一些人建议把他写的一本讲述白种人在基因上优秀的书从你们的公共图书馆撤走,你是否赞同撤走这本书?

　□赞同
　□不赞同
　□不知道

图4.2　测量对于自由言论的态度的两种格式(经删节的问题)

　　图4.2 中第二个样式就是哥特曼量表。其中各题项以一种对自由言论问题持同意(或反对)的态度逐渐增加的顺序排列。将各题项的答案合并起来的方法有若干种,其中最简单的则是酌情计数"是"和"否"两种答案的数目。对于"不知道"这一类答案则可能需要作出抉择。有一种备择方法是将它们从数据中剔除,或者把它们看做是一种位于"是"和"否"之间的答案。更为复杂一些的处理方法则包括一种加权的方法。具体地讲,要根据事先认定的假设的讲话内容与其表达的对言论自由信仰的强度之间的关系,给频次较低的答案以较大的权,而给频次较高的答案以较小的权。我们再次强调你必须根据你研究的问题以及你的测量模型作出相应的抉择。哥特曼量表的设计和建立是有一定的难度的,因而它的使用也不像李克特量表那样普遍。

对这些模型更详细的讨论已超出了本书的范围,但是最重要之处在于了解清晰的测量模型常常提供某种有助于测量态度的标准(criteria)。依照某个清晰的测量模型,在前测问题和测试答案之间反复地斟酌比较,将会对态度量表的构建有很大的帮助。那些想对测量模型有更多了解的读者,可参考本章末尾列出的参考书目。

许多研究者创建出一些量表,却根本没有对这些量表作过检测,以确定它们是否符合好量表的统计标准。我们给研究者的忠告是,务必清晰地表达自己使用的测量模型,而在不知如何改进和测试自己的量度方法时,务必要寻求得到恰当的统计咨询。

询问行为意图的问题

在态度和行为之间常常有一种假定的关系。那就是说,人们之所以会被问及他们对某些产品的态度,是因为他们的态度可能会反映他们将要购买什么,同样人们之所以也会被问及他们对某些政治候选人的看法,是因为他们的答案可能会反映他们将如何投票。在行为不可能被测量的时候,例如要测量行为与某种还未投放市场的新产品,或与即将到来的总统竞选之间的关系时,我们常常会用态度测量来替代行为测量。

对态度—行为联系的一个基本的,常常也是很有用的概念化方法是使用行为意图的中间环节。这种看法的基本观点是,态度是与行为意图相关联的(某种程度上),而意图又是与实际的行为相关联的(见图 4.3)。当然,在这个方程式中还有其他一些因子。然而,在最后的分析中,所谓行为好的预测,一定是行为意图与对客体的态度之间的一致。

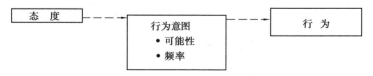

图 4.3 行为意图可以连接态度和行为

例如,回答人对某种软饮料的态度可能会与他们下星期购买这种软饮料的意图相关联,而这种意图也会与实际的购买行为相关联。

同样,一个人对待锻炼和节食的态度,很可能也会与"在与我的高中校友聚会前减轻10磅体重"这样的意图有关,而这种意图很可能导致体重的实际下降。尽管还有许多其他因素会对之有所影响,致使这些关系并不完美。然而,我们仍然会常常认为,的确存在着从一个人的态度看到他行为意图的一般映像(a general mapping)。

要对行为意图(而不仅仅是态度)进行测量的一个重要原因是,行为意图有助于将那些处于量表某一端的人区别开来。比如,如果两个人都确实喜欢某种产品,而且在用一个9级量表对该产品进行评估时,都选择了9,这时我们就无法判定某个人在下一年中,计划消费此产品3次还是30次。

行为意图的问题可以用来估计一个人有多大的可能性去实施某种行为(在下一年中购买一部车或给某个总统候选人的竞选活动捐款)。它们也可以用来估计一个人可能会实施某种行为多少次(在下一年中锻炼的次数,下一月中打长途的次数)等。在许多情形下,上述两种问题都是我们有兴趣了解的。在这一部分,我们将讨论相对于其他类型的问题而言,某一种类型的问题在什么时候会有什么样的重要性。

询问事件发生的可能性问题

"您计划在下一年中购买新车吗?"这是一个发生率的问题(incidence question)。它关注的问题并不是某人在下一年中可能会买几部车,而是他买车的可能性有多大。

行为意图问题的两种使用最为普遍的类型是是—否型问题和可能性问题。看一下下面两个实例:

1.在未来的12个月中,您会买新车吗?

会的　　不会

2.在未来的12个月中,您有多大的可能会买新车?

完全不可能 1—2—3—4—5—6—7—8—9 非常有可能

在电话和电子调查中,常常会使用是—否型问题。这种类型的问题的主要用途是作甄别问题(screening question)。这些是—否型的行为意图问题提供了非常具体的答案,而这些答案可以被转换为硬数据估计值(hard data estimate)("未来的一年中,21%的人会买新车")。遗憾的是,这些百分比可能是错的。因为是—否型问题会迫使所有尚未确定的人,选择是或否,使得到的数据有杂质,因而常常也是不太精确的。

可能性问题避免了这样的问题。在可能性问题中,那些处于中间某个位置的回答人,其答案就可以是中间的某个位置。对于学术研究者而言,可能性问题有能提供高水平的辨别力的长处,而对于实践者来说,可能性问题则存在着不容易将答案转换成百分比或是预测值不足的缺点。这就是说,较之"在一个1到9的可能性量表上,在未来12个月中,预备购买一部新车的平均的被报告的可能性是4.1"这样的说法,"在未来的12个月中,有21%的回答人将购买新车。"这样的说法更令人满意(且似乎更加确定)。

一种解决这种两难选择方案的方法是先问回答人一个是—否型的问题,然后再问可能性的问题。是—否型问题可用于概要性量度(summary measures),而可能性问题则可用于给估计值加权,或者给数据作统计修整,以改善估计值。例如,我们可以先问人们,他们是否会考虑在在下一个星期中上快餐(速食服务)店吃东西(是或者否)。然后再请他们估计一下,他们到那里吃东西的可能性有多大。对第一个问题,两个人的回答可能都是"是",但是一个人对可能性问题的回答是"非常可能"或"100%可能",而另一个人的回答是"有些可能"或"60%的可能",前者显然不同于后者。

另一个解决方案是问两种不同类型的可能性问题,对每个问题各提供了一个答案的范围。一个问题可能是更为一般的问题,表示一个基准条件("未来的12个月中,您买车的可能性有多大?")。第二个问题则可以提供一个现实的或更有利的假定的"上限"("如果车价下跌10%,未来的12个月中,您有多大的可能会买一部新车?")。使用两个(或多个)可能性问题不仅为我们提供了某种敏感度量度,如果我们能将后面问题的报告与对第一个问题的答案联系起来,还可得到一个进行比较的点。

让我们来看一下如下所示的,女童子军(the girl scouts)用于预计饼干年度销售需求的问题。问题以两种不同的方式询问：

1. 今年，您会有多大可能去购买女童子军饼干？

   很没有可能 1— 2— 3— 4— 5— 6-- 7— 8— 9 非常有可能

2. 如果可能，您有多大的可能会从朋友的女儿那里购买女童子军饼干？

   很没有可能 1— 2— 3— 4— 5— 6— 7— 8— 9 非常有可能

第一个问题是一般性的，但可能情有可原地，令人忽略自己购买的可能性的风险。第二个问题是具体的，但如果销售工作并不涉及朋友的女儿，那么销售量就会有过分高估的风险。然而，将两者结合起来，它们就能让该调查的组织概括出答案的大致范围。而得到的这些结果，既可以用于估计期望的销售量范围，也可以用于做销售计划方案（如计算可能的销售量，如果父母要求自己的朋友买饼干的话）。

明确说明通过朋友的女儿购买饼干的问题，得到的购买饼干的可能性大大高于没有说明这种途径的问题。我们大可不必为此而感到惊讶，相反，这恰恰说明，对于饼干的销售量而言，能否进行面对面的销售有多么重要。

问与未来行为的频次有关的问题

问行为意图的第二个方法是，请人们估计一下，在未来的某个确定的时间段中，他们将从事某种行为多少次。如果调查的是经常发生的行为，这种方法就特别有效。这种问题有两种典型的问法。一种是填空式（fill-in-the-blank）问题。另一种是使用带有固定频次间隔的频次问题。让我们来看一下下面两个在疯牛病危机发生之后有关欧洲牛肉消费的问题。

1. 在未来一个月中，您会在晚餐中吃几次牛肉？ _____ 次

2. 在未来一个月中，您会在晚餐中吃几次牛肉？

   □0　　　□1~2　　　□3~5　　　□6~10　　　□11~20　　　□21~30

第一种类型的问题是一个填空式问题。它的回答的模式可以避免范围偏倚（range biases）、间距偏倚（interval biases）或者锚定效应（anchoring effects）。尽管它有上述种种优点，但是这种方法还是不如间距式问题

（interval question）（第二题）使用得那么频繁。因为填空比在方格中打钩更可能导致数据输入误差（data entry error）。在电子调查中，填空式问题也很受欢迎。一般来说，填空式问题更可取。但是如果使用的是间隔式的问题，那么就必须要仔细地考虑适当的间距。这两种形式的问题在电子调查中也常常使用。但是，如果使用的是间距式的问题，在间距的选择上，必须慎之又慎。上面的第二题使用了六个类别（0，1~2，3~5，6~10，11~20，21~30），而可供我们使用的其他的数字间距则不胜枚举（例如，0，1~5，6~10，11~15，16~20，21~30）。

一旦已经决定要使用频次问题，那么最重要的问题就是，要把0这一值定位单独的一类。在确定了这一点之后，最重要的问题就是答案类别必须对整个答案范围内的答案有很广泛的识别力。例如，如果一项试调查显示，未来的一月中，多数人会吃4次牛肉，或者更少，那么答案类别就可以是0，1，2，3~4，5~15，16~30。假如均值在10次左右，那么类别则需要散布得更广。

另一个难题是类别应该有几种类别。尽管有一些理论上的看法，但是这个问题通常取决于经确认的，与能提供最大识别力的类别数相关的，所需空间的大小，即全部间距的空间的大小。如果原来确定的空间超出了最大的变化范围（通过试调查得到的），那么我们必须缩小空间，改用较少的方格。如果我们更加关心进度问题，那么就应该使用填空式的问题。

什么时候应该问可能性问题而不是频次问题

诚如前面所说，对行为意图的测量（就某一特殊的时间段而言，譬如"下个月中"）可用两种方法，既可以通过可能性的测量，也可以通过频次的估计得到。问受访者，在未来的某给定的时期中，他们有多少可能（"非常不可能"=1，"非常可能"=9）做某事，就可直接得到可能性的测量。同样，我们也可以请受访者估计一下，在相似的时期中他们可能会做某事的次数，这样也能测量行为的意图。

两种不同的对行为意图的测量,各有其优劣。若是不经常发生的行为,频次估计值就会向 0 偏斜(在时间的跨度较短时,尤其如此)。这是数值估计的部分缺点,它不能在 0 和单位 1 之间再排出等次。在这种情形下,频次估计比起可能性的估计,能给出的变差较小,信息也较少。正因为如此,可能性估计使我们可以将答案分为更多的等次,因而也有更高的敏感性。

相反,对于经常发生的行为而言,频次估计就会比可能性估计更精确。这是因为频次估计值更可能是正态分布的。这样一来,频次估计就能比可能性的测量给出更多的变差和更丰富的信息。可能性估计的结果必定在 1.0 或 1.0 附近(百分之百的可能)。在这些情况下,频次估计更符合实际行为。

一项研究(Wansink and Ray, 1992)考察了在什么条件下,可能性问题比频次问题更可取。该调查先请人们估计一下在未来的三个月中,他们对许多不同产品的消费情况。三个月后,他们再次与受访者联系,并询问他们实际(回忆)的消费行为。就他们经常消费(高频行为)的产品而言,数值估计比可能性估计更精确。对那些不常消费(低频行为)的,可能性估计则比数值估计更精确。

如果在行为频次上存在很高的变异度,该怎么办? 一个解决方案是,同时使用可能性和频次估计,进而用它们对行为进行三角测量(triangulate)。不是只采用一种测量,而是将上述两种测量与另一种测量一道使用。另一种测量是,针对前一个时期(星期、月、年等),请受访者报告这种行为的频繁程度。对受访者先前行为的测量可以把总体区分为行为频繁展示者或罕见展示者。如果有人想要比较多种行为(逛商城与打高尔夫与去体育馆),或对某些确定的刺激(像各种广告)的反应,将频繁的使用者从罕见的使用者中分离出来,单独加以分析是会很有用的。在分析这些数据时,将那些从来都不使用的人从分析中剔除也是很重要的。然而,在报告中一定要说明,那些从来不使用的人已经被排除了。

问题编写时应考虑的几个重要因素

不存在一条创建问题的正确途径。在这个部分,我们将简要地论述一下创建问题的几种不同的方法。每一种都有各自适用的场合,但没有一种创建方法可以说是在所有的场合都肯定优于其他的方法。创建问题的方法的选择在很大程度上取决于研究的问题,也在一定程度上取决于研究者的品味。

应该使用单极还是双极问题

所谓单极问题是一种只问受访者与其他对象有关的或者与其他对象分离的态度对象的观点,例如"您是赞同还是反对固定比率的所得税?"有些问题要求受访者从两个相反的客体中作选择,这类问题就是双极问题,例如,"您是赞同像我们目前那样的累进的所得税呢,还是赞同将它改为比例税率的所得税呢?"

单极问题的优点是,它可以使受访者把注意力集中在特定的态度客体上,进而得到一个较少受到其他考虑的影响的评价等级。如果你认为对某个客体的态度本身就是一维的,那么使用单极问题是比较恰当的。(一个一维的态度是一种对特定客体的态度由高到低排列的,而不受对其他备择客体态度强烈影响的态度)。有关自由言论的态度就属于这一类。我们认为人们对于自由言论的赞同,其强烈程度是有所不同的,它的范围从非常赞同到非常反对。态度的变化是沿着支持或反对这一单一的维度的,人们可以沿着这一维度,按其态度强烈程度有序排列。

有些态度即使被看做是一维的,也仍然可以对同一客体有两种(或更多的)不同的看法。实际上,在很多情况下恰恰是形成于一个维度的对立的两端的观点才使问题得以构成。当然,你也可以只对位于维度的一端答案感兴趣;也就是说,你可能只想知道受访者赞同不赞同某事,而不想知道他们反对不反对某事。

这时,你就可以问一个简单明了的问题,如"您赞成比例税么?"因为这样的问题已经隐含了一个受访者不支持单一税的备选项,所以在原则上讲,问这样的问题虽然没有错,但是回答"不赞同"就不会像表面看起来那样,能给我们提供受访者的确切信息。显然,回答"赞同"表示受访者支持此种税制,但是回答"不赞同"则既可能表示回答人的态度是对它持反对意见,也可能对它没有什么意见或无所谓,或者根本就是模棱两可的(在问题的措辞变成"您赞同比例税,还是不赞同?"时,支持的水平将因此而变化几个百分点)。

单极问题,如果被重新表述成与原来的题项相反的题项,常常会产生令人惊讶的结果。鲁格(Rugg,1941)作过一个著名的研究。研究显示即使是诸如"允许"和"禁止"这样显然相反的词语也会产生不同的结果。鲁格问配对样本中的受访者,"您认为美国政府应当允许反对民主的公开言论吗?",以及"您认为美国政府应当禁止反对民主的公开言论么?"当问题是允许公开言论时,有21%的受访者支持自由言论;当问题被表述成美国政府应当禁止自由言论时,有39%的受访者否定了这种说法,并支持言论自由。

以这一研究和其他的研究为依据的,一个已经被普遍接受的做法是,同时使用有一个隐义维度(implied dimension)的两端来表述简单的单极问题。例如,"您赞同还是反对单一税?"然后,请受访者选择赞同或反对。如果一个强度维度被加到问题中,那么可在原维度的两端之间设置几个等级,再请受访者作出选择。例如,"您是非常支持,有些支持,有些反对或者非常反对单一税?"

对多维度态度加以说明

有些态度涉的对象是多维度的,如果不对其他一些备择的问题也加以考虑,这样的态度是很难理解的。人们对于税收政策的态度就属于这样一种情况。如果我们只关注税收政策的某一方面,譬如,固定税率方面,那么就会在实际上使问题产生测量偏倚,因为人们对固定税率的意见很可能有赖于它与什么事物比较。有关研究显示,如果问题形成的比较不同,对许多调查主题形成的观点也会大不相同。在这样的情况下,我们要以使受访者必须在两个备择的选项中作出选择这样一种方式来提出问题。上面有关双极问题的例子,便是有关这一问题的一个很好的例子。在这个例子中,回答人被问及他们究竟赞同固定所得税制,还是累进所得税制。

如果意见问题的备择项在文字上极为敏感,那么就必须谨慎地考虑我们提供的备择项的措辞。当然,究竟把哪些备择项选进问题,完全要取决于正在研究的问题。备择项提供了一个参考框架,受访者能据此表达他们的意见。我们肯定想要保证受访者使用的参考框架与我们的相同。为了确保做到这一点,我们就应当作大量的前测,并对以不同方式措辞的备择项加以考察。在前测中,应当请受访者说明他们如何解释备择项的意义,以证明他们是否是按照我们所希望的方式那样来理解问题的。如果条件允许,应该尽可能地使用拆分分析法(split ballots)做足够多的前测工作。以对既定的备择项的效应进行调查。假如在不同的备择项间发现存在很大的效应,那么我们就应该继续研究,直到明确究竟是哪些因素造成这些效应为止。

有时某个似乎很清楚是一个一维的概念原来却是多维的。在创建一个用以测量心理健康的量表的过程中(Bradburn,1969),发现单极题项使用的巨大效应。

问题以单极方式陈述,而不是像双极题项那样要求受访者报告自己是"兴奋的"还是"厌烦的";"快乐的"还是"沮丧的";"幸福的"还是"不幸的"等等。在分开的问题中,受访者只会被问到问题的一个方面,比如,在过去的几个星期中,他们是否感到"极度兴奋"或是否感到"非常的沮丧"。受访者对每一个问题都要回答"是"或"否"。令人惊奇的发现是,虽然所有使用积极的措辞的问题的答案之间,和使用消极的措辞的题项之间都存在相关关系,但是积极题项的回答与消极题项的回答之间的关系却为零。这充分证明了,心理概念原来都是多维的。因此,尽管单极题项产生的结果常常与双极题项的发现相似,但双极题项却难以发现维度固有的有意思的独立性。

使用问题过滤器

有时需要将复合的态度问题分解成一系列简单的单极问题。某些问题是否要问要视回答人对前面问题的回答而定。这种技术被称做过滤或分枝。在分解复合的态度时,它是个有用的技术。这样我们就可不必使用那些让人难以作答的、多维度的和有许多限定语的问题了。

图 4.4 给出了一个如何使用过滤器的好例子,它改编自某个关于第一次海湾战争的问题。设计该问题是为了在战争开始的三个月前使用它去测量公众舆论是否支持与伊拉克作战。请注意,问卷中有一个问题是针对那些对前一个问题已经给出了答案的回答人的,要求他们进一步明确自己的意见,对当时正在作为政策选项讨论的各种条件和日期给出确切的答案。

1.如您所知,联合国安理会已经授权:如果伊拉克在 1 月 15 日前还没有撤出科威特,就可以对伊拉克使用武力。如果伊拉克没有撤出科威特,美国是否应该在 1 月 15 日后的某个时间发动打击伊拉克迫使其撤出科威特的战争呢?
□应当(问 A.)
□不应当
□不知道

A.(如果是的)美国应该在 1 月 15 日后的多长时间(等伊拉克撤离科威特)才
　参战?
　□立刻发动战争
　□再等 3 个月
　□超过 3 个月
　□不发动战争

图 4.4　使用过滤器的例子

资料来源:Gallup Organization,2002.

有时,过滤器的使用会产生一些令人惊讶的结果。例如,将上面的问题与过滤器结合运用,得到的公众的观点,不同于仅用上面第一个问题所得到的。根据第一个问题,我们得到的结果似乎是大多数公众都支持一月份开战。如果我们考虑把随后那一个问题,来问那些对第一个问题回答"否"的回答人,那么我们得到的结论将是:有更为多数的人实际上是支持在三个月内发动伊拉克战争的。[①]

在回答人对一个问题回答"否"时,就不再问他后续的问题也会引起一个问题。例如,在1973年和1975年的社会综合调查中,回答人首先被问到:"您能想象在某些情形下,您会赞成一个男子拳击另一个陌生的成年男子?"很多回答人对这个问题答"不赞成"。所幸的是,回答人接着还被要求回答与赞成的具体的条件有关的一系列问题,这些条件有"在一个男子的小孩子在不经意间弄坏了陌生人的轿车,那个陌生人打了他的小孩时"或者"在该男子目睹某个陌生人毒打一位妇女时",无论回答人对一般问题回答"不赞同"还是"赞同",他们都会被问及有限定情形的问题。即使这些限定条件本来只是一般问题(赞成打一个成年的陌生人)的"是"这一答案选项的逻辑子集或具体条件,但我们对给出"否"的回答人也问了这一问题。实际上,在任何情况下都不赞成打成年的陌生人中有84%,在列出的五种情形一种或几种发生时,表示赞成可以拳击那样的陌生人。当描述了打人的具体情形后,就一般问题表示不赞同的回答人在5个具体情形的问题上回答赞同打人的平均题目数为1.82。史密斯(Smith,1981)认为多数回答人对一般问题并不是逐字理解的。实际上,他们会把"您能想象在某些情形下"这样抽象的短语解释为"就一般而言",而给予回答。

如果态度的对象是复合的,而且你开始提出的问题,回答人可以回答"是"或"否",那么最好考虑用进一步的问题追问那些答案为"否"的回答人,这样就可能把态度中那些在先前的提问中没有被揭示出来的方面揭示出来。

使用包含一个中间点的问题

我们在前面已经讨论过怎样通过使用修饰词(如"很""较""少许")将两分的回答加以扩展,使之也能成为一个强度的量度。对舆论研究者来说,

---

[①] 译原文意在说明,上述有关伊拉克战争的民意调查的第一个问题,看似单维度,实际上有两个维度,是否同意发动对伊战争和在什么时候发动战争,所以对第一个问题回答"否"的人中,有一部分人并非不同意发动对伊战争,而是不同意在一月份发动战争。——译者注

一个相当值得考虑的问题是,是否应当在一个单向的问题中包含中间的备择项。也就是说,我们应当使用一个 4 级量表,还是 5 级量表。那种包含一个中间的备择项的量表,将给回答人提供一个介于赞成或反对某个特定的观点之间的"无所谓"的备择项。

在问卷调查中,比较普遍的做法是将中间项删除,试图将回答人"推向"一个维度的这一端或那一端。这种做法背后的理由是,真正的无所谓者总是极少数。在这种认为自己居于中间位置的人中,大多数多少有一点倾向于一个从完全支持到完全反对的连续统中的某一端。而从实际经验清楚地告诉我们,在要求被访者必须在提供的备择项中作出选择时,且备择项中又明确包含有这样的中间项时,他们常常就会选择这一项。这就意味着,取消中间类别便会人为地迫使一个人选取一种实际上他并没有的倾向。

研究显示包含一个中间选项虽然在实际上会增加选择该类别的人数,但是不会影响"赞成"回答对"反对"回答的比率,或者选择"不知道"选项的人数。如通常所认为的,那些对某个问题并无强烈感受的人最易受到中间选项的影响。总的讲,包含中间类别不会改变回答人对题项的回答与他的背景特征(诸如回答人的教育水平)之间的关系。然而,在有些情况下,措辞的变化会改变用来测量同一潜在态度的、不同的舆论题项之间的内部关系。

虽然不可能作出任何的硬性和简洁规定,但是我们还是可以给出一些建议,不过它们与当前通常的做法相反。我们建议使用中间选项,除非有可信的理由让我们不那么做。增加中间选项通常不仅不会改变支持与反对的比,而且包含中间选项之后问题所能提供的总体上赞成与不赞成之比的信息,与去除了中间选项的问题一样多。不仅如此,中间选项的回答的数量还能提供关于态度强度的额外信息——这些信息在被迫选择的情形下是不可能获得的。总之,我们认为那些处于道路中间点或漠不关心的回答人不应该被迫表达他们的意见。

避免双重问题和一重半问题(double-barreled question)

在问卷设计中,研究者需知晓的第一件事是避免双重问题。所谓双重问题是这样一种问题,在问题中有两种不同对象的意见被合在了一起,致使回答人必须用一个答案回答两个问题。即便是一个问卷调查的新手,也应该尽量避免使用这样的问题,如"在即将到来的总统选举中,您是支持参议员佩斯和和平呢,还是支持州长盖拉和战争?"。

有些不那么明显的例子有可能逃过没有经验的问题设计者的眼睛。我们不妨来思考一下下面的问题:"您是愿意建设更多的核电站,以充足的电力来满足国家的需要,还是反对建设更多的核电站,即使这意味着我们可能会有比较少的电力?"

两个关于不同态度对象的问题被合在一个句子中了:核电站建设和电力供应。这句话中包含一个假设:核电站是增加电力供应的唯一方式。这一假设会把某一个问题以有利于某个特定的回答方式加载进来。假设总体中问题的第一部分(关于核电站)两种意见的人数是 50%对 50%,而问题的第二部分(关于有充足的电力)的人数是 90%对 10%,那么把两个部分连起来得到的支持核电站的人数将多于实际存在的人数。

效应的大小取决于对第一个问题的意见的相对强度。因为对这些问题的意见非常强烈,所以问题中第二部分的效应便会因此而降低。对问题第一部分持有强烈意见的回答人将不会去注意问题的第二个部分。相应地,对那些意见并不很强烈的问题,或者对那些在每一个问题上都无强烈意见的回答人,效应可能会有所增强。即便是高度相关的意见,许多回答人也不会以同样的方式对一个问题中的两个部分作出回答。

双重问题的一个不太明显的版本是,把某种态度或某种行为归结于某个名人或组织的属性,如美国总统和美国最高法院。即便是谨慎的专业的民调人员,在设法使问题更具体的时候,有时也会使用这一类问题。有人可能会争辩,某些问题与个体或组织的联系实在太紧密了,以至于无法将它们分开。然而,我们还是认为,如果可能,最好还是在源头就把问题分开。就那些对回答人不是很显要的问题而言,情况尤其如此。因为,对这类问题,回答人主要根据自己对源头问题的态度是赞成还是反对,而不是问题的本身来作出反应。

组合型问题中,一个更不易被发觉的形式被称做一重半问题(one-and-a-half-barreled questions)。这种形式中,关于某个单一态度对象的问题被提出,同时要求回答人沿着一个量表作答,表示赞同或不赞同。回答选项开始确实只沿着一个维度,但是在这个维度的某处,另一个意见对象却作为回答选项连续统的一部分被引进。图 4.5 中,给出了一个一重半问题的例子。

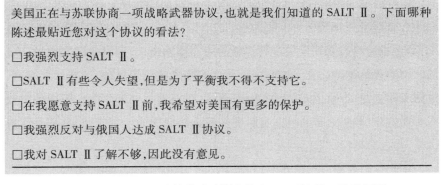

美国正在与苏联协商一项战略武器协议,也就是我们知道的 SALT Ⅱ。下面哪种陈述最贴近您对这个协议的看法?
□我强烈支持 SALT Ⅱ。
□SALT Ⅱ有些令人失望,但是为了平衡我不得不支持它。
□在我愿意支持 SALT Ⅱ前,我希望对美国有更多的保护。
□我强烈反对与俄国人达成 SALT Ⅱ协议。
□我对 SALT Ⅱ了解不够,因此没有意见。

图 4.5 关于限制进攻性战略武器条约(SALT Ⅱ)的一重半问题

此处,回答选项以强烈的支持开始,且似乎在稳定地向强烈的反对移动。然而,突然在第三个陈述中,却提到了载有对另一种态度的对象,国防(显然是另一个问题),政策的意见的问题。接着在第四个回答选项中,又提示回答人,协议是与苏联签订的。调查的结果是,舆论被拉向了对条约的不太支持,然而,在没有诸如这样的参考问题的其他的调查中,回答人报告他们强烈地支持战略武器限制条约。

如果问卷的作者对这个问题有所警惕,那么双重问题,甚至一重半问题都是可以避免的。

然而,有时甚至是那些有经验的问卷设计者也没有注意到他们已经在这一态度维度的某处加入了另外的问题,从而使得两种态度对象同时出现在了一个问题中。无论何时——只要像 SALT Ⅱ问题所显示的那样——持有某种态度的原因作为一种限定条件出现在了问题当中,或出现在了回答选项中,我们都应当对之有足够的警觉。

与调查的背景以及相邻的问题的意义有关的偏倚

访谈是对话的形式。无论访谈发生在面对面的情况下还是在电话中,它们都会像对话一样展开(尽管是相当特别的对话,受到一问一答的顺序支配)。调查的参与者不仅是在对实际的问题作出反应,同时也是在对被问及的问题的背景作出反应。所谓背景包含了陈述的访谈目的、调查的发起者、被问及的主题、与陌生人对话的一般规范,以及其他的因素等。因为问题被依次提出,对某些问题的回答会触发回答人脑海中的一些想法,它们会流露出来,并进而影响对后续问题的回答。

在问卷调查和市场研究中,人们早已认识到问题在一份问卷中的位置的潜在偏倚效应。自问卷调查兴起初期以来,对问题次序的研究,得到的结果既有积极的,也有消极的。虽然我们还不了解那些涉及次序影响的许多过程,但是对调查的认知方面的研究已经不仅使我们对次序效应有了更好的理解,而且还引导我们到哪里去找诸如这样的效应。我们可以告诉调查工作人员一些情形,在这些情形中,他们应当对次序效应发生的可能性有所警觉。(在第 10 章讨论漏斗效应和反向漏斗效应的时候,次序的问题依然会被讨论。想要更详细地了解那些能产生背景和次序效应的认知机制,请参看 Sudman, Bradburn and Schwarz, 1996。)

为什么要对次序问题予以特别的关注呢?因为陈述清晰的备择选项给回答人提供了一个回答问题的背景或框架。同样,问题的次序也给回答人提供了一个答题的语言环境。相互间关联很密切的问题倾向于增加态度对象的某个方面的显要性。例如,在一个由美国市场协会(American Marketing Association, 1937)做的早期研究中,问题在问卷中的位置似乎会影响妇女对广告的态度。与那些把一般性广告置于服装广告之前的问卷相比,在把一般性广告放在服装广告之后的问卷中,妇女对广告的态度更多是正面的。对这一发现的解释是,如果没有一组意义更细致明确的服装广告的问题作为引言,妇女倾向考虑所有类型的广告。因为与其他类型的广告相比妇女更加喜爱服装广告,当先前的问题将她们的注意力引导到服装广告后,他们对一般性的广告问题会有更正面的反应。

一般性的和具体的问题

我们常常有兴趣先问回答人对某些一般性对象的态度,紧接着再问与该对象更具体的方面的有关问题。譬如,我们可能既有兴趣知道回答人关于流产的一般态度,也想知道他们对于特殊情况下实施流产的态度。

当一个一般性问题和一个与情境联系更密切、更具体的问题被同时提出时,一般性问题会受到被它所处的位置影响,而更具体的问题则不受影响。出现在 1975 年的综合社会调查中的两个问题,便是这一类型问题的实例。

总的来说,您会如何描述您的婚姻生活?您会说您的婚姻很幸福、相当幸福还是不太幸福?

总的来说,您会如何评价您这些天的生活?您会说您很幸福,相当幸福还是不太幸福?

一个拆分分析法试验的结果(在实验中,两个问题的次序是轮换的)表明,对与总体幸福有关的更一般性问题的反应受问题的次序的影响,但是关于婚姻幸福的具体问题则不受影响。(当然,只有那些当时已经结婚的人才会被问到两个问题)。这些发现的一个解释是,当一般性的问题首先出现,回答人根据他的整个生活,包括婚姻生活,对之作答。相反,当更具体的、与婚姻生活有关的问题首先出现时,总体幸福的问题被解释成除婚姻生活以外的生活的所有其他方面。这就好似回答人,他们已经被问过与婚姻生活有关的问题,因而将他们生活的这一部分从进一步的考虑中排除了。舒曼、普雷瑟和路德维希(Schuman,Presser and Ludwig,1981)在有关流产的一般态度和具体态度的调查中,报告了与之相似的发现。

虽然人们发现总是只有一般性的问题会受到所处位置的影响,但是影响的方向却并非是恒定的,而是随问题的变化而变化的。一般而言,效应的方向取决于回答人在回答随后的问题时,由具体的问题引起的想法和回答人如何对这些想法作出解释这二者之间的关系。如果具体的问题引起的是正面的想法,那么这就会增加对一般性问题正面的反应。假如由具体问题引起的想象是负面的,则效应也会是负面的。具体的问题不但会限制对一般性问题的意义的解释,而且对一般性问题的回答也会有相应的影响。尽管了解了对具体问题的回答倾向于正面的还是负面的,我们就可能据此预测变化的方向,但是要准确地回答这个问题,分拆分析实验仍然是必要的。

因为你可能有兴趣将一般性问题的答案与来自其他调查的数据进行比较(例如,比较时间的效应),所以通常最好的做法是首先提一般性的问题,这样对它的回答就不会受到更具体的问题的影响。

首先提一般性的问题同样使他人更容易把他们的数据与你的作比较。

无意中激发的可导致偏倚的规范和价值

许多问题涉及的态度,植根于价值或规范。提出那些涉及同样或相似的价值的问题能触发对这些价值观的想法,进而影响回答人对后面问题的回答。

我们在前面已经提到,存在着一种回答人意欲保持他们的态度的一致的一般性趋势。对于以价值为基础的问题情况尤其如此。问题彼此的相对位置可能增加或减少诸如这样的价值的一致性暗示。坎特里尔(Cantril, 1944)作的一个著名研究显示,1941 年前回答人关于允许美国人参加英国和德国军队的意愿受到被问问题顺序的影响。在这个问题跟随在相似的关于加入英国军队的问题之后,而不是相反的位置时,便会有更多的回答人乐于允许美国人加入德国军队。

海曼和希茨利(Hyman and Sheatsley, 1950)报道了相似的顺序效应。他们研究的是苏联和美国间自由交换新闻的对等性。在近来进行的有关贸易赤字和进口配额研究的问题中,也显示出类似的效应。在这些场合中,问题都涉及隐含的相同的基本价值(对等性),而问及的对象对它们的认可程度各不相同。如果首先问的是被更为普遍支持的题项,就似乎会提升该价值的效应,随后同样的提升效应似乎也会发生在第二个、且原本只有较少的支持程度的题项上。然而,如果把两个问题的次序颠倒过来,便不会有交互效应产生。

在这种情况下,规则恰好与那些适用于一般性和具体题项规则相反。虽然最好是先问那些获得最多支持的问题,因为它是不受问题顺序的影响的,但是这样做将促使人们去考虑潜在基本价值,从而使回答人会更多地去考虑他们的答案之间价值的一致性问题。

注意事项

在本章的开头,我们建议态度型问题的作者借用那些已经在其他问卷中使用过的问题(具有可信性的)。这里我们以一个注意事项来结束本章。因为许多问题对问题的顺序效应都很敏感,所以你必须十分注意那些借用的问题在原问卷中编排的顺序,如果你对趋势数据有兴趣,那么对这一问题尤其应该特别的注意。以不同的顺序使用措辞相同的问题可能会抵消使用同样问题所具有的长处。措辞相同的问题在不同的背景下出现,含义可能也不尽相同。

小　结

态度问题对所使用的措辞高度敏感,尤其在问题对回答人而言不是很显要时。本章中,我们讨论了在写作新的问题之前,必须做的基本准备工作。尽管在进行结果比较的时候,我们应该对可能的语境效应(context effect)有所警惕,但是使用现有的问题和量表通常都是十分可取的。

测量行为的意图,有两个要点:第一,当所有的态度都有高度赞许性的时候,态度的测量并非总能敏感到足以测度行为的意图。第二,使用意图既可通过可能性估计,也可通过频次估计来测量,且每种测量方法,在不同情形下都是有效的。使用频次估计可以相当精确地测量经常发生的行为。使用可能性估计则可以更精确地测量不常发生的行为。

必须强调的是,不论是你还是回答人,都必须对态度的对象有所了解,同时你还应当避免在一个问题中使用多重概念。这一章还讨论了态度的备择成分和态度强度的测量问题,我们提请大家注意,这两者之间并非总是一致的。在封闭式问题中,明确的备择选项的措辞可以对态度问题的答案的分布有很大的影响。本章结尾讨论了问题的背景和顺序对回答的影响。

推荐阅读书目

有关态度和测量问题的一般性讨论,可参见施瓦茨（Schwarz, 2001）在《社会和行为科学国际百科》(*International Encyclopedia of the Social and Behavioral Sciences*)一书中"态度测量"(*Attitude Measurement*)一文,"态度强度"(*Attitude Strength*, Petty and Krosnick, 1995, "态度与说服力"(*Attitudes and Persuasion*, Petty and Cacioppo, 1996)。关于态度问题措辞的众多经验研究,舒曼和普雷瑟(Schuman and Presser, 1981)有出色的总结。《调查反应的心理学》(*Psychology of Survey Response*, Tourangeau, Rips and Rasinski, 2000)的第 6～8 章,《思考回答》(*Thinking About Answers*, Sudman, Bradburn and Schwarz, 1996)的第 3～6 章综述了认知心理学理论,我们的许多论述都以此为基础。

5 询问和记录开放式和封闭式问题

前面我们讨论到的一些问题,它们与态度或意见问题的陈述有关。本章将关注记录回答的技术。从某种程度上说,问题的陈述与记录回答的技术之间的区别是一种人为的区别,因为问题的形式本身常常已经指明了记录回答的最恰当的技术——也就是,有些问题是通过它们的回答选项来表明其意义的。例如,有一个在现在的人口普查中使用了多年,用于测量就业状况的问题:"上星期您做的最多的事是什么?"只有在回答选项被整合到这个问题中间时,这个问题才有意义:"上星期,您做的最多的是什么事?——工作、做家务、上学、还是其他什么别的事?"

当然,在前一章中的许多例子中同样也给出了回答选项的具体内容。然而,除此之外,还存在另一些与回答选项的格式有关的关键问题和选择方法,我们可能用一章的篇幅来对这些问题加以阐述。虽然无法将用于调查研究的所有可能的回答形式一一加以介绍,但是我们将提及其中最主要的一些形式,并着重对几种我们认为,正在当前的调查研究实践中使用的、有价值的答案形式进行介绍。

本章要点

1. 慎用开放式问题。这种问题主要用于开发设计工作,目的是对主题作深入的探究和得到可资引用的材料。封闭式问题虽然比较难以构建,但是它们比较容易分析,且产生的无用的访谈员和编码员方差也比较少。

2. 尽可能避免由调查员在实地进行编码。如果需要实地编码,那么最好请回答人来编码。

3. 尽可能使社会期许最小的选项放在量表的开端。否则,回答人将不会用心听完或读完全部的回答选项,而直接去选择符合社会期许的答案。

4. 不要使用有 4 个或 5 个以上文字等级的量表,如果需要等级更多的量表,可使用数字量表。

5. 在使用许多等级的数字量表时,可考虑使用类比法,如用温度计、梯子、电话拨号和时钟进行类比。

6. 回答人只有在了解或记住了所有回答选项的情况下,才能确定自己想要选择的答案选项。在电话调查中,回答选项一次最多不应该超过 2 到 3 个。在使用卡片的自我填答和面对面访谈中,备择答案最多不能超过 4 到 5 个。如果有许多个回答选项,那么回答人最多也只能给出 3 个最合自己心意的或 3 个最不合自己心意的选项。

7. 等级固然可以通过一系列配对的比较性问题得到。然而回答人心智上疲劳,却会使他们所能确定的备择项的等级数目有所限制。

8. 与其让回答人回答一份清单,还不如只是告诉他们去审读一下"列出的全部题项",如果每个题项都要分别一一作答,而给出的答案是类似"'是'或'否','适用'或'不适用','真的'或'不是真的'"这样的答案时,那么得到的信息便会更完全和更有价值。

9. 在面对面的访谈中,即便是非常复杂的分等都可以用卡片分类法实现。

使用开放式答案

开放式问题是任何调查问卷中有潜在价值的部分。回答人用他们自己的语言回答开放式问题,而不只是在调查员提供的、列有数目的有限回答选项上作选择。访谈员只需逐字逐句地记录回答人对问题的回答。或者是回答人或访谈员将答案写入或键入问题后面空白或字段。在需要访谈员介入进行提问或进一步澄清的地方,都会用标记指示(通常都是在回答人的答案后标上一个大写的 X)。下面是一个回答人与访谈员在开放式问卷调查中,进行对话的例子。

> **访谈员**:当前我们国家面临的最重要的问题有哪些?
>
> **回答人**:我不清楚。太多了。
>
> **访谈员**:是的。不过,我希望了解一下,您认为哪些问题最重要?
>
> **回答人**:哦,可能是政府开支。
>
> **访谈员**:政府开支。您的意思是? 能否请您具体地解释一下? 当您说"政府开支"的时候,您想到的是什么?
>
> **回答人**:政府开支总是没个头。我们无论如何都应该砍掉一些联邦政府的开支。
>
> **访谈员**:还有吗?
>
> **回答人**:没有了。我认为这些是最重要的。

第一个回答表明回答人需要更多的时间或更多的许可来思考该问题。访谈员的试探给了回答人鼓励和时间来进行思考。接下来的回答"政府开支"有些模糊,因为它并没有具体说明它指的是哪一级的政府,以及哪些方面的开支。访谈员必须进一步地试探。接着访谈员问了最后一个探究式问题。

开放式问题的优点和缺点

开放式问题的优点相当多,可是它的缺点也不少。在一个好的访谈员手中,开放式问题允许并且鼓励回答人充分地、不厌其详地表达他们的观点。它同样也允许回答人作出许多区分,而使用预先编码(或封闭式)的问题(参见下一部分)则不可能做到这样。此外,它还允许回答人在表达自己意见的时候,用他们熟悉的和适合表示自己观点的语言。在许多场合里,开放式问题还能产生相当多的互动式小品和可资引用的素材,使得研究报告变得活泼生动。当你想深入到某一特殊主题时,它是一种非常有价值的工具,同样,当你着手研究某个领域,需要探察某种意见的所有方面时,它绝对是一种不可或缺的主要工具。

然而,假如你只是想以简洁的方式概括数据的内容,素材太丰富,这也是开放式问题的缺点。例如,为了降低数据的复杂程度,必须减少或简化答案类别数,而为了对数据进行统计处理,就必须对回答进行编码,使之成为可以计数的类别。给自由回答的素材编码[有时称做认知回答(cognitive responses)或口头对话记录(verbal protocols)]不仅费时费力,而且还会产生某种程度的编码错误。如果材料很芜杂,你就必须制作编码手册,培训编码员使用这些类别,还要做周期性的信度校验,以估计编码误差的数量。所有这一切不仅耗费时间和金钱,而且——就像一切调查过程中的额外工作一样——还会导致更多的误差。

但是这还不是开放式问题产生的唯一后果。与封闭式问题相比,开放式问题还需更多的时间、思考、耐心和对问题的专注。如果问题提得太突兀,回答人将无法将自己的思想组织起来,因而使回答比较随意和模糊不清。

有时,调查员为了说明问题的显要性或事情对于回答人的重要性,访谈员会自行决定要求回答人首先回答什么问题。然而,我们却对诸如这样的解释方式持反对意见。询问过程的许多方面,尤其是那些放在前面的问题,会影响那些在认知上容易被接受的事物,从而使得这些事物可能被居先报告。事物被报告的顺序在更大程度上是访谈情境,而非回答人本身的特征的函数。

洞察开放式问题中的重要见解

在开放式问题的答案中,有价值的信息常常被忽略了。有时,研究者可能会舍弃那些与自己对问题的分析有冲突的见解。在另一些时候,研究者仅仅将注力意集中在那些最常被提及的回答,而忽视了那些只被提过一次的答案。开放式问题的一个优点是它们可以揭示那些不平常的,但很有见地的看法,否则调查者就意识不到这些。如果调查者仅关注那些出现频次高的回答,那么他们将始终不会意识到这样一些想法的存在。

当然,开放式问题中出现的最频繁的回答也是很有价值的。例如,在评价服务满意度时,开放式的问题常常能指出服务中存在的问题,它们对顾客非常重要。虽然顾客可以就服务中的一些方面排列出或低或高的等次,但是那些激烈的评论或情感的流露才能显示出哪些东西才是对他们真正重要的。

提高开放式问题的质量

要使回答人能对种种值得使用开放式问题的主题,提供有意义的回答,就必须给回答人时间,使他们能将自己的思想有序地组织起来,然后再就某一主题充分表达自己的看法。他们也可以在仓促间,匆忙地完成回答,而代价则是相当数量的信息的丢失。

使用开放式问题需要更高的访谈技巧来识别回答中的含糊不清,追问并让回答人,特别是那些沉默少语或不善言辞的回答人说出实情。开放式问题的这一特点使得许多调查者对它的使用很审慎,除非他们有充足的时间和资金,可以提供经过良好训练的、有严格督导的访谈员和编码员。开放式问题在电话访谈中更有效,因为可以对访谈质量予以密切的督察,虽然有证据显示,在电话中对开放式问题给出的是更简短的回答(Groves and Kahn, 1979)。不过,无论对访谈控制是多么有效,与运用预编码的问题的访谈相比,诸如粗心大意、口头表述能力这样的因素,还是会在回答人之间产生较大的个体差异。

比起选择答案的做法,与年龄、居住状态或已经得到的学分有关的问题,填空法也许更为容易一些。如果答案是数值型的,开放式答案的回答模式的统计推论能力便会有所提高。即使填写的答案最终要根据分析的类别而被归类,我们仍然有较大的余地来确定所要使用的类别是什么样的。然而,如果分析最终需要求估计值(如求到工作地点的距离或体重的估计值),那么一般来讲,最好还是要给出回答的分类选项。

使用封闭式答案

封闭式回答的答案被记录在预先确定的选项上,由回答人,或在适当的时候,也可由访谈员从中进行选择。它的形式是各种各样的,包括请回答人在核对方框中做标记,或在合适的回答上画圈等。对封闭式问题而言,"现场编码"(field-coded)(由调查员选择)回答类别和预编码(由回答人选择)类别是有区别的。

现场编码的危险性

在现场问题中,问题的格式可能与开放式的问题一样,但是它并没有给出让访谈员逐字记录回答人的回答的空白,而是打印或在屏幕上显示了一组编码。访谈员只要核对谈及的每个主题的编码就可以了。例如,对于"当前我们国家面临的最严重的问题是什么?"这样一个问题,其主题可能包括恐怖主义、赤字开支、失业、中东形势、医疗成本和环境问题等。诸如这样的类别都是通过试调查得到的结果,或是用开放式的问题进行调查,得到结果后再整理出来的。

为了保留回答给出的顺序的信息,问卷可以将预编码的回答选项分别置于分开的列上,每列分别对应第一个被提及的主题、第二个被提及的主题……使用这种现场编码,还要提供一个"其他"类别选项,这样那些事先没有预料到的回答,或是出现频率很低、不足以给予一个单独的编码类别的回答也能被记录下来。

现场编码适合那些希望保留开放式问题的优点,而又能避免其成本过高的调查者使用的方法。它在允许回答人用自己的语言回答问题的同时,还能减少成本和编码的时间,因为访谈员在访谈的时候,就可以根据余下确定的编码,对回答人给出的答案进行编码。访谈员常常被要求逐字逐句地记下回答人的答案,直至回答被全部记下之后,再对它进行编码,以免事先就对回答人的意思作出判断。然而实际上,如果预编码是有效的,特别是当预编码能使逐字逐句的评论变得多余时,访谈员就完全不必记录整个答案。但是如果访谈员没有逐字逐句地记录下回答人的答案,那么就没有办法检验访谈员的现场编码的精确性。

遗憾的是,现场编码技术在理论上似乎比实践中更可行。因为即使在独立的编码员面前摆着已经写好的答案和编码手册,编码问题也还是会发生。而在一个缺乏足够训练的访谈员试图将回答归入一组简明的编码时,遇到的问题更是会成倍地增加。尽管现场编码技术使访谈员在对回答的归类有疑问时,可以要求受访者作进一步的说明,但是访谈情境的压力却会使现场编码比办公室编码产生更多的编码误差。

我们建议如果可能,尽量不要使用现场编码技术。如果有时不得不使用这项技术,我们建议,至少在面对面访谈中,应允许回答人用自己的语言回答,然后再向他们出示预先印有编码类别的卡片。编码类别应当印制在一张卡片上,以便把它们出示给回答人。必须先把编码卡出示给回答人,然后再由访谈员和回答人一起,确定回答应该归入哪一类。这种把回答人引进编码过程的方法有助于将问题转换成预编码问题,而不必人为地限制回答类别。

使预编码问题更有效

在预编码问题中,回答的选项要么已经在在问题中作了清楚的陈述,譬如像电话访谈中使用的问题那样;要么就像在面对面(或面对电脑屏幕)访谈中那样,将它们印在卡片上(或编入程序中)出示给回答人。例如,在问回答人"一般来说,您认为生活是激动人心的,相当平淡的,还是很无趣的?"这样一个问题之后,访谈员便会请他们从回答选项中选出一个选项来。如果回答人说了些别的什么,那么为了使回答人能从列出的答案类别中选择一个,或使回答人的答案与答案类别中的某一个相匹配,访谈员需要根据提示再进行一些追问。

在使用预编码问题时,许多的认知研究已经通过前测及其他前期的开发性工作完成了。回答人已被明确告知,回答希望涉及的主题和维度。预编码让调查变得更容易进行和更为顺畅,因为他们可以非常舒适地坐着来回答相当复杂的问题,而不必去费神回忆和组织自己的思想。然而,这可能会将导致比较浅薄的回答,不仅如此,如果问题变得很粗糙,它还会导致答案有偏倚。

预编码似乎可以保证来自不同个体的回答之间有可比性,因为它们使用的是同样的术语。如果不同的回答人以不同的方式阐释问题,或回答人并非如我们所期待的那样来理解回答选项,那么所谓的可比性就是一种错觉。一些实验中既使用了自由式回答,也使用了预编码式回答(如涉及个人的焦虑和对个人很重要的有关工作的某些方面的问题),结果显示,来自开放式问题的回答的分布不同于来自预编码问题的回答分布。但究竟为什么会出现这些差异,究竟哪种问题格式更有效,则不得而知。

在全预编码的问题中,回答选项可以被印制在问卷上或显示在显示屏上,访谈员可据此选出回答人给的答案。预编码满足两个目的。首先,它们提供了回答的维度(和尺度),调查者希望回答人据此来回答问题。其次,它们可用计算机处理数字编码。如果印制的问卷设计编排得当,那么操作者就可以直接将问卷中的数据键入计算机,而不必先将问卷中的数据转换成编码或键控板(keying sheet)。

用于大型问卷调查的(有 5 000 或以上的回答人)光学扫描技术已经有了充分的发展。精心设计的用于光学扫描的问卷,十分便于访谈员使用。他们可以通过扫描,直接将问卷上的数据转换成机器可以识别的格式。至于计算机辅助访谈或基于网页的调查情况就更加如此了,在这样的调查中,在访谈员或回答人对答案选项作出选择的同时,选择的答案选项已经转化为电子信号被记录了下来。

构建回答选项

回答选项的措辞以及数目会对回答有一定影响。看一下下面这两个例子:

与普通的美国家庭相比,您认为您的家庭收入是:大大低于平均水平,低于平均水平,在平均水平上,高于平均水平,或大大高于平均水平?(探问)您只需要尽可能地估计一下。

与普通的美国家庭相比,您认为您的家庭收入太少,还可以,很好,还是非常好?

这两个例子告诉我们在构建回答选项时一般都应该注意三点。第一,第一个问题使用的五级分类,是回答人在没有视觉辅助的情况下,能够理解的最大分类数。五级分类恰好是回答人力所能及的,一次将整个量表记在心里的限度。不过,在这个例子中,回答人可以用两个高于和两个低于平均水平的类别确定自己在量表中的位置,因此他们没有必要在实际的措辞上费过多心思。如果你使用的是简单的口头的等级量表,且其中的每个术语都不同,那么量表的选项数目最好不要多于 4 个,除非把这些选项印在表上给回答人。

第二,请注意这两个问题是很不相同的。第一个问题想了解的是平均收入,它是一个回答人也许知道,也许不知道的数字。尽管很清楚,问题要问的是回答人对自己的相对收入的感知,而不是要他们做实际的计算,可是即使如此,回答人还是会在某种程度上,或多或少做一些计算使"平均的"的信息精确一些,以可以用它做比较。如果你的确想了解回答人的收入相对于平均收入的确切位置,那么你可以通过报告的家庭收入和已经出版的平均家庭收入数据来算出它。

用了"平均"这一概念的问题所得到的回答将不同于那些使用某个绝对的等级量度的问题。这样的量度都基于诸如"非常好""很好""还可以"以及"少得可怜"这样一些应用语。很清楚,基于绝对用语的量度是主观的,缺乏客观的中间值。如果你有兴趣了解在生活的某一特定维度上,人们的感觉如何,那么这便会是一种比较好的量表类型。

若量表中使用了类似于"平均"这样的概念,等级尺度上的等级数必定是奇数(如5,7或9),且对称于中间点。有时,在等级尺度上使用奇数个点将会在中间选项上产生累积效应。然而,若使用"平均"这一术语,那么累积效应究竟会发生在平均水平以上或以下的哪个选项上,则要视问题的具体内容而定。很少有人愿意处于平均水平上(收入显然例外)。使用绝对的等级值一般会倾向于产生某种程度的更为均匀的回答分布,尽管情形并非总是如此。

第三,量表究竟应该从最低(或最差)的选项开始,再逐渐地过渡到最高(或最好)的选项,还是相反?尽管我们知道没有确凿的证据可以说明究竟哪一种方式更好,但是我们的观点是如果使用的是数字,那么它们应该从左向右递进(或从顶部到底部),这样的做法相当于从最低(或最差)的选项过渡到最高(或最好)的选项。有些问题看上去更适于从量表最好的一端开始,逐渐过渡到最差的一端,而另外一些看上去更适于相反的顺序。我们认为一个值得遵循的很好的一般性准则是从最不被社会期许的一端开始。若先给出的是那些最为社会期许的选项,回答人将会选择其中的一项,而等不及听完全部的回答选项。

使用数值型的等级量表

如果你想使用的等级量表的等级在 7 个以上,那么使用视觉上的辅助工具或某种言词之外的器具则很有帮助。我们在这里给出的许多例子是经某个很简单的主题变化而来的。基本的策略是使用一个数值型的量度,从 0 或 1 开始到某个数值,然后给出与最低和最高的数字选项相对应的文字意义,作为量表的两个端点的锚定点。图 5.1 给了一个这种方法的例子。图中显示了问题的两个部分:一部分出现在问卷中,只能被访谈员看到;另一部分出现在给回答人看的卡片上。假如问的是一组实质性的意见问题,并且假设相同的量度可以用于所有的问题,访谈员可以就每个独立的问题,将锚定点上的文字读给回答人听。

看一下这个问题,它来自 NORC(国家民意研究中心)的一般社会调查(1980):

有些人认为华盛顿政府应该通过增加富裕家庭的税收或者给予穷人收入补助的方式,减小富人和穷人之间的收入差异。另一些人认为政府不应该关心减少富人和穷人之间的收入差异。(递给回答人卡片。)

这里有一张卡片,上面有 1 到 7 的分数。分数 1 意味着政府应该减小富人和穷人之间的收入差异,分数 7 意味着政府不应该关心减少富人和穷人之间的收入差异。从 1 到 7,哪个分数最贴近你的想法?(请圈出来。)

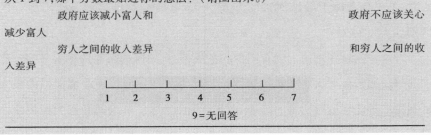

图 5.1　数字等级尺度

资料来源:National Opinion Research Center,1980.

等级数应该是奇数还是偶数

　　一个更有争论的问题是给回答人回答选项的数目,应该是奇数还是偶数?我们想你一定总是准备用奇数的回答选项,以便为某些坚持要取中间位置,或无法决定取什么位置,或对一个连续统的两端都无所谓的回答人提供一个中间级。其区别在于你是要给回答人一个明确的中间选项,还是给他们取消了中间位置的偶数选项。

　　假如给出的是偶数的回答选项,那么那些自觉处于中间状态的回答人必定会因此而偏向于分布的这一端或那一端,除非他们自己十分执着于中间位置。关于使用偶数个还是奇数个选项的争论与第 4 章中的一节相似,它的标题是"有关中间值的使用问题"。对回答选项数而言,不存在什么正确或错误的问题。回答选项的数目完全取决于正在考察的研究主题的性质,以及处于中间状态的人们倾向的方向对你而言有多大的重要程度。在一个量度上如果有太多的刻度,那么这个问题可能就没什么实际意义,因为这时回答人的回答很可能指的是大概的位置,而非实际的数值。

回答选项数应该少一些还是多一些

另一个问题是提供的选项数究竟应该是多少? 他们又应该用在什么样的量度(5 级,7 级还是 9 级)上? 有些人认为在一个量表含有比较多的等级点时,不仅会有助于增加回答的方差,还会有助于对极端意见作出更好的区别。

对这一问题在理论上已有不少的考量,究竟如何给回答选项编号呢? 选项的数目通常都取决于在希望使用量表的等级间距与该间距能提供的最大区别度二者之间进行权衡的结果,而非理论的考量。如果间距扩大能使变差最大化(通过试调查证实),那么只需较少几个核对方框(较少的选项数)就可以了。如果非常注重回答的精确性,那么最好使用填空式问题。

图 5.2 是一种通过使用一个百分位尺度取得一个读数的方法。这里的量度类似于一个温度计,含有许多回答人很熟悉的数值。另一种人们都熟悉的可用于等级量表的具象尺度是一种梯状尺度。这种梯状尺度是由坎特里尔(Cantril,1965)引进问卷调查的,它似乎特别适用于那些含有纵向或等级维度的分等,譬如职业声望分等,或有些与人们渴望达到的程度有关的问题的分等。另一些具象尺度也可用于这些类型的量度,这些具象尺度只受调查者自身的想象力,以及需要回答人具备对这些具象尺度的理解的限制。使用这样一些尺度的困难在于,从研究的主题看,它们常常会变得很特别,因此我们必须对这一点加以考虑,以保证它们能被那些研究报告将要提交的人(政策制定者、资助者、编辑和评阅人)所接受。

视觉上的辅助对电话访谈而言很困难,但是可以请回答人看他们电话的键区,并使用键区上的数值作为一等级量度。可以告诉他们 1 代表量度上低点,8 或 9 代表量度上的另一端。一个非数字式的时钟或手表的表面可能是另一种可用的、人们熟悉的生动的形象。

我想知道您对我们的一些政治领袖和其他一些最近出现在新闻中的人物的感觉。我将读出一个人的名字,请您使用我们称为感觉温度计的东西为这个人排序。它在您的手册的第 2 页上。感觉温度计可以从 0 到 100 刻度上把人排序。50 度到 100 度之间意味着这个人给您的感觉是良好的,热情的。0 度到 50 度意味着您对这个人的感觉不太好。把这个人定级在中点 50 度意味着这个人给你的感觉没有特别的热情或者特别的冷漠。如果我们说到一个人名是您不认识的,则不需要给他定级,只要告诉我,我们会跳到下一个人。第一个人是比尔·克林顿。您会把他排在感觉温度计的哪里呢?

a.比尔·克林顿　　　　　_____

b.艾尔·戈尔　　　　　　_____

c.乔治·沃克·布什　　　_____

d.派特·布坎南　　　　　_____

e.拉尔夫·内德　　　　　_____

f.约翰·麦凯恩　　　　　_____

g.比尔·布莱德利　　　　_____

h.约瑟夫·利伯曼　　　　_____

i.迪克·切尼　　　　　　_____

j.希拉里·克林顿

100°	非常热情或者感觉非常良好
85°	相当热情或者感觉相当好
70°	适度的热情或者感觉适度
60°	有点热情或者比冷漠的感觉要好
50°	完全没有感觉
40°	有点冷漠或者感觉有点不好
30°	适度的冷漠或者适度的感觉不好
15°	相当的冷漠或者感觉相当不好
0°	非常冷漠或者感觉非常不好

图 5.2　排序的温度计

资料来源:Burns and others,2001.

使用填空式问题还是等级间距式问题

　　研究者必须确定他们要使用哪一种格式的问卷。虽然填空式的问题通常更可取,但是间距式问题也经常会使用。而使用间距式问题时必须谨慎地构建适当的间距。频次型问题固然可以使用 6 个选项(0, 1—2, 3—5, 6—10, 10—20, 20—30),但是使用其他若干不同的组距也是可能的（例如, 0, 1—5, 6—10, 11—15, 16—20, 20—30）。正如我们在第 4 章已经指出的那样,重要的问题在于必须把零本身作为单独的一项。而从前测和其他数据中得到的对有关频数可能会如何分布的认识同样也是很重要的。回答人将用回答选项中列出的频数范围来理解研究者的想法。有充分的证据表明,展现给回答人的选项类别将会对他们的回答有影响,进而使基于数据的频数估计值发生实质性的变化。

使用排序法

有时,我们可能感兴趣的是不同态度之间的相对等级,或者是对不同政策主张的喜爱程度的等级排列,而不只是回答人赞成还是反对某些特定的主张。排序法最易在书面问卷中使用,因为回答人可以在问卷上看到所有需要排序的备择选项,并选出每一选项的相应等级。不过在个人访谈中,我们只可以对为数不多的项目进行排行。而在电话访谈中全排序是很难实施的,但进行部分排序则还是可能的。

全偏好排序法

图 5.3 展示了一种排序的方法,这种方法以喜好程度高低,对一个工作的 5 个方面进行排序。回答人的手中有一张印着需要排序的所有 5 个方面的卡片。这样所有的等级选项就会一下子都同时出现在回答人的视野之中。此外请注意,回答人只需明确地排列 4 个选项,通过排除法就能确定剩下的那个的题项只能被排在第 5 位了。尽管,据我们所知,在不把回答人搞糊涂的情况下,用这一方法至多可以对多少个题项进行排序这一问题,至今尚无人进行过研究,不过经验告诉我们,5~7 个题项也许是这种方法的上限。这些方法一般都采用这样的形式,即只要求回答人对处于分布的每一端的(最好的和最差的)题项进行排序或定级就可以了。

　　请您看着这张卡片告诉我您认为在工作中列表上的哪样东西是您最喜欢的？（在 A 列中圈出一个代码。）

　　下一个是？（在 B 列中圈出一个代码。）

　　哪个是第三重要的？（在 C 列中圈出一个代码。）

　　哪个是第四重要的？（在 D 列中圈出一个代码。）

	A 最重要	B 其次	C 第三	D 第四
1.高收入	1	2	3	4
2.没有被解雇的危险	1	2	3	4
3.工作时间短,有很多闲暇时间	1	2	3	4
4.有晋升机会	1	2	3	4
5.工作重要,能给予成就感	1	2	3	4

图 5.3　关于工作特性的全偏好排序

资料来源：National Opinion Research Center, 1980.

　　回答人只要对那些最重要的和最不重要的题项进行排序或定级,对那些位于中间部分的题项可以不予理会。这似乎是一种明智的做法,因为大多数人对于那些他们给予高等级或低等级的题项有着清楚的认识,而对那些排到中间部分题项的认识则不是很确定。实际上,在排序的任务超过了 4 或 5 个选项时,回答人常常会抱怨太难,而对于那些排在中间的题项,他们也无法确定自己的偏好或选择。

排列极端的偏好

　　图 5.4 展示了另一种可以获取一组相当多的属性的排序方法,其中包含有了 13 种期望儿童具有的品质。我们并没有要求回答人对所有 13 个选项进行排序。

现在让我们进入一个不同的主题。（交给回答人卡片I。）

A.卡片上列举的哪三个品质是您可能说是最想要一个孩子具备的品质？（在A列中只能圈3个代码。）

B.这三个中的哪一个是最想要的？（读出回答人选择的3个选项。在B列中只能圈1个代码。）

C.卡片上列举的所有品质可能都是想要的,但是你可以告诉我你认为哪3个是最不重要的？（在C列中只能圈3个代码。）

D.这三个中的哪一个是最不重要的？（读出回答人选择的3个选项。在D列中只能圈1个代码。）

	最想要的		最不重要的	
	A	B	C	D
	最想要的3个	最想要的1个	最不重要的3个	最不重要的1个
1.孩子有礼貌。	2	1	4	5
2.孩子努力获得成功。	5	2	1	4
3.孩子诚实。	2	1	4	5
4.孩子干净清洁。	2	1	4	5
5.孩子正确的判断力和合理的决断力。	2	1	4	5
6.孩子有自我控制能力。	2	1	4	5
7.孩子有自我控制能力。	2	1	4	5
8.孩子可以与其他孩子相处的好。	2	1	4	5
9.孩子很好地服从他或她的父母。	2	1	4	5
10.孩子有责任感。	2	1	4	5
11.孩子为他人着想。	2	1	4	5
12.孩子对于事情怎么发生以及为什么发生感兴趣。	2	1	4	5
13.孩子是一个好学生。				

图 5.4 关于儿童品质的极端偏好排序

资料来源：National Opinion Research Center, 1980.

相反,我们只要求他们选出3种他们认为最期望具有的品质。而在这三种品质中,我们还要求他们再选出一个他们最期望具有的品质,并把这个品质定为第一期望的品质。如果确定排位第二和第三的品质也很重要,我们还可以进一步要求回答人,在剩下的两个选项中,挑出他们认为第二期望的那一个。然后,通过排除法,我们就可以确定那个排位第三的品质了。同样,还请回答人挑出最不期望的品质,然后从中再挑出他们认为最不重要的一个。这个方法中,在这个量度上的每一端都建起了相当清楚的区别,但是中间的部分则未加区分。

有时,回答人认为排序很难做,就会只选择排在第一位上的选项。假如需要排出的选项彼此之间区别很大(如政策选择),或者所有的选项都是完全合意的或完全不合意的,那么排序对于回答人来讲,可能就是非常困难的了。

配对比较排序法

另一种排序的方法是配对比较法,这种方法虽然在问卷调查中不常见,但是我们认为它可能会有更广泛的运用。对备选项进行比较并根据偏好对它们排序。图 5.5 给出了几个含有配对比较的例子。例如,问题 5 和 6 包含了 3 个回答选项。配对比较法的优点是回答人在做比较时,一次只要把每个备选项相互进行比较就可以了。回答人可以以离散的方式来考虑自己的偏好或选择。在对那些都是十分合意或十分不合意的对象做选择时,这种方法尤为出色。

假如选项间存在一致的偏好结构,这一方法应该可以得到一个备择项的可传递排序(transitive ordering);这就是说,如果偏好 A 甚于 B,而偏好 B 甚于 C,那么偏好 A 就应当甚于 C。不过,有时我们会发现,排序并不具有可传递性:偏好 A 甚于偏好 B,偏好 B 甚于偏好 C,但是偏好 C 却甚于 A。直接排序法(straight ranking method)把可传递性强加给了排序。如果你使用那样的方法(译注:直接排序法),你就不可能发现人们的偏好并非像看上去的那么一致。

1. 请您比较一下这两组人,哪一组正在尽最大的努力关心环境?
   □工商业者
   □普通人

2. 这两组中的哪一组正在尽最大的努力关心环境?
   □政府人员
   □工商业者

3. 这两组中哪一组正在尽最大的努力关心环境?
   □普通人
   □政府人员

4. 这两组中哪一组正在尽最大的努力关心环境?
   □科学家
   □普通人

5. 这两组中哪一组正在尽最大的努力关心环境?
   □政府人员
   □科学家

6. 这两组中哪一组正在尽最大的努力关心环境?
   □科学家
   □工商业者

图 5.5　配对比较排序法

资料来源:Adapted from GSS,2000.

如果不一致性通过配对比较法显现出来了,那么你就可以追问回答人,为什么会出现这样明显的不一致,而通过追问,我们对回答人的态度有更多的了解。如果问题涉及政策评价,那么进一步的调查便会揭示一些有关政策偏好的微妙之处。而这样的微妙之处是那种笼统的提问方式所无法看到的。但是当回答人一次要做一对判断时,原来看不见的微妙之处就显现了出来。

假如需要比较的题项有很多,配对比较法就会变得难以使用。伴随备选项数目的增加,比较的数目以几何级数增加。我们觉得,在正常的调查情形下,4 个备选项可能是能够运用配对比较法的极限了。不过,这种方法比起直接排序法更易于用在电话调查中,因为回答人一次只需记住两件事情。

使用列表

某些系列的问题倾向于使用列表样式。例如,可以给予回答人一个形容语的列表,再请他们列出那些他们用以自我描述的选项。图 5.6 便展示了一个这种类型的问题。在样式 A 中,给出了一个形容语的列表,请回答人尽量圈出符合他们情况的选项。在样式 B 中,请回答人依次核对每一个形容是否能够描述他们。样式 A 改写自一份给大学生做的自填式问卷,这是一种很经济的样式,允许调查者在一个小空间中获得大量数据。尽管这样多的形容语在自填式问卷中是可行的,但是在个人访谈中就会有问题。访谈的情境确实需要一张能让回答人边回答边看的卡片。

虽然样式 B 看起来有点混乱,在自填式问卷中也更缺乏吸引力,但是它会产生更好更有效的回答。

就样式 A("圈出所有符合的")而言,很难解释那些没有核准标记的选项表示什么。虽然核准标记的存在意味着一个积极的肯定,但它的不存在可能意味着在事实上这个形容不适用,或者是回答人因为要很快地完成这张表而没有注意到那个选项,或者是回答人不确定它是否适用。在倾向用多的数量或是少的数量的形容来描述自身这一方面,还存在着个体间的差异,这进而使得对数据的解释——它基于这种"核对所有符合的"指示——变得复杂。

在样式 B 中,回答人必须考虑每一个形容,并决定它是符合还是不符合。如果他们有一项没有审核,调查人会推测回答人没有看见就跳过了这个选项,或是他们不能决定这样是否符合他们。即便这种做法在执行上更麻烦,我们还是强烈建议如果要使用列表,那么还是用"是"或"否",或者用"符合"或"不符合",或者用"对我来说,是真的"或"对我来说,不是真的"作为每个题项的回答选项,而不是用这样的指示("核对所有符合的")。研究显示这种"核对所有符合的"样式得到的回答比样式 B 少许多。

格式 A

以下列举的是一些形容语,有些是"褒义的",有些是"贬义的",还有些是中性的。

请圈出一些最能描述你的形容语。仅仅考虑那些你作为一个人的最重要的特性。大部分人选择 5~6 个,但是如果您愿意,您可以多选或少选。

有野心的	1	快乐的	5	乐于助人的	9
冷静的	2	高度紧张的	6	外向的	7
合作的	3	冲动的	7	安静的	11
好支配人的	4	喜怒无常的	8	多话的	12

格式 B

以下列举的是一些形容语,有些是"褒义的",有些是"贬义的",还有些是中性的。

请指出每个形容语是否能描述您。

	可以形容我	不能形容我	不知道
有野心的	1	2	3
冷静的	1	2	3
合作的	1	2	3
好支配人的	1	2	3
快乐的	1	2	3
高度紧张的	1	2	3
冲动的	1	2	3
喜怒无常的	1	2	3
乐于助人的	1	2	3
外向的	1	2	3
安静的	1	2	3
多话的	1	2	3

图 5.6　列举自我描述的形容语的两种格式

资料来源:改编自 National Opinion Research Center;格式 A,1961;格式 B,1982.

视觉辅助或手册型辅助

我们已经讨论了一些给回答人提供回答样式的方法。所有这些方法或依赖于语言上提示的线索，或依赖于一张回答人和访谈员都可以阅读的书面卡片。一般这些卡片都给访谈员提供了可读给回答人听的文本（或文本的一部分）。即使回答人手中也拿着这些卡片，为了避免回答人在语言或视力上存在障碍，访谈员实际上还是应该将卡片的内容大声地读出来，这一点是很重要的。在所有这些策略中，回答人基本上是被动的，访谈员采取的访谈方式是一问一答式的，而回答人除了按要求来说话之外，不需要做其他任何事情。在这一节，我们将给读者介绍几种可在访谈中使用的帮助回答人回答问题的方式，这些方式给回答人提供了一些视觉材料，或一些要求他们做谈话之外的其他事情的材料。

图　　画

基于网页的调查的出现极大地增加了在问卷中使用图画的可能。复合的意见，特别是那些回答人只听上一遍难以记住的问题，都可以用图画的形式来表示。这种方法使我们可以同时出示两种或两种以上的意见。不仅如此，这种方式也使回答人能在考虑自己意见的时候，把它与问题联系起来。在这种方法中，回答人可以把问题想象成由个人表达的具体事物，而不是抽象中的文字。

如果你不仅想了解表达意见的人的特征的效应，同时也想了解意见本身的效应，那么你就可以用图画的形式，来让回答人表明自己的意见，如在性问题上或种族认定问题上持有的意见。当然，如果调查的问题是有关对产品的外观、风格或包装的态度，那么图画的刺激就是必须的了。

卡片分类法

在你想对为数众多的题项进行分级,或在面对面的访谈中难以进行分类的时候,卡片分类法就会是一种很有用的工具。如图 5.7 所示,这里回答人根据给出的指示将卡片分堆。虽然使用卡片增加了访谈员必须携带的材料的数量,但是大多数访谈员通常对使用这类材料都充满了热情,因为在访谈过程中,卡片分类工作可使回答人踊跃参与。有研究人员报告说,卡片分类的工作打破了访谈的常规进程,有效地激励了回答人在访谈中连续不断地回答进一步的问题。

最不严重   最严重

这是一把有 6 个空格的尺子(把尺子交给回答人),还有一些卡片上面有各种罪行。(把罪行卡片交给回答人。)尺子最右边的空格,数字 6,表示那些您认为最严重的罪行。如果您认为卡片上列举的罪行是最严重的,把它放在尺子最右边的空格里。尺子最左边的空格表示那些您认为是最不严重的罪行。如果您认为卡片上列举的罪行是最不严重的,把它放在尺子的最左边的空格里。如果您认为罪行是落在中间段的,把它放在您认为的这个罪行最合适的空格里。如果您改变您的想法,就把卡片放在任何您认为应该在的地方。

(观察回答人如何排列卡片。如果他看上去不确定如何实施做,就用与上面相似的措辞再解释一次。当他排列好所有的八张卡片后,继续下面的内容。)

您确定您把所有的卡片都放到了您想要放的地方了吗? 如果您想改变,还可以回去改动。

(当回答人确定他已经完成,从一个回答人放卡片的空格上一次拿起一张卡片并记下空格的数字。如果某张卡片没有被排列在尺子上,请编码为 7。)

放置的空格

数字

续图

从雇主那偷现金 500 美元 ————————

开 500 美元空头支票 ————————

骗一个亲戚 500 美元 ————————

骗商业伙伴 500 美元 ————————

从一个大公司偷价值 500 美元的货物 ————————

骗政府 500 美元的税款 ————————

在商业计划中骗一个陌生人 500 美元 ————————

从雇主那偷价值 500 美元的供给、原料或者货物 ————————

图 5.7 卡片分类法

资料来源:National Opinion Research Center,1966.

卡片分类工作可以扩展至一个以上的维度的分类。国家舆情调查中心(NORC,美国)成功地将这种方法运用于某项研究中。在该项研究中,回答人将对某些可能的政治事件的看法,按着两个维度进行排序:(1)回答人对某些事件发生的可能性的确信;(2)他们就特定事件的发生,是期望还是不期望。为了得到两个维度上的排列,访谈员需要如图 5.8 所示的一个以上的单个测量工具。为这一目的而设计的工具是一种看上去有些像跳棋棋盘那样的矩阵。

矩阵左侧从上至下,在一个从 10 到 0 的尺度上,对某个事件发生的可能性进行测量。矩阵上端从左至右是在事件的确发生的时候,回答人给它赋的正的或负的值。使用这种方法,调查者可以计算回答人就某一组特定的事件,如给转基因食品贴上标签,或某些国家之间的和平协议这样一些事件在主观上的功利取向。如图 5.8 所示,调查者给回答人提供了一个很大的可折叠的板,板上带有 77 个以矩阵的方式排列的小口袋。就每个要分级的事件而言,回答人将带有事件名称的卡片放入小口袋中,这个小口袋既代表这个事件发生的可能性(这一行)又代表回答人对该事件的主观愿望(这一列)。

		非常不希望发生			无所谓			非常希望发生
10	确定或者几乎可以确定	-3	-2	-1	0	+1	+2	+3
9		-3	-2	-1	0	+1	+2	+3
8		-3	-2	-1	0	+1	+2	+3
7		-3	-2	-1	0	+1	+2	+3
6		-3	-2	-1	0	+1	+2	+3
5	一半对一半	-3	-2	-1	0	+1	+2	+3
4		-3	-2	-1	0	+1	+2	+3
3		-3	-2	-1	0	+1	+2	+3
2		-3	-2	-1	0	+1	+2	+3
1		-3	-2	-1	0	+1	+2	+3
0	不可能或者几乎不可能	-3	-2	-1	0	+1	+2	+3

图 5.8   两个维度的卡片分类法

资料来源：National Opinion Research Center，1963.

利用那种已被用于计算机游戏中的编程技术，卡片分类技术可以很有效地应用在基于网页的问卷调查中。

小   结

在这一章，一开始我们先讨论了开放式回答和封闭式回答（带有预编码或现场编码的回答选项）的使用。尽管开放式回答有着某些重要的应用，但是我们编写的大多数问题可能都是预编码的。应该尽可能地避免使用由访谈员填写的现场编码，因为它有可能会导致其他可能的误差源。

除非应用了视觉上的暗示，回答人通常仅能记住不超过 5 个的回答选项。就复杂的排序而言，已经可以证明将图像，如温度计和梯子，以及卡片分类法用于复杂的，甚至是双维度的排序或分级是很有效的。

在讨论有关题项的排序或分等的方法时，我们指出回答人在排列多个选项时会有很大困难，因而在这种情形下，你们也许希望得到三项最期望的和三项最不期望的选项排序或分等。配对比较法也是一种可只利用的方法，但是囿于回答人的承受力,可以用它排序或分级的题项的数目十分有限。不过,即使这样做有令回答人感到不耐烦的风险,但我们认为最好还是设法去得到清单上列出的每一题项的答案,而不是让回答人只回答那些对他们适用的题项。

推荐阅读书目

可资利用的有关问题的回答选项的讨论并不是很多。其中最好的之一是唐迪尔曼的《邮寄与网络问卷调查:量体裁衣设计方法》(*Mail and Internet Surveys*:*The Tailored Design Method*,第 2 版,2000)。

有关为了分析的目的而把来自单独问题的数据合并到一个量表中的方法,可资利用的文献则要多得多。在基德尔(Kidder,1981:第 9 章)和贝利(Bailey,1978)中对态度量表问题作了极为出色的概述。在麦基弗和卡米安斯(McIver and Carmines,1981)中则可以找到技术性较强的量表处理方法。

6 有关测量知识问题的设计

在调查中,有关知识的问题的使用尽管不像行为问题那么普遍,但它们还是会在对政治行为的解释中有很多使用,因为人们的政治行为通常都会受到他们的知识水平的强烈影响。一些机构,如美国教育部,便可以用这样的问题来作为教育历程成效的指标,从而去确定成人的读写能力和教育成就。

它们可用于有关公共健康问题的项目,如癌症问题和计划生育问题的信息调查项目或宣传活动。了解公众目前对有关诸如癌症或一种像电动汽车这样的产品的知识水平,是在发动一个行之有效的宣传活动之前一项不可或缺的工作。只有对有关知识的一般水平进行了基本测试后,我们才能在一个宣传活动已经开始或完成之后,用另外的一些调查检验宣传活动的效率。

最后,基于知识的问题还常常用于从社区领袖、组织的领导者或成员、居民或者那些某一事件的观察或参与者那里得到社区或组织的信息。

本章要点

1. 在询问关于某些问题或个人的态度问题之前,先问知识性的问题,可将那些没有该领域知识的回答人筛选掉,或将回答人按知识水平分类。

2. 考虑知识问题的难易程度是否适合研究的目的。用于新议题的问题要设计得简单一些。

3. 如有可能,可用询问回答人的观点,或使用诸如"您是否知道"或"如果方便的话,您能否回忆一下"这样的问题,来降低知识问题带来的威胁感。

4. 在确定个人或组织时,避免因询问额外的信息,或将编造的名字包括在清单上而高估知识。

5. 如果是—否型问题可以使用,则可在同一主题上问几个问题,以减少回答人猜对答案的可能性。

6. 为了既不把答案泄露给回答人,又不误导回答人,可对需要用数值型答案的知识性问题使用开放式问题。

7. 为了增加信息的可信性,在获取有关组织或地理区域的信息时,可使用多种多样的关键汇报人或某种类型的回答人。

8. 考虑运用图画和其他非言语的方法来测定知识。

9. 在测定回答人的知识水平时,不要使用邮寄式问卷,或其他允许回答人查阅(答案)或向他人咨询的调查方式。

知识性问题的例子

下面一节描述了几个不同的例子,都是关于如何询问回答人及知情人知识性的问题的。每个例子示范地阐明了几个技术,这些技术可用于询问知识性问题,以及在那些有可能作出改进的地方。

历史事件知识

图 6.1 显示的是盖洛普于 1999 年 7 月 4 日进行的一个调查中询问的两个问题。第一个问题,大约有 12% 的回答人给了错误的回答,或不知道怎么回答;第二个问题,则有 24% 的回答人给了错误的回答,或不知道怎么回答。

1.就您所知,7 月 4 日庆祝的是哪个特定的历史事件?

2.就您所知,独立战争后美国从哪个国家赢得了独立?

图 6.1 有关美国历史的问题

资料来源:Crabtree,1999.

图 6.2 列出了从问于 1988 年至 1994 年间的一系列知识性的问题得到的结果。这些问题都与第二次世界大战期间的事件有关,特别是有关大屠杀的一些事件。这些结果都采自史密斯(Smith,1995)写的一篇文章。这些问题是按照知识的难易程度,由难而易降序排列的。它们分别来自下面的资料:①Roper,1992,1994;②Gallup,1991;③《明尼阿波利斯明星论坛报》,1988;④调查研究中心,1992;⑤Gallup,1991;⑥和⑦Roper,1992,1994;⑧哥伦比亚广播公司(CBS),1994。可能需要注意的一个问题是,当问题要求在世界各国的领导人中作出选择时,几乎 90% 的回答人都知道谁是纳粹德国的领导人。这清楚地说明,需要进行辨别的知识性问题(从一系列可能的答案中选出正确的),比起那些没有任何帮助的、依靠回答人自己的回忆回答的知识性问题要容易得多。

第七个问题是有关有多少犹太人死于大屠杀的,给出了 6 个选项。那些对答案不是很确定的回答人都倾向于假定备选的答案中靠近中间的那个是正确的。为了不给回答人以指点或误导,最好的做法是把这种问题设计成开放式的。

	正确率(%)
1.德国纳粹的领导人是谁？是约瑟夫·斯大林、阿道夫·希特勒、裕仁、温斯顿·丘吉尔，还是其他人？	88
2.你是否知道 50 年前珍珠港具体发生了什么？（日本轰炸珍珠港）	84
3.我要给您念一串国家的名单。根据您所知道的或者学过的第二次世界大战的知识,请告诉我每个国家是美国的盟国还是敌对国,或者它没有卷入战争。	
德国（敌对国）	84
英国（盟国）	83
日本（敌对国）	82
瑞士（未卷入）	69
苏联（盟国）	67
瑞典（未卷入）	56
4.您可以告诉我您认为什么是大屠杀吗？	84
5.即将来到的 12 月 7 日是美国历史上发生在 1941 年 12 月 7 日的一个重大事件的 50 周年,您是否正好记得那是什么事件？（轰炸珍珠港）	75
6.根据您所知道的或者听到的,奥斯威辛、达豪、特雷布林卡是什么？（集中营）	65
7.大约多少犹太人在大屠杀中遇难？2.5 万,10 万,100 万,200 万,600 万,2 000 万？	40
8.就您所知,预定攻击发起日这个词指的是什么？（盟军的诺曼底登陆）	27

图 6.2　有关第二次世界大战的问题

资料来源：Smith,1995.

公共问题的知识

生物工程技术和转基因食品的问题已经到了十分关键的时刻,因为现在它影响到全世界的国家和公司。在欧洲国家中正在进行的辩论,通过若干次舆论调查变成了消费者的焦虑。时下,我们从公众舆论调查了解的还只是公众对这一问题的一般的知识,而非专门的知识。图 6.3 中的第一题询问回答人是否曾经听到过或是看到过这个问题。盖洛普调查几乎对每一个重要的公众问题,都使用过措辞与此相同的问题,因此我们可以用它进行跨问题的比较。

1.就您所知,一些食品和药物是使用新科技研发出来的。这个大领域叫作"生物技术",包括基因工程和转基因的食品。关于这个问题您听过或者读到过的有多少?
□很多
□一些
□不太多
□没有

2.就您所知,您购买食物的商店是否出售转基因的水果、蔬菜或其他食物?
□出售
□不出售
□不知道/无回答

3.就您所知,一些水果和蔬菜经过基因转变能让它们吃起来更好吃,保存时间更长,或者增加产量。对此,如果您听说过,那么您了解多少?
□很多
□一些
□只有一点
□没听过

图6.3　关于生物技术和基因工程的问题

资料来源:问题1,Gallup,2000 年 3 月;问题 2 和问题 3,Pew Research Center for the People and the Press,1999 年 12 月,转引自,Shanahan,Scheufele and Lee,2001.

在这个例子中,有 81% 的回答人报告他们曾经听说过或看到过这个问题。这个比例与针对类似事件的调查略微高一些。从第三个问题,我们也可得到相似的结果。该问题是由皮尤大众研究与新闻报道中心提出的。与盖洛普的格式不同,皮尤的问题问道:"如果你听到或看到过这一问题,你对这一问题的了解有多少? ……"这种格式似乎并未显示出比另一种有什么明显的长处。

然而,用问题 2 这一量度测得的专门知识则更低,居然有 40% 的回答人不知道,在超级市场上出售的食品是否是用生物工程技术生产出来的。这一例子说明了,在个人对某个问题的一般知识或一般意识,与个人对在具体内容上对该问题所有的知识之间是有很大距离的。我们可能很容易,但却是非常错误地假设,某人对某事物很了解,而实际上该人只是对该事物有一些模糊的认识而已。区别这两者的关键是我们需要问一些更为具体的问题。

有关作家的知识

图 6.4 是一个有关作家的问题。在这一问题之后是一组有关一般的书籍阅读问题(Gallup,1999)。虽然在某些条件下像这样的一般统计量是有些价值的,但是人们更感兴趣的可能是在不同的人口群体之间,对作家的认同有什么不同。我们可能认为大学毕业的人比起没有上过大学,或大学没毕业的人,更认同那些靠近表格底部列出的书籍(例如狄更斯、海明威、菲茨杰拉德、梅尔维尔)。

1.现在,如果可以的话,请您告诉我下列书籍的作者名。	
	正确率(%)
戴帽子的猫(苏斯)	72
哈克贝利·费恩历险记(吐温克/莱门斯)	48
闪灵(金)	42
老人与海(海明威)	29
陷阱(格里森姆)	26
双城记(狄更斯)	18
永别了,武器(海明威)	18
了不起的盖茨比(菲茨杰拉德)	15
白鲸(麦尔维尔)	12
错爱(斯蒂尔)	5

图 6.4 关于作家的问题

资料来源:Gallup,1999.

我们也可能想了解与年龄相关的影响是否存在(几乎可以肯定,就如图 6.2 中的第二次世界大战的问题而言,知识存在着年龄的差异)。一般,诸如这样的统计数字都会显示,教育和知识之间,有时可能会有某种很强的因果联系。若能清楚地区分教育与知识,那么我们就可在随后的分析中控制教育对知识的影响,而这对于得到这两者的精确量度是很重要的。

姓名辨认与关于名人的知识

在竞选活动中,姓名的辨认对政治候选人来讲是很关键的。与公众问题一样,涉及对公众人物的态度的舆论调查也必须首先确定人们对这些人物的知晓程度。图 6.5 给的三个例子,是盖洛普调查使用的三个旨在了解回答人对某些人物的知晓程度的问题。这些问题是按照难度顺序排列的。第一个问题仅仅问回答人,他们是否曾经听说过列举的人物中的任何一个。这样一种形式的问题,会令回答人夸大他们对这些人的知识,其原因可能是因为姓名混淆,也可能是因为社会愿望作祟。

1.请您看一看下面的列表,告诉我下面的这些人,您是否听说过任何与他们有关的事?(附上列表)

2.您可以告诉我他们每个人是谁或者他们是做什么的吗?(附上列表)

3.这里有一些重要人物的照片。可以请您看着照片告诉我他们的名字吗?

图 6.5 关于对人名的知晓的问题

资料来源:Gallup,1999.

第二个问题列示了一种减少这种夸大的方法。该问题问回答人,"您能否告诉我,(表中列出的)每个人都是什么人? 或者您能否一一告诉我,他们都做过什么吗?"这个问题比第一个问题需要更多的信息。得到对公众人物的知晓程度的另一种方法是像问题 3 那样,向回答人出示这些人的照片,再请他们说出他们的姓名。这个问题比起询问某个人物是谁以及他做了些什么更有难度。

这个示例的重要之处在于,它显示出我们可以通过不同的方法和不懈的努力,窥视知识和关系的水平有多少差异。如果姓名辨认度高于面孔辨认,这可能意味着候选人的议题更显要,且与其相关联的是他(她)的姓名,而不是照片。如果只有相片才是显要的,那么情况则可能相反——公众熟悉的是他(她)的面孔,而不是议题。如同图 6.4 中关于作家的例子那样,也许在评论或制订竞选策略前,在进行统计分析时,对教育、年龄或过去投票的参与情况加以控制是很重要的。

医疗卫生知识

就医疗政策的制定和医疗卫生信息而言,重要的是了解公众对各种医疗卫生问题有什么了解。图6.6给了一组有关医疗卫生知识的问题。问题1至4来自伊力诺依大学调查研究实验室作的一项研究,该研究的目的是给一项癌症信息宣传活动提供指导。其余的问题来自盖洛普的几个调查(Gallup,1985,1987)。请注意,虽然这些问题都是知识问题,但是个别问题的文字与意见问题颇为相似,目的在于减少问题的威胁性。

1.a.在您看来,乳癌的症状是什么?(不要读出回答选项。请圈出所有适用的)
　　□肿块
　　□乳房凹陷
　　□乳房疼痛
　　□乳房或者乳头形状或颜色有变化
　　□乳头流血或溢液
　　□其他(请具体说明)_____
　　□不知道

　b.虽然乳癌可能发生在不同的年龄,但是您认为过了多大年龄后是最可能发生的?
　　□(年龄)_____
　　□不知道

2.如果乳癌发现得早并且治疗及时,您认为有多大可能一个女性能够做大部分她病前能做的事?您认为……
　　□非常可能
　　□可能
　　□不太可能
　　□不知道

3.您知道做哪一种检查可以在早期就发现乳癌?(不要读出回答选项。请圈出所有适用的)
　　□乳房自我检查(跳到问题5)
　　□由医生做乳房检查
　　□乳房X光照相(X光检查)
　　□其他(请具体说明)_____

续图

4.您曾听说过吗？有一种检查,女性可以自己做,看一看有没有任何征兆表示她的
　胸部有问题?
　□是
　□否

5.您认为吸烟是肺癌的一个病因吗?
　□是的
　□不是
　□没有意见

6.您认为癌症是可以治愈的吗?
　□是的
　□不是
　□没有意见

7.您认为癌症是有传染性的(易传染的)吗?
　□是的
　□不是
　□没有意见

8.您恰好知道癌症的某些症状吗? 比如?

9.在您看来,使用避孕药是否存在相当大的风险?

10.当我读到一些陈述句,请告诉我您对这些陈述是非常赞同、有些赞同、有些不赞
　同,还是非常不赞同:
　a.一个人只喝葡萄酒或啤酒不可能成为一个嗜酒者。
　b.孕妇使用酒精可能导致婴儿出生时的缺陷。
　c.酗酒是一种疾病。
　d.康复的嗜酒者可以安全地转向有节制地喝酒。
　e.喝酒的人没人可以对酗酒免疫。
　f.酗酒可能遗传。

图 6.6　关于健康知识的问题

资料来源:问题 1—4,Survey Research Laboratory,1977;问题 5—10,Gallup, 1985, 1987.

　　正如第 3 章所强调的那样,在问有关行为的、含有威胁性的问题时,我们
必须慎重从事。这个例子说明那些用于减少与行为有关的问题的威胁性的
技术,同样也可以用于询问含有潜在威胁性的与知识有关的问题。在有迹象

显示回答人对某一题目(如毒品或滥交行为)的了解太多时,我们尤其需要谨慎从事。因为这可能意味着回答人对这一题目的熟悉程度颇为耐人寻味。

产品和制造商的信息

图 6.7 是两个关于产品和公司的问题(Payne,1951)。第一个问题把公司名称提供给了回答人,而询问的问题则是该公司制造的产品的名称。另一个问题提供的是品牌名称,而询问的则是公司的名称。这些问题可能是在对某个公司或某种品牌的态度进行研究时被问到的。这类态度问题,就如公众问题的态度那样,可能依赖于对该公司的知识。

1.请问这个(名称)公司生产的产品的品牌或者商标的名称是什么?

2.您可以告诉我您认为是哪家企业生产了弗瑞吉戴尔电冰箱?

图 6.7　关于产品和公司的问题

资料来源:Payne,1951.

尽管不存在什么询问这类问题的唯一方法,但是在由公司赞助的调查中,这类问题占有相当大的比例。人们习惯把对这类问题的回答与行为联系在一起,以确定关于品牌或产品类别的知识。如何使用与使用频次或对价格的感受这几者是相互联系的。在消费者同组追踪研究(Sudman and Wansink,2002)中,对这类问题有详细的考察。

社区汇报人

在一项对邻里及其特征的综合研究中,获取主要的邻里机构的信息,譬如学校和教会,以及社区历史的信息是很重要的。图 6.8 是有关这类问题的几个例子,询问的对象是社区的代表或社区汇报人。在这个研究中,向四位社区代表——一位学校领导,一位教会领袖,一位社区组织领导和一位成功的地产经纪人——问了同一组问题。

1.儿童在这个社区上的公立学校、教会学校和私立学校的名称是？（进行下一题前就每个学校都问问题a—c。）

　a.校长是谁？
　　（姓名）＿＿＿＿
　　□不知道

　b.您对入学想说什么？
　　（入学）＿＿＿＿
　　□不知道

　c.(名字)学校的招生名额未满、恰好满员、有点超过，或是超过了许多？
　　□未满
　　□恰好满员
　　□有点超过
　　□超过了许多
　　□不知道

2.黑人和白人都上这个学校么？
　□是的(问问题a)
　□不是
　□不知道

　a.您刚好知道黑人在这个学校的比例吗？
　　（百分比）＿＿＿＿
　　不知道

3.您可以告诉我这个社区或附近的教堂和寺庙的名称么？哪种人参加？（追问一下）有任何其他名称么？
　（进行下一题之前每个教堂/寺庙都问问题a—e。）

　a.您是否刚好知道那里的牧师(神职人员，犹太教教士)是谁？
　　（姓名）＿＿＿＿
　　不知道

　b.黑人和白人是否都归属于(名称)，或者这是一个纯白人或纯黑人的教会？
　　□都有（问问题c和d)
　　□只有白人（问问题e)
　　□只有黑人
　　□不知道

　c.(把卡片2交给回答人)当第一个黑人家庭加入时，成员们有什么反应？
　　□大部分赞同
　　□一半赞同一半反对
　　□大部分反对
　　□大部分强烈反对
　　□不知道

续图

d.黑人在(教堂名称)的比例大约是多少?

(百分比)＿＿＿＿＿

☐不知道

e.(把卡片 2 交给回答人)如果有一个黑人家庭有兴趣参加,成员们的反应可能
是什么?

☐大部分赞同

☐一半赞同一半反对

☐大部分反对

☐大部分强烈反对

☐不知道

4.大致上说,这个邻近地区内什么时候建造了第一批房子(公寓)?

(年份)＿＿＿＿＿

☐不知道

5.第一批房子(公寓)都是由同一个建造商建造和出售的,还是由一些不同的人建
造的吗?

☐同一个建造商

☐一些建造商(问问题 a)

☐不知道

图 6.8　问社区汇报人的问题

资料来源:Bradburn, Sudman and Gockel, 1971.

　　虽然如预料的那样,四位汇报人给出的答案并不是完全一致的,但是在
进一步的分析中,我们可用答案的平均数或众数来刻画邻里地区的特征。来
自社区汇报人的大多数信息是无法从其他途径得到的。正式出版中的信息
不是难以得到,就是难以利用或已经过时了。所有的社区汇报人对社区事务
的了解并不是完全相同。正像预料的那样,学校领导更了解学校,教会领袖
则更了解教会等。尽管如此,具有一致性的数据总是非常有用。

来自居民的有关邻里的信息

　　在上述同一研究中,还有一部分信息来自邻里中居民的样本,这些信息
不仅包括居民的个人行为和态度,还包括他们所在邻里的特征。图 6.9 是这

些问题中的两个。虽然可以料想居民一般比社区领导人对社区事务的了解要少一些,但是他们却比社区领袖更了解自己的左邻右舍是否与他们同属一个种族。

图6.9中的最后三个问题采自国家舆情研究中心。它们请回答人报告邻里地区的物质状况,如随意丢弃垃圾、破坏公用设施和道路状况等。在面对面的访谈中,访谈员可以通过观察和记录地区的具体状况来获取一些这方面的信息。当然,在电话访谈时,这样的观察是不可能的。即使在面对面访谈的情况下,居民也仍然比访谈员更了解该地区的状况,特别是在问题需要的不只是作一些简单的观察时,情况尤其如此。

1.就您所知,白人家庭和黑人家庭是否都生活在这个邻里社区中?
　□是的(如果回答人是黑人,问问题a;如果回答人是白人,跳答问题2)
　□不是(跳答问题3)
　□不知道(跳答问题3)

　a.您会说几乎所有的生活在这个邻里社区的家庭都是黑人吗?
　　□是的
　　□不是
　　□不知道(跳答问题3)

2.有黑人家庭正好生活在这附近吗?
　□有(问问题a—c)
　□没有
　□不知道

　a.大约有多少黑人家庭正好生活在这附近?
　　(数量)＿＿＿＿＿

　b.你知道他们中任何人的名字吗?
　　□知道
　　□不知道

　c.有黑人家庭生活在隔壁吗?
　　□有
　　□没有
　　□不知道

3.这个街区或这条街道两侧有闲置的地皮吗?
　□有(问问题a)
　□没有

续图

a.闲置的地皮上是否有一个或多个下列物品?

	有	没有
(1)废弃的家用物品	☐	☐
(2)破瓶子	☐	☐
(3)垃圾或杂物	☐	☐
(4)部分损毁的建筑物的遗留物	☐	☐

4.在你们街区或街道的两侧,有门或窗上已经上了封条的被破坏或被废弃的建筑物吗?
☐有
☐没有

5.您的房子或建筑周围铺设了公共街道或马路吗?
☐是的
☐不是

图 6.9　来自居民的有关邻里的信息

资料来源:National Opinion Research Center;问题 1 和问题 2,1968;问题 3~5,1973.

不过,必须要认识到,居民,包括社区领导人,都不是完全不偏不倚的观察者。他们对他们的社区有巨大的情感投入。他们对事实问题的回答,不仅可能受到知识水平的影响,而且还要受到态度的影响。因此,有关某个邻里地区的单一回答可能并不正确。把得自同一邻里的回答平均或加权,既能增加信息的可靠性,也能增加它的实用性。

职业知识

图 6.10 是一组用于确定人们对各种工作了解程度的问题。这些问题的主要目的在于说明不同的人们是怎样给不同职业的声望打分的。显然,与打分有关的因素之一是知识。请注意,每种工作都有 5 个两分(是—否)问题,因此,只要靠猜测,回答人也能够答对一半左右。因此,把回答人区分开来的是对所有 10 种工作的总的正确答案,而不是对单个问题,或对某个选定的工作的正确答案。我们也可用这一组问题比较每一种工作的公众熟悉度,尽管这并非是我们使用这些问题的主要目的。

1.下面的工具中哪一个是金属铸造厂可能使用的?
  □ 锉刀
  □ 凿子
  □ 钳子
  □ 浇铸棍
  □ 喷灯

2.下面的事情中哪一个可能是制造工厂的质检员可能会做的?
  □ 穿西装。
  □ 操作收银机。
  □ 写报告。
  □ 督导生产线的工人。
  □ 检查产品的瑕疵。

3.下面的事情中哪个是报纸的校对员做的?
  □ 改正记者的文章的语法。
  □ 就他的工作与公众见面。
  □ 检查排字工人的工作。
  □ 重写报纸的文章。
  □ 调查传言的准确性。

4.下面的事情中有几件是人事主管做的?
  □ 实施心理测试。
  □ 撰写生产规格。
  □ 雇人。
  □ 告诉工人怎样做他们的工作。
  □ 有时处理工人的抱怨。

5.下面的工具中哪一个是锅炉制造工可能使用的?
  □ 手提钻
  □ 梯子
  □ 铆钉枪
  □ 撬棍
  □ 焊枪

6.验光师呢?他做什么?
  □ 配眼镜。
  □ 磨镜片。
  □ 检查视力。
  □ 使用光学扫描仪。
  □ 选择股票。

续图

7.下面哪一个可能是乳制品科学家会使用的？
　　□离心分离机
　　□克莱因瓶
　　□示波器
　　□显微镜
　　□挤奶凳子

8.营养学家做什么？
　　□发明新食谱。
　　□草拟菜单。
　　□展示烹饪器具。
　　□检查食品。
　　□有时在医院工作。

9.下面的哪一个东西是一个金属雕工可能需要的？
　　□缩放仪
　　□锉刀
　　□钢锯
　　□凿子
　　□酸

10.地理学家呢？他可能使用什么？
　　□焊烫
　　□岩石槌
　　□盖革计数器
　　□图书馆
　　□测地线拱顶

图 6.10　关于各种职业的问题

资料来源：National Opinion Research Center, 1965.

　　知识问题的这一性质——总计的知识问题——在确定某人在某领域内的一般知识水平时，常常是很有用的。在问及的基本知识问题以通常采用的两分型（是或否，共和党人或民主党人等）问题提出时，这个性质就特别有用。因为，这种类型问题本身就很容易让人们去猜测。

全美教育成就评估

美国,最宏伟的测定公共教育效果的项目是"全美教育成就评估",它是美国国家教育部的一项耗资数百万美元的项目。图 6.11 给出了一组练习,它是供成人使用的,用来测量他们在社会科学和写作方面的知识的。该项目规定,凡参加测定的成年人,都会付给一定的报酬。该项目也采用在课堂里采用的标准考试方法,只是参与的成年人不是在教室,而是在家中参加考试。

1.一家主要的美国制造公司正寻求在那些拥有丰富的自然资源而只有很少的工业的国家建立分工厂。但是这个国家的领导人拒绝了美国公司的要求。

您觉得这个外国领导人作出这个决策的原因是什么?

2.下面的哪一个是联合国的主要目标?
  - □战胜疾病
  - □维护和平
  - □传播民主
  - □打击共产主义者
  - □我不知道

3."垄断"这个词是描述这样的一种情况,商品和服务的市场价格由下面的哪一方来决定?
  - □许多卖方
  - □一个买方
  - □许多买方和卖方
  - □一个卖方或一小群卖方
  - □不知道

4.下面中的哪一个有权宣布国会的违宪行为?
  - □国会
  - □总统
  - □美国最高法院
  - □美国司法部
  - □不知道

5.最高法院规定在公立学校要求祷告和正式的宗教指导是违宪的。下面的哪一个是这个决定的根据?
  - □要求违背了言论自由的权力
  - □特定的宗教少数群体给最高法院施加强大的压力
  - □宗教活动违反了政教分离的原则
  - □珍贵的学校时光的每一刻都需要为学生将来谋生做准备
  - □不知道

6.开车,加热汉堡包和房间照明需要什么?
　□保护
　□效能
　□能量
　□摩擦
　□磁力
　□不知道

7.在气候炎热的地方,有白色表面的建筑物的优点是白色表面可以有效地
　□吸收光
　□衍射光
　□反射光
　□折射光
　□传导光
　□不知道

8.平均来说,月经开始后多少天女性进入排卵期?
　□2 天
　□9 天
　□14 天
　□20 天
　□24 天
　□不知道

9.一个海洋鱼类的化石在一座山体的裸露于地表外的岩石中被发现。这可能意味着:
　□鱼曾经生活在山上
　□相对湿度曾经非常高
　□鱼死后山升高了
　□鱼曾经是类似蟾蜍和青蛙的两栖动物
　□鱼的化石可能是被大洪水带到山上
　□不知道

10.人造的心律调整器是一些有心脏病的人使用的电子仪器。这个仪器是模拟或者代替什么的?
　　□心房
　　□心室
　　□右心房的结点
　　□心房和心室之间的心瓣
　　□控制血液流入主动脉的心瓣
　　□不知道

11.物体从静止状态以等加速度移动。如果 5 秒后物体有每秒 10 米的速度,那么物体的加速度是

续图

☐1 m/s^2
☐2 m/s^2
☐5 m/s^2
☐10 m/s^2
☐50 m/s^2
☐不知道

12.(放置 12 寸的尺子,刻度量筒,无孔岩石,弹簧秤,装在广口瓶的水和绳子在回答人面前。给回答人工作簿。)

您前面有一块小岩石和几件仪器。您可以使用任何您认为必需的仪器来发现小岩石的体积。在工作簿的 A 部分列出所有的程序,记录您做的所有测量。我将按照您做的程序去做同样的测量。当您确定了岩石的体积,请把您的答案记录在 B 部分。

(如果回答人没有进行测量,那么请说"请想一下,哪些测量能让您得出岩石的体积?")

(标出回答人使用的装备)

☐刻度量筒和水
☐刻度量筒
☐尺子
☐弹簧秤
☐绳子

13.地质学是一门研究地球岩石的构造和发生在地表和地表下的变化的科学。

(拿出印刷资料,2 个泡沫橡胶块。拿起其中一个泡沫橡胶块,挤压它向回答人展示它是有弹性的,可以没有损伤的变形。把泡沫块并排放在回答人面前。)

泡沫橡胶块代表地壳的一层岩石。使用一个或两个泡沫橡胶块演示地壳的断裂;也就是说,给我展示一个断层。

(查阅第三页来判断回答人的演示。)

☐正确演示
☐不正确的演示
☐不知道
☐没有尝试演示

14.有些人认为学生在学校学得不够。他们想缩短大部分的学校假期,让学生花更多时间在学校。还有些人认为增加学期时间,缩短假期是一个错误的想法,因为学生会利用他们的假期在学校外学习更重要的事情。您的观点是?

请写一封信给你们的学校委员会,或者赞成,或者反对增加学期时间。给出可以说服学校委员会同意的您的具体理由来支持您的观点。

图 6.11 从全美教育成就评估中选择的问题

资料来源:U.S. Department of Education,1972—2003.

问题的类型一直都在变化，尽管多项选择题一直都是使用的主要类型（见题 2 至 11），但开放式问题也一直都在使用（见题 1，该题问回答人为什么作出某项决定）。特别有趣的例子是题 14，该题请回答人写一封信，无论他们是赞成还是反对延长学年，都必须给出具体的理由，以支持自己的看法。这个问题的目的在于对回答人的实际写作技能作出评估。

科学的问题不仅包括知识，还包括在解决问题时知识的使用。题 12 中，给了回答人一把尺子、一个带刻度的量器、天平、一罐水、细绳和一小块不渗水的岩石，并要求应试者确定岩石的体积。其他的物理器材则用来测定应试者的知识水平。如题 13 中，递给回答人两块泡沫胶块，并告诉他们胶块代表地壳上的岩层。然后请他们使用胶块中的一块或两块来表示地壳中的断层。

我们之所以要引用这些例子，目的在于提请读者注意，除了标准的口头问题和回答之外，还有其他可用于测定知识水平的方法。通常，无论是回答人，还是访谈员，一般都很喜欢在提问和回答方式上有所变化。另一个例子给我们演示了怎样使用图示法，这是一个地理问题。我们递给回答人一些欧洲、南美或美国的略图，并请他们从地图上辨认国家或（美国的）州。

测量能力

图 6.11 是最后一个例子，它采自国家舆情研究中心的一项研究，它测定的是某种品质，这些品质使得某些人比起其他人更适合作调查研究的访谈员。因为访谈是一项复杂的工作，所以有理由设想访谈的成功与否，会与诸如这样的一些因素，如访谈员的一般能力、阅读能力、人际交往技巧，或耐心有联系。在试图估计调查访谈成功与访谈员能力间的关系时，我们可以只是简单地去了解一下访谈员的智商。不过，某些访谈员可能不愿意这么做，或者可能不知道自己的智商。于是，我们就改而通过了解他们在校时的分数，或是他们最喜爱的功课的分数，来间接地测度他们的能力。除了这些间接的测量，我们还可使用一种简短的智力测验。这一测验改编自韦氏成人智力测验（WAIS）的相似性测验（参见下面这个编好的例子）。

不同的人在事物间可以看出不同的相似性。从哪个角度看，您觉得下面这些成对的事物是相似的？

锯子——锤子

狮子——老虎

小时——星期

圆形——三角形

参阅韦氏成人智力测验的相似性测验，可以找到实际使用的全部题项和答案的评分办法。这一尺度不仅与其他所使用的量度高度相关，而且还增加了整个测量的信度。请注意该问题前的导语说明，每一问题都可以有不同的回答。

像调查中通常所做的那样，我们并没有提及该测验的目的是测量一般的智力水平，因为这会使回答人感到紧张。然而，结果的评分仍遵循由标准化智力测验所建立的规则。这个问题采用的方法是邮寄式调查，回答人在家中填好答案后再寄还给我们。在通常的情形下，知识问题不应该出现在邮寄式问卷上，因为回答人可以查到答案，或者请求帮助。然而，就这个问题而言，回答人既没有什么可以查阅的，也很少有向其他人请教的可能，尽管不是完全不可能。

询问知识问题的技巧与策略

有时研究者认为他们应当尽一切努力去增加回答知识问题正确的人的比例。这种努力实际上所能增加的只是猜对答案的人数。关键是要按某种方式去询问知识类问题，以此得到对知识水平的最精确的估计，而不是最高的估计。下面这些技术会在这方面对我们有所帮助。

确定知识水平

这些例子表明，知识问题有助于弄清回答人是否有表达意见的资格，因而应该先于态度问题询问。如果知识问题是用来筛除那些没有足够的信息来回答详细的态度问题的回答人，那么这个顺序就是绝对必要的。假如先问知识问题，那么即便所有回答人都要回答态度问题，他们便不太可能去夸大自己的知识,从而有可能宣称自己不知道,或不太确定自己的态度是什么。

如果先问态度的问题,回答人可能认为调查者期望他们了解这个议题,并有所意见。就许多公众议题而言,更重要的是要了解,意见是否形成,而不是去迫使回答人给出一个答案。在许多问题上,我们可以根据问题的难易程度,判断知识水平的高低。

这种问题最简单的类型是询问"您是否曾经听说过或读到过……?"例如,一个问题问"您是否曾经听说过或看到过中东地区以色列和阿拉伯国家间的麻烦事?"在 1973 年盖洛普民意测验中,"有"的比例达到了 97%。然而,当同样类型的问题变得更具体时,如问"您是否曾经听说过或看到过埃及和以色列之间签署的'西奈停战撤军协定'?"则只有 59% 的回答人回答"有"。

对人们来说,两个选项和多个选项的问题可能有些难以回答。在图 6.9中的那些问题,便是几种可以回答"是"或"否"的最为常见的两分型问题的示例。其他一些例子来自盖洛普公司,这些例子包括:"您可知道联邦的预算是否平衡? 也就是说,联邦政府的收入与支出是相抵的吗?"和"就您所知,您是否认为我们国家生产的石油足以满足我们当前的需要,还是仍然需要从其他国家进口一些石油?"等。这些问题都不是严格的两分型的,因为回答也有可能是"不知道"。如果在问题的开始使用类似于"您可知道……"或是"就您所知……"这样的文字,那么最可能给出的回答往往都是"不知道"。图 6.11 中的第 2 题到第 11 题列示了多个选项问题的使用,题目给了回答人几个备择选项。当然,这些问题比两分型的问题更困难,因为猜对的可能性下降了。为了减少猜测,并表明"不知道"这一回答是在意料之中的和可以接受的,故而在所有的问题中,都明确包含了"我不知道"这一回答选项。

那些涉及具体内容的问题就更难回答了。图 6.5 中的第 2 题和图 6.7 中的问题请回答人就他们曾经听到过的某个人或公司作出最低程度的辨识。用以做这种辨识的信息可能包括称号、名声的来源,以及与个人所属的州或国家或产品所属的公司。那些能正确回答诸如这样的问题的回答人,表明他们对特定的个人或公司的知晓程度高于那些只能简单辨识个人或公司的姓名的回答人。

图 6.5 中的第 3 题,使用了可测定各类名人和其他演艺人员知识水平的图画。商业公司有时会用这种类型的问题,去测定公众对各种不带品牌名称的产品包装设计的熟悉程度。

比涉及具体内容更难回答的问题是开放式的定性问题。这类问题包括图 6.6 的第 1 题和第 3 题,图 6.11 的第 1 题,以及韦氏成人智力测验的相似性测验上的问题(参看"测量能力"一节)等。尽管这些问题本身,还有难度高低之分,但是平均而言,它们比起前面已经提过的其他类型的问题都要难很多。这些问题既没有提供清楚的回答选项,也没有提供"不知道"这一选项,因此无法对它们作成功的猜测。实际上,大多数不知道怎么回答的回答人,宁愿直接说不知道,而不愿试着去猜测,因为一个猜不对,比回答"不知道"更难堪。

除了那些直接向专门的汇报人,例如社区汇报人提出的问题,所有问题中最难回答的问题是数值型问题,或涉及百分比的问题。正如我们下面将要指出的那样,我们可以采用一些措施,引进一些其他的问题,提供多个选项来使数值型问题变得比较容易回答。当然,究竟采用什么类型的知识问题要取决于研究者的需要。然而,问题太难或太容易,都不能将不同知识水平的回答人区分出来。就一般的规则而言,比较容易的问题适用于发展初期阶段的公众议题,而比较难的问题则适用于长期存在的议题。例如,与有关某个新发生的国内或国际危机的知识问题相比,有关中东地区的阿拉伯—以色列冲突的知识问题,其难度可以更高些。

同样,在市场研究中,为久负盛名的产品设计的知识问题,可比有关新产品的问题更难些。某些具体公共政策的拥护者试图通过论证公众对某一问题的知识是有限的,从而论证那些反对他们的政策的公众意见是不可信的。尽管有时这样做可能是合法的,但是问题本身的难度也应予以考虑。因为,人们总是能找到一些问题,难到实际上没有人能正确回答的地步——在要求立刻作出回答,且事先没有给出任何告示的问卷调查中,情况尤其如此。

减少知识问题的威胁性

与前面已经论述过的,具有一定威胁性的行为问题一样,知识问题同样也会存在所谓自我表现的问题(issues of self-presentation)。回答人不想因为给了显然错误的答案,或承认不知道其他人都知道的消息,而显得愚笨或无知。许多这种威胁可以通过一段如"您可知道……"或"请您随意地回想一下"这样的引语来减少。把"我不清楚"作为一个回答选项也能减少问题的威胁性。这些作法表明,像"不知道"这样的回答。即便不是最希望得到的回答,但至少是一种可以接受的回答。这些降低威胁性的表述的运用固然会减少猜测的数量,但却会增加回答"不知道"的百分比。相反,如果我们希望回答人给出他们"最好的猜测",那么就应当去除上面使用的这类表达,并且应当请回答人给出"最好的猜测"。下面这个在盖洛普调查中使用的问题,便类似于这种情况:"您只需要尽可能地猜测一下,您认为福利上是'骗子'的人比例是多大,也就是说,这些人得到的各种福利金,比他们有资格得到的多。"

知识问题与态度或意见问题的界限常常是很难截然区分的。前面的(图6.11中的第1题和第14题)知识问题,就是扮成意见问题去问的。而请回答人猜测一下福利骗子的比例的问题,其实是一个真正的态度问题,但看来却似知识问题一般。尽管一些回答人可能已经从新闻报道中知道了正确的比例数,但是多数回答人则还是要去猜测,而这种猜测往往都是以他们对福利计划的一般态度为依据的。

对知识的夸大加以控制

在给回答人一份刊有人名或组织的名称的清单,并要求他们回答是否听到过或看到过有关这些人或组织的什么事情时,回答人便可能会觉得这些问题有一定的威胁性——特别是,在清单很长,且包含着许多不熟悉的名称(如图6.5中的问题1)时。如果说,自己对清单中列出的所有或大多姓名和名称都没有听说过,那么无疑就是说自己与当今的事务已经失去了联系。因为不可能核对这种问题的回答,所以回答人常常都会有一种夸大其词的倾向,不管自己是否真的听说过,而都说自己曾听过相关的人和组织,控制这种夸大的最容易的方法是,提出一些另外的问题,诸如这个人是谁,从事什么职业(如图6.5中的第2题),或公司制造什么(如图6.7中的第1题)这类的问题。

有时,这类另外的资格考察性问题可能是不合适的。例如,在一项有关某一公职(例如美国总统)可能的候选人的知识研究中,某人当前的职位可能与之不相干,而他有可能被提名这一事实也许从问题的语境中已经清楚地显现。在这种情形下,解决的方法是增加一个"冷门"(sleeper,指未料到获得成功的剧、书、人等,译者注)的名字或可能谁也不了解的人。举例来说,在一个多年前由 NORC 实施的研究中,把一位研究生的名字加进了一份民权领袖的名单中。大约15%的回答人报告他们曾经听说过这位研究生。这意味着我们可以推测,总体中大约有15%左右的人,报告他们认识其他几位实际的民权领袖,而实际情况是,他们其实并不认识这几位民权领袖。

在市场研究中,我们也可以把同样的方法用于公司和品牌的调查中,以测定品牌名称的知名度。当然,在使用冷门时,不仅要避免使用名人的姓名,而且还要保证作为冷门的品牌在某一地区范围内,或过去从没有被用过,这一点是很重要的。

使用多个问题

众所周知,个人在测验和尺度上得分的信度随着项目数的增加(到一合理的水平)而增加。同样,我们可运用多个问题得到更加可信的个人知识的量度。特别是在使用有两个或多个选项的问题时,只使用单独一个问题的信度常常因为对问题的答案进行猜测而很低。如果知识水平是关键的应变量,如像在全美教育成就中那样,为了得到知识水平的可信量度,我们就必须要询问许多的问题,这一点是明白无疑的。如果知识水平是作为自变量使用的,那么只需要用少数几个问题就可以了。倘若知识问题只是用来筛除一些不需要回答其他问题的回答人,那么单独一个问题可能就足够了。请注意,在前面给的例子中,有许多都使用了多个问题。

问题的数量还依赖于回答人对某个主题拥有的信息量的一般水平。如果多数回答人对某个问题一无所知或知之甚少,那么只需要用一到两个问题来测定就可以了。倘若回答人在问题的信息量上存在很大的变异,那么可能需要列出一组从易到难排列的问题。访谈从简单的问题开始,若在这组题中,回答人答错了两到三道题,访谈员就不需要再继续问了。这种方法的逻辑类似于一个古德曼量表(参见第5章)。

询问数字型问题

正如我们已经指明的那样,对回答人而言,数字型问题一般最难回答。如果给出一个回答选项,多数的回答人会猜一下,选出某个与中间选项有些接近的答案。出于此种原因,佩恩(Payne,1951)建议把正确的选项放在备选选项列表的上端或底端。不过,回答人可能由此而误入歧途。我们认为更好一些的做法是不给回答人提供任何选项,把这类问题做成开放式的。此类问题不存在编码上的困难,因为数据是数字型的,很容易进行处理,无需做额外的编码。虽然与封闭式问题相比,开放式问题更可能产生"不知道"的回答,但是那些自愿给出答案或猜测的回答人表明的知识水平或态度,就不会因问题本身的刺激而被歪曲。

使用关键汇报人

在社会科学中使用关键汇报人的做法遍及以下诸项研究中,如社区权力和影响、社区决策与创新、集体行为和地方机构生态(the ecology of local institutions)。关键汇报人可以提供一些信息,而这些信息是无法从目前的普查数据或其他出版物中得到的。尽管关键资料员的知识一般都会比普通公众的多,但是我们不能奢望他们知道所有的事。资料员提供的信息也可能被他们的态度或他们在社区中的角色歪曲。

如被休斯敦和萨德曼(Houston and Sudman,1975)称作"社区资料员"的一项研究所示,教会的资料员报告的邻里地区的教堂数要比其他资料员报告得多,无独有偶,社区组织的资料员提到的社区组织往往也比较多。这些意料之中的结果不仅是因为这样的资料员在自己的专业领域内比常人具有更多的专业知识，而且还因为他们看问题视角也与常人有所不同。正因为这样，教会资料员倾向按照教区的边界，或用参加礼拜模式来定义邻里的边界，而学校的资料员倾向使用学校的边界，等等。

很显然，就某一社区而言，为了得到可信的信息，我们有必要使用多个关键汇报人。最低限度，我们建议对每一个地区至少使用三到四名关键汇报人，如果发现得到的数据存在差异，那么还应该增加一些新的汇报人。回答人所知越少，为得到可信的信息所需要的回答人数就越多。如果用居民代替汇报人去提供邻里周围环境的信息，那么大概需要最少 10 个样本。虽然我们必须承认，关键汇报人提供的数据存在着一定的局限性；但是关键汇报人提供的那些精确而又经济的数据，是用其他方法无法得到的，这一点同样也是不容置疑的。

使用非言语的方法

如图 6.11 中题 12 和 13 所示，并非所有的知识问题和回答都必须是以书面文字或口头言语形式出现的。在面对面的访谈中，使用非言语的刺激——例如图画、地图、声音、绘画以及其他一些真实的物体——也应与在面对面访谈中使用的标准化的问题一样予以考虑。回答人和访谈员都很喜爱这类问题，因为这类方法使他们跳出了标准化问题的模式，对回答问题有了一种新鲜感。非言语的方法不仅可用做刺激，还可用做回答选项。因而在古典音乐知识的测验中，可以请回答人先听一下贝多芬第五交响曲的前奏，接着再让他们辨认作曲者和作品的名称；或者相反，我们可先给回答人出示作品的名称，然后再请他们哼上一段曲子并把它录下来。后面这种方法和其他类似的需要进行回忆的方法比那些仅仅需要回答人识别非语言的刺激的方法更难一些。

自填式知识问题

有一条似乎是约定俗成的规则是，知识问题不适于自填式的问卷调查（那些在计算机上实施并可控的调查除外，譬如标准化的测验），无论它是通过邮寄方式还是在网页上进行都是不适宜的,因为回答人将有机会查找正确的答案或向他人请教。知识问题可以像面对面访谈那样通过电话询问,因为电话交谈可以防止回答人向外界寻求帮助。这个规则偶尔也会有例外。虽然用于筛选那些因为知识太少,而无法提供有见地的观点的回答人的问题,一般不可用于自填式调查,但是最简单的知识问题("你是否曾经听说过或看到过……")还是可以在自填式的调查中使用的。

有些问题看上去像是态度问题,但实际上真正想要测度的是知识(例如"测量能力"一节中的韦氏项目),这些问题也可以成功地用于自填式问题。最后我们需要指出的是,在通过社区或组织的关键汇报人获得信息时,自填方式问题可能优于个人访谈的形式。因为在这种情况下,我们更乐于回答人去查阅已有的记录和与他人进行一些讨论。这样得到的答案可能比在个人访谈中直接给出的答案更全面。

小　结

知识问题常常用于评估教育成就,用于设计和实施信息宣传项目或广告宣传活动,用于测定公众对当前的议题和名人的意识,用于测量能力,还可用于获取社区信息。知识问题的难度因问题的性质而异。最简单的问题可以问回答人是否听说过或看到过某个主题;最难的问题是需要回答人给出详细的数字信息。问题太难或太易都无法将回答人区别开。知识问题的形式也可以不同于标准格式的书面或口头的问题,可以用图画、地图、音乐,也可用其他的声音或物体。多数知识问题是在面对面的访谈或电话访谈中问及的,但是在精心挑选之后,知识问题也可以在自填式访谈中问及。

这章我们讨论的议题包括减少威胁的方法,猜测以及夸大知识水平;数字问题的询问方法和使用多个知识问题,或多个汇报人以增加信度的方法。

推荐阅读书目

关于知识问题在问卷调查中的使用的正式研究为数不多。我们可以从这一章列举的例子可以很明显地看出这一点。盖洛普曾经是且依旧是这类问题主要的应用者之一。在已出版的盖洛普问题参考集（Gallup，2002，以及早年的）以及盖洛普的网页（www.gallup.com）上经常可以发现知识问题和其他类型问题的例子。关于国家教育进步评估的具体信息以及使用过的问题，请参见国家教育统计中心的网页（www.nces.ed.gov/nationsreportcard/）。有关关键汇报人数据的使用的信息，请参见《肩并肩》（*Side by Side*，Bradburn，Sudman and Gockel，1971b）。就这些数据的方法论上的评估，参见《关键汇报人使用方法论评估》（*A Methodological Assessment of the Use of Key Informants*，Houston and Sudman，1975）。有关使用知识问题预测调查访谈员的成就的信息，请参见《降低调查的成本》（*Reducing the Cost of Surveys*，Sudman，1967，第八章）。

询问评价表现的问题

诸如"我的工作人员表现如何?"这样的问题,看上去似乎很简单,而实际上,不论是对于个人和组织,还是对服务的提供者和接受者而言,这个问题不仅是十分困难的,而且也是很重要的。

如果对表现的测量能做到正确和周到,那么便可以得到两个重要的结果。首先,这些测量可以用于诊断和找出员工的问题,从而使他们的工作有所改进,或使潜在的问题得到解决。其次,这些测量的使用,可能有助于奖金分配或提职的决策。在一些公司中,员工都要由上级、同僚和下级予以评价。例如,一个经理可能要由其上司、其他经理和自己直接管辖的员工进行评价,而一个经理管辖的员工则可能要由经理本人、员工的同事或顾客来评价。在这一章,我们会就询问可以用于评价员工、雇主、学生以及教师的表现的问题,给出一些建议。

本章要点

1. 如果设计、测量、实施和表现问题的分析过程都很得当,它将会有助于得到被访者的合作和可以接受的结果。应该设法使评估对象参与到我们的工作中来,并听取他们对于测量工具和问题措辞的意见。

2. 在担心主观性对评价的影响时,可考虑使用由行为确定的等级尺度(behaviorally anchored rating scales)。

3. 一种类似于用来做员工评价的系统,可设计用来做经理或管理人员的评价工具。

4. 如果我们的目的是评价而不是营销,那么顾客的评价可能是非常有用的。此外,必须注意,在设计问题时,必须要注意将员工提供的服务与顾客对产品或服务可能具有的更为普遍的偏见和感觉加以区分。

5. 教学评价既要有考虑普遍性(适用于所有教员)的问题,又要有一些针对某一个教员的特定问题。一种由两个部分问题组成的问卷可使这一问题迎刃而解。

6. 必须注意教学评价存在的某种一致性,因而在年复一年进行的评价时,必须要使教学管理人员能对教员的改进或进步进行跟踪评估。

员工分等技术

员工的表现不仅是对公司业绩的整体量度,而且也是对个人进行评价和奖赏的根据。除了精确性和公正性问题之外,在划分员工等级和评价员工表现的过程中,还有一个很重要的问题,这一问题关系员工对公正的看法,因而过程很重要。如果设计、测量、实施和表现问题(和数据)的分析过程都很得当,那么他将极大地有助于得到被调查人的合作,进而大大减少他们对于调查的抵触。为了达到这一目的,我们建议采用以下的步骤。

1. 每一项评价工作都要从工种分析(job analysis)开始。虽然这样的分析看起来比较麻烦,但实际上它还是可以做到的。完整的工种分析可以跨时间使用,而那些有着类似职责的工种则可被合并成单独一个职责和任务陈述组。

2. 为每一工种设计特定的关系表现的尺度。这一工作包括表现的维度,并对每一维度内希望表现的行为一一加以陈述。

3. 告诉经理和员工,将要评价的维度以及数据的用途。这不仅对被调查者尽早领会公正的概念很重要,而且还会有助于管理人员和员工接受调查,进而积极地参与到新的等级评价系统中来。

4. 选择一种组织可以接受的员工评价方式。尽管很少能有证据证明某一种方式优于另一种,但是用于设计表现评价的策略和方法肯定是存在的。本书将对这些策略和方法进行讨论。运用这些策略和方法,我们设计出了若干合适的尺度和格式化的备择方案,而有关组织则应从中选择那种为大多数用户接受的方式。选择应听取等级评定者的意见,并以他们的偏好为依据。最终,尽管量表还是会有所不同,但这仅仅是表面上的,如果对表现的维度和任务已经做了彻底的沟通,那么在评价方式上的不同意见将会是微不足道的,甚至是毫不相干的。

5. 确定经理人员有能力准确地划定员工等级。对那些将要使用新的评估方式的人以及那些要提交报告的人进行培训。为评价提供足够的时间,这一点也很重要。因为给评价过程时间的多少可以被看作它的重要性的指标。对一个组织而言,仓促进行的等级评定实际上比不进行任何等级评定的成本效益比更低。

6. 定期的或按照既定的间隔,确认评价体系在按计划进行工作。如果设计的评价体系是为了使员工能更娴熟地满足顾客的需要,那么请检查确认顾客是否更满意。倘若设计该体系仅仅是为了提升那些具有管理潜质的员工,那么便要确认新的经理是否高效和成功地履行了自己的新职责。此外,请检查并确认经理和员工对新的体系是否满意;与此同时,还要试着确定他们在使用新体系时是否有困难,如果有,要考虑怎么去克服。

表 7.1 收集工种分析资料的各种方法的比较

方法	定义	优点	缺点
问卷	通过邮寄调查收集工作职责的信息。雇员被要求用他们自己的语言描述他们的工作。他们在工作场所外独立完成表格。	• 可以从一个大样本中得到信息。 • 用在头脑清醒善于表达的雇员身上有很好的效果。 • 用在那些要求最少的可计量活动的工作上要优于观察法。	• 难以组织这样的问卷。 • 雇员倾向于夸大他们从事的工作责任。 • 回答可能难以解释。 • 回答可能不完整。
考核表	列出职责陈述。雇员被要求辨识他们工作中履行的责任。通常以访谈或分类表标准来形成基本的列表。	• 依靠认可而不是记忆。 • 信息可以从大样本中搜集到。 • 关键性的职责、频率或表现,以及履行的时间可以容易地识别。	• 关于职责的后果的信息不能被发现。 • 职责的定义不同。 • 雇员可能因为对完成的工作领域而导致信息不可靠。
个人访谈	通过经理和雇员记录信息。通常使用标准化的表格就能完成。	• 已经发现可以比其他方法发掘更细节和准确的信息。 • 通常被认为是最可靠的。	• 慢,花时间多。 • 不适用于大型的,由非常多不同的工作复合成的工作领域。
观察访谈	通过经理和雇员正在雇员正在从事的工作活动时当场收集资料。	• 允许雇员继续工作。 • 当工作的性质使得工作内容公开时最有优势。	• 资料收集慢。 • 可能与操作性的活动冲突。 • 花费比其他方法大部分方法高。
小组访谈	从工作的一群雇员代表那里记录信息。职能性的工作活动信息被记录在一个标准表格上。	• 就题项所花费的工作时间而言,非常有成本效益。 • 如果以头脑风暴的模式来做,可以产生大量有关工作职能的数据。	• 主要依靠雇员对工作活动的回忆。
日记	当实际从事工作活动的时候,记录在日志本上。	• 不需要完整的回忆。 • 提高了对花费在活动上的时间和行动次序的准确记录。	• 不能得到一个代表性的工作样本。 • 依靠口头和写作性的信息。

7.最后,要使表现评价体系有修改的机会。表现评价体系实施的目的在
于产生有益于公司的成果——给管理人员和一般员工划分等级。但
是体系本身同时也是一个过程,因而只有使它能与组织俱进,才能确
保它的持久运行。

8.可供我们选择的用来对员工进行评价的方法数目繁多,其中包括问
卷、考核表、个别访谈、观察访谈、小组访谈和日记等(见表7.1)。本章
其余部分的重点则是问卷和改进过的考核表。

9.人们对用于对他人进行评价的等级评定法有一种担忧,那就是这种方
法似乎过于主观。也就是说,一个人的绩效评价可能与他人不同。尽
管绩效可以用量表来加以刻画,但诸如这样的统计方法并不能保证都
能为那些被评等的人所完全认同。正因为如此,我们才开发了由行为
确定的等级量表,因为无论是雇主还是员工,都认为这样的量表更加
客观。

由行为确定的等级量表

纵观已经提出的各种用以测量表现的方法,其中最为值得令人注意的是
行为期望量表(behavioral-expectation scaling)或由行为确定的等级量表
(Behaviorally Anchored Rating Scales,简称BARS),后者或可简称为巴斯法。
巴斯法首先在一项由美国国家护理联盟赞助的研究中被采用(Smith and
Kendall,1963:217)。最初的巴斯法综合了费氏父母行为等级量表(Smith
and Kendall,1963:266-267)和赛斯通态度量表(Guilford,1954:456-459)。
它使用了图式的等级量表,该量表用一个标有不同等级的尺度对一组具体的
行为进行编排(见图7.1)。每一个尺度代表一个维度,或某个被视作工作表
现的一个重要的组成部分,而在设计确定各种维度和行为的具体表述时,评
价者和被评价者一般都会参与进来。

组织技巧：一个很好的材料的构造顺序可以使得从一个主题到另一个主题的转换平顺；课程的设计能提高回答兴趣；学生可以容易跟上内容组织的方式；课程纲要

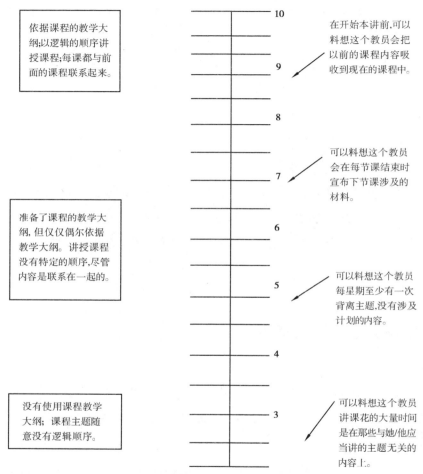

图 7.1　评估学院教授的行为确定的等级量表（巴斯法）

资料来源：Cardy and Dobbins, 1994.

尽管从巴斯法首次使用以来，巴斯法已经有了多种变化，但万变不离其宗，各种变化的程序都遵循巴斯法的最初原理。有关由各种巴斯法引申的各种评估方式的全面讨论可参见伯纳丁和史密斯（Bernardin and Smith, 1981）的有关著作。

巴斯法原本是一种迭代（iterative）的过程，该过程始于等级评定者对评价总体的一个样本的确认或定义,进而得到一个他们确信能评定理想行为等级的量表的第一稿。然后这一草稿再由其他的等级评定者进行复审和修正,如此这般,反复往下进行,直至得到一个为大家都认可的量表版本为止(Bernardin,1977)。

这样,用以确定量表的高中低各个部分的维度界定陈述便被设计出来了。然后,我们需要在每一维度上,标出行为示例效率的高中低。在完成这一工作之后,我们还需要用另一组人,在列有效率的高低上随机排列的同一组行为示例的清单上,在相关的维度上对它们效率的高低进行"重标"(一般,重标的成功率要达到80%,量表才可以投入使用)。在此之后,我们才可以使用一个7级量表(1表示低效,7表示高效),在每一个既定的维度上,给每一个行为示例评等。为了去除那些不可靠的示例,我们必须将那些方差比较大的示例去掉。

在使用巴斯法时,要培训和指导评估者记录下整个评估期内观察到的行为,还要让他们注明日期以及量表上的意外事件的具体细节。通过与一系列示范性的、确定每个尺度高中低各点的行为"锚定点"的比较,便可实现对观测到的现率水平的测量。每一位评估者先要联系那些特定的示例,来确定观察到了什么。然后,评估则才可以在扼要地记录什么样的行为被观察到时,用这些示例作为基准。这些用作锚定点的示例不仅应当具体和明确,而且还要根据效率的高低,以大小不同的间隔排列在一适当的尺度上。而诸如这样的维度遴选只能是在对组织的目标和目的进行了充分的讨论之后(请参见本章中前面的有关等级体系的设计那一小节)。在经过一段时间的观察,并对意外事件作了记录之后,如果需要,评估者可以进行综合评级。这样的综合,加上已经做过的笔记,可用来作为与被评估者进行商榷的根据。当然,它同样可以用来对表现进行测量。

因此,我们可用如下的步骤,对本原的巴斯法加以概括:

1.观测

2.推断

3.构建尺度

4.记录

5.综合评级

由上面这些步骤组成的程序,目的在于对评定者隐而未宣的评价理论加以定义、界定和操作化。在实现这一目标的过程中,巴斯法提倡评估者不仅要对行为进行观察,而且还要对行为的含义加以确认和作出明确的解释。巴斯法的独特之处在于它改进了未来的观测,如改进了强制选择法和综合尺度法(Bernardin and Smith,1981)。巴斯法是有效的,因为它创建了一个共通的参照框架,从而使评估者能去寻找相同的行为,并且对之作出更为一致和客观的解释。

最后,事实证明,巴斯法是一种可持久地用于对大多数群体的人们的表现进行评价的、有效而精确的工具。此外,在特定需求对象一旦确定之后,只要略加修改,巴斯法便可被重复地使用许多次。

雇主等级评定

尽管由经理人员来评定员工的做法已经有很长的历史了,但是近年来却出现了一种相反的趋势,在继续对员工进行评等的同时,也要求员工对经理人员进行评等。这两个过程有许多相似之处(见图7.2)。用于这样的评等的尺度的一般研制过程,只需对用于员工评价的工具的研制过程稍加变化就可以了。

说明
根据您对经理在下面的维度上的评估圈出相应的值。

长期计划
对人力计划和成本进行预测;预测未来的问题和新的趋势;评估他的属下已定期地向他们提供新信息,并发现新的信息。

1	2	3	4	5
不满意	还可以	好	很好	极好

图 7.2　使用数字和语言标定的图形分等量表的例子

资料来源:Beatty and Bernardin,1984.

在这一节提出的若干准则,经理人员可将它们用于对自身和自己的经理人员进行评价。以下推荐的用于雇主或经理人员的步骤,与员工评价体系十分相似。

1. 对要分析的管理的每一维度进行有明文规定的工作评价;

2. 对每一种工作都要开发出一种特定的关系表现的量度尺度。与员工评价一样,它也应该包括对表现维度作定义,和对每一维度中能表明我们所愿表现的行为一一加以陈述。

3. 将要评估的维度以及数据使用的目的告诉经理人员和员工。这样做,不仅能使员工有公平感,还能使他们意识到他们的看法和观察是有一定分量的,因而值得他们花费一定的时间和精力。

4. 选择一种组织可以接受的员工评价方式。这种方式最好与曾经使用过的员工评价方式相一致,以减少给人以双重标准的感觉。

5. 确信员工有做这样的评定的能力,并有适当的时间来完成评定工作。

6. 定期进行检查,确信评估体系确实在按计划进行。

7. 最后一点,是要使表现评价体系是可以修改的。因为实施表现评价体系的目的是为公司生产一种(特殊的)产品——工作能力。如果能使这一系统本身也成为一种过程,能随组织的变化而变化,那么便能确保它持久地运作。

与员工的等级评定一样,雇主等级评定同样也存在着客观性问题。假如那些心怀不满的员工把它当做一个报复的机会时,这一问题则尤其需要予以特别的关注。如果另有一些员工认为,给出诚实的负面评价将会招致报复,那么他们就可能会给出不诚实的正面评价。有时(见图7.3),等级评定量表虽然能提供反馈,但是不能就可以做出哪些改进提供建设性的建议。由于这个原因,我们可以提供一张实用的行为项核对清单,上面列出了一些针对特定的、有可能改变的行为项的具体建议。

等级评定的讨论已经进展到了为完成组织的更高目标而采用调查的方法的阶段。许多组织之所以能长盛不衰,就是因为它们给顾客、委托人或赞助人提供的价值。而这些人的等级评定对于组织的成功是至关重要的。

说明

下面您会发现一个行为选项的列表。阅读每个选项并确定这个选项是否描述了那个被评估的人。如果您觉得这个选项描述了这个人,在给出的空格上做一个记号。如果这个选项没有描述这个人,保持选项旁的空格是空白的。

☐ 通常设定含糊的不现实的项目目标。

☐ 只关心当前的问题。

☐ 制作能够完成项目的工作进度表。

☐ 相应地考虑到他/她的责任领域的需要、趋势与计划。

☐ 跟踪项目确保完成当前的目标。

☐ 寻找新市场,研究当前市场的潜在衰退。

☐ 当公司重新定位时,预测并计划关键的人事替换。

图 7.3　考核表的例子

资料来源:摘自 Beatty and Bernardin,1984:93.

顾客、委托人和赞助人作的等级评定

表现评估体系的一个主要缺点是他们在无意中把员工的注意力,从顾客转向了经理人员,从而使表现评价体系存在使员工只去注意那些经理人员关注的行为的风险,而那些能有助于确保顾客满意的行为却反而被他们忽略了。

为了避免陷入这样的陷阱,随着组织越来越变得以顾客取向为主,委托人和顾客的等级评定也越来越流行(Stahl and Bounds,1991)。除了可控的,对目标总体做的正式问卷调查之外,很多大型的公司现在都有使用持续不间断的反馈机制,如意见卡、免费的热线电话和在线互联网调查。然而对诸如这样的调查来讲,都会涉及比较严重的样本偏倚问题,因为可以想象,参与这样的调查的人,都是比较有激情(乐于或痴于参与调查)的人,都愿为参与反馈活动而努力。近来,我们也在试图为提高这样的调查的参与程度而不懈地努力。

长期以来特许经营(例如快餐)的产品与服务质量,在不同的连锁店之间会有很大的差别。各行各业为数很多的机构度使用一种或可称为"神秘的买家"的方法对服务进行评价。那些被称为"神秘的买家"的人,就像一个普通的买家(或食客)那样对公司的服务进行评价,但他们的真实身份却不为被评价者所知。神秘买家的主要工作是经常光顾有特许经营权的餐馆,确认食物的品质、保质期、餐馆的卫生及其他各种要求都得到了满足。许多其他的零售商现在也开始尝试用类似的方法来对服务进行评价。

为了弄清顾客评价系统的运作方式,我们不妨对某一顾客评价体系作一个比较详细的剖析。有一个组织给每一个接受过某公司员工服务的顾客寄去了一张如图7.4所示的评价表。然后再把这些顾客的评分汇总到一份季度性的反馈报告中。该报告不仅提供了八个诊断维度上的平均得分,而且也提供了顾客满意度的总得分。这份报告同时会交给雇员和他们的经理,它所提供的信息将用于改进员工的工作和决定奖金的发放。于是这样的顾客评分表也变成了一种评定员工作表现的方法,因此对组织而言,它可谓有一箭双雕之功效。

收集来自顾客的反馈与全面质量管理(TQM)的基本原则是一致的,而且与顾客是上帝的观念也一致。而对于员工来讲,它也会是一种激励,使他们更加深刻地认识到,要能使一般的顾客得到尽善尽美的服务,必须不懈地努力。

很多时候,在对公司提供的产品和服务进行评价时,顾客常常比经理人员或员工的同事处在更有力的位置。在一个行业中,来自第三方的表现评定,对于精确地评价产品或服务是至关重要的。一个单独的组织中的经理人员掌握的有关产品和服务的好坏的信息可能是有限的,且一般讲,这些消息大多来自竞争对手或行业内部。然而,一个顾客一般都可能对产品或服务通常具有的一系列特性或长处比较清楚。最后,经理人员如果发现顾客对公司的某些产品或服务感到不满,那么在对现有作业方式进行改造,进而提高顾客的满意度之前,他们必须弄清问题的症结所在(Bounds and Dobbins,1991)。

如果顾客对一个在一线工作的员工的评价总是很低,那么这个人的表现的确有损于该组织。在当今这样的市场环境下,一个企业如果对诸如这样的员工表现熟视无睹,势必会为此付出高昂的代价。

管理服务评价卡

这个调查会询问您关于您接受的服务的具体方面的意见。您个人的回答将被保密,会与其他顾客的回答汇总在一起来提升顾客服务。请使用下面的量表来表明您在多大程度上同意这些陈述。每个选项圈出一个回答。

1＝非常不赞同

2＝不赞同

3＝无所谓

4＝赞同

5＝非常赞同

如果您觉得不能给特定的选项合适的评分,请保持空白。

服务/态度

在服务我时,这个人给予了很多帮助。

1　2　3　4　5

这个人在满足我的要求时很合作。

1　2　3　4　5

这个人是准确的。

1　2　3　4　5

这个人是亲切友好的。

1　2　3　4　5

这个人很好地代表公司。

1　2　3　4　5

顾客满意程度

您如何评价您所接受的服务的总的满意度?

1＝非常不满意

2＝不满意

3＝无所谓

4＝满意

5＝非常满意

具体做什么可以让您对服务更满意?

图 7.4　顾客评估量表的列示

遗憾的是,以往所做的评估工作,总是专注于经理人员或监管人员的评等,但却忽视了顾客的反馈。不过近来情况已有所改观,那些对服务和产品的一般性变化方式感兴趣,而对个别员工的评价不是十分感兴趣的营销商们,几乎无一例外地开始设计使用委托人评价系统。例如,有些员工认为"秘密买家"是难以捉摸的来敲掉他们的饭碗的敌人,而正式的制度化的委托人反馈表只可能使他们加不了工资。尽管历时的顾客评价可能是很有价值的,但是因为这些评价本身固有的特性,因而几乎是没有可能做到的。

关键的问题是那些与员工交往的顾客是否能够准确而无偏见地对员工的表现作出评价。在许多情境下,顾客和雇员之间存在着一种固有的冲突。例如,在一个修理工和一个顾客为达成一个彼此都能接受的维修价格而讨价还价时,较之顾客而言,维修工也许会认为这样做更值得。因而对于一位处在这样一场冲突中的顾客而言,作出无偏见的等级评定可能是很困难的。

要想使评估体系有效,它们就必须要能把员工个人的表现与系统造成的问题区分开来。例如,如果一个人购买了一辆自行车,因为设计上的原因经常发生机械故障,那么他们很可能把自行车商店给顾客提供的服务评价为效率低下(因为这辆自行车常常需要修理)。然而,这样的评价与其说是对服务中心工作质量的评价,不如说是对自行车质量的评价。

顾客评估法尽管仍有不足之处,但是瑕不掩瑜,它所具有的某些长处使它在各种各样的组织中持续不断地发展。而这样的评估也终将逐渐成为一种组织发展的有力工具,从而使员工们认识到,他们最终要负责的是顾客,而不是老板或经理。

教师和教员的等级评定

在大多数机构(或培训和教育主管团体)决定设计开发一套教师或指导员的等级评定体系时,通常都认为自己的需求和情况颇为独特,因而需要开发一种适合他们使用的评级方式。在等级评定工具的开发过程中,至关重要的问题是清楚它的用途。在开发诸如这样的评级方式时,人们一般都很少考虑如何使这样的信息,能被教员用于改进教学状况的问题。而教学的管理者,也许则更少会考虑如何将这样的信息,用于鼓励和奖励教员为改进教学而努力的问题。

许多不同类型的团体,如学生会、院系教委会、行政管理委员会,甚至一些特别委员会都构建过许多学生反馈表。与员工评估一样,这些反馈表在开发设计时,一般都没有请教过问卷设计专家,这样设计出来的反馈表一般都会有很多问题,因而得到的结果常常也是很成问题的。这样的问卷最终充其量只能反映是被一两个人看做是有意义的教学成果的评价标准,实际上无非是一些零星的想法,甚至是一些偏见而已,因而对所有的教员和课程常常是没有什么用处的。

学生反馈表的类型

第一种类型,也是使用最不普遍的评级表是一种由一个教员为某一特定的课程量身定制的。尽管这个教员可以从中发现对改进自己的课程有用的反馈,但诸如这样的类表格通常都太特殊了,因而难以用于目的比较正式的评估。(见图7.5)

第二种类型,使用比较普遍一些。这种类型的评分表被设计成了一组必须回答的问题。这些问题通常都辅之以一些附加的、更适合某个教员和课程的问题。至少,大多数学校会在所有的课程上请所有学生回答两个标准的问题。这两类问题一般涉及教员的教学效果和课程的质量。例如,可用诸如"请给这个教员的整体教学效果打分"和"请给这个课程的整体质量打分"这样两个陈述,在一个从"很低"到"很高"的5级量上量度这两个标准题项(1=低;5=高)。

除了一组少量的标准问题外,有些学校允许教员或系主任从更广泛的一系列问题中,选择一些更适合主题或课程的问题对问卷作一定的修正。这些类型的评估有时被称之为"自助式问卷"。这种问卷因为允许有关人员从一个大的题项单中选择个别的题项而日趋普遍。伊力诺依大学调查研究实验室(SRL)的含有560个题项的"问题库",便是诸如这样的问题库的一个实例。这组范围广阔的问题涉及众多主题,例如课程管理(组织、委派、评分以

课程改善问卷

- 目前,12.5%的课堂时间用来复习,12.5%的时间进行考试,75%的时间进行正常的教学。这个重点平衡是否正确?（如果您回答不,请具体指出你倾向哪种平衡。）

- 您不能理解为什么练习的答案是正确的吗? 如果有的话,这种事发生的频率有多大?（注:这个问题不是问您回答问题是否正确,而是你不理解给出的答案为什么是正确的。）

- 如果每个练习题的答案都给出在书中的参考页数或者给出讲课中讨论相关概念的部分,这样会有什么样的帮助?
  □对我会有非常大的帮助。
  □对我不会有非常大的帮助。

- 假定教学涉及的总内容相同,您愿意:
  □更少的目标而范围更广?
  □更多更具体的目标?
  □与现在相同的目标?

- 为每个目标提供的练习题的数目通常是:
  □太少(希望有更多)。
  □太多。
  □大约合适的数量。

- 对于每个测试使用几个不同的格式,您觉得怎样?

- 您是否知道课外时间有三位教员可以提供帮助?
  □如果是,您是否感觉他/她愿意花充分的时间帮助您克服困难?

- 您是否有什么是想从这门统计课程得到的,却还没有实现的?（如果是,请描述出是什么。）

- 请您指出改善这门功课的任何其他建议。

图 7.5　课程改善问卷的列示

资料来源:Millman and Aleamoni,1981.

及工作量),学生的成果(认知的、情感的、参与情况以及努力),教员特性(沟通技巧、激发思考的能力、对学生的关爱)等等。教员选好他们的题项后,把它们与两个标准题项一起插入一份印制好的回答表上。问卷的背面则留作用来回答开放式问题。图 7.6 列出了 SRL 问题库中一组用来评估某位教员的沟通风格的问题。

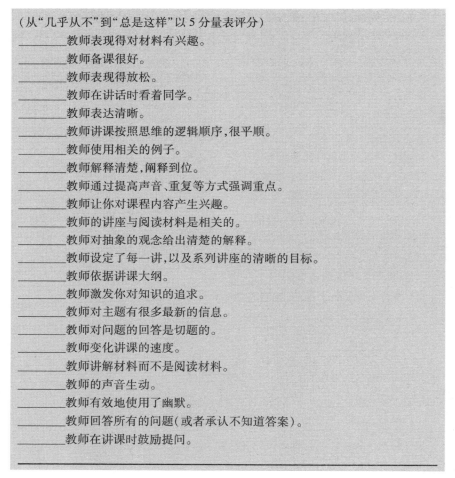

（从"几乎从不"到"总是这样"以 5 分量表评分）

_____教师表现得对材料有兴趣。

_____教师备课很好。

_____教师表现得放松。

_____教师在讲话时看着同学。

_____教师表达清晰。

_____教师讲课按照思维的逻辑顺序，很平顺。

_____教师使用相关的例子。

_____教师解释清楚，阐释到位。

_____教师通过提高声音、重复等方式强调重点。

_____教师让你对课程内容产生兴趣。

_____教师的讲座与阅读材料是相关的。

_____教师对抽象的观念给出清楚的解释。

_____教师设定了每一讲，以及系列讲座的清晰的目标。

_____教师依据讲课大纲。

_____教师激发你对知识的追求。

_____教师对主题有很多最新的信息。

_____教师对问题的回答是切题的。

_____教师变化讲课的速度。

_____教师讲解材料而不是阅读材料。

_____教师的声音生动。

_____教师有效地使用了幽默。

_____教师回答所有的问题（或者承认不知道答案）。

_____教师在讲课时鼓励提问。

图 7.6　与教学效果相关的评估项目

资料来源：Survey Research Laboratory University of Illinois.

只有两个标准问题的情况比较少见。在一般情况下，大多数学校的问卷都会有一个较大的标准题项部分，这些题项适用于所有的课程和教员，与此同时，还会有一个附加的可选择的题项部分。它允许教员从机构的题项库中选择专门的（或更具诊断性的）题项。更为罕见的情况是，有些学校只提供为数不多的标准表（也许只有六到八种）。表上只有一些共同的问题，但是这些问题依据课程主要是讨论性的、讲授性的，还是实验性的作了不同的剪裁。

　　最后一类,即第三类评分表是用于所有的教员和所有的课程的,它没有提供由教员选择的附加题项。用这类表格作的调查,通常都是由学生管理协会组织发起的,因而调查的结果都校内公布,如图 7.6 所示。这类评估表尽管也有一定效果,但却不能提供那些更程式化的表格所能提供的针对性和诊断价值。在这种情形下,教员最好能用自己设计的仅用于诊断目的的问卷来补充这些表格。[①]

　　最重要的是,那些需要改进教学而使用反馈表的机构,都应该听取那些在问卷设计方面有经验的人士的意见。这样做有助于设计从一开始就能步入正轨,进而得到比较可信和有效的量度。这样做同样也有助于避免问卷的应用范围太狭隘和回答选项的定义含混不清。

题项的类型

　　用于评估学习的题项可以据:(1)题项的内容,(2)题项的推论层次(level of inference)和(3)题项要求给出的答案类型来分类。在有关评定表构建讨论中,上述三种分类依据是很容易混淆的,因而在涉及某些本来有区别的问题时,观点似乎会有一些冲突。在构建此类表格时,最好能对这三种维度分别进行讨论。

内　容

　　在确定题项的内容时,重要的是要确定课程、教学和学习领域中需要陈述的要素是哪些? 针对课程建构的问题应该能对教员使用的材料所覆盖的广度、深度,以及学生对它的理解程度作出评估。针对教学建构的问题应该能对教员的特征特点,如公正性、简洁性、互动意愿、条理性等作出评估。最后,那些针对学习领域建构的问题应当表达学生的满意度、胜任感和在这一

---

　　①将诊断性的补充题可加入到常规表格中的一个方法是,使补充题成为开放式问题。两个跨课程和教学情景的很有效问题是(1)"在这些与课程或教员有关的事情中,哪三件事对你的学习最有帮助?",(2)"请给出三项对改进教学有用的建议是?"虽然不是每个人对上面的问题都会给出三个答案(有些人会给予更多的答案),但请回答人就每个问题给出三个答案的做法,会促使他们去回想出现在他们头脑中的第一个想法。

领域中的持续的学习愿望。

推 论

如果学生的等级评级将被用来制作一些量度,而这些量度需要作大量的推论,其范围已经超出在教室观测到的东西("偏爱的"或"公正的";"专制的"或"民主的";"古板的"或"活泼的"),那么我们就需要有高推论性的量度(higher-inference measures)。

如果问题的目的在于根据客观的类别对教学行为分类,那么只需要有低推论性的量度(low-inference measures)就可以了。这样的量度是不难得到的,因为只要在诸如"姿态""声音变化""提题"或"称赞与鼓励"这样的尺度上,对教员的频次进行分等就可以得到。

对高推论性的项目进行评等对探究新理念尤为有用,因为它们与整个教员的教学效果的相关程度,一般都要比那些更具体的或低推论性的行为量度要高。然而,因为从低推论性量度中得到的信息更易于用于具体的行为,因而更易于在教学改进项目中使用。

样 式

问卷的样式对学生是否会认真回答题项和是否会用真情实感准确地回答问题有很大影响。例如,使用开放式(无回答选项的)问题,学生能用"自己的话",给出一系列生动的答案,但是所能提供的、可用于既定评估的信息却十分有限。但教员还是会非常珍视这些答案,因为他们可以对这些评论作出自己的解释。使用封闭式(选项限定的)样式能就每一个题项的不同类型的回答提供更精确的计数。在许多场合中,最好的做法是把封闭式和开放式的回答选项二者结合起来使用。

大多数学生评估表都存在比较严重的设计问题。这通常是因为这些表格都是由学生会或教学管理人员设计的。这些人一般都没什么问卷设计的经验,因而不太懂得糟糕的措辞或不精确的问题将会带来不可预见的后果。

一般,调查设计者能够提供的封闭式回答选项的类型取决于所问的问题类型。与其他类型的调查一样,如果使用的回答选项与问题不匹配,那么就会导致不恰当和不可信的回答。例如,如果使用的是一种连续统式的回答样式,并且只标定了连续统的两端(譬如,很不好 1—2—3—4—5—6—7 很好),那么因为中点代表的是什么不清楚,这样做就会导致不可信的回答。重要的是连续统上每个回答选项的点都必须作出适当的标示,无论它是正向抑或是反向陈述的。另一种可能的回答量表类型要求沿着一个连续统对行为作详尽的描述(参见本章前面对巴斯法的讨论)。如果可能,应当把有相同回答选项的题项组合起来。

选择适当的题项

一种起草问卷草稿的方法是评估其他机构使用的问卷,并采纳相似的想法。许多机构有很多先前已经测试过的问题(常称之为题项)。在采用一组类似的调查题项时,除非已经了解到其他的机构对前文讨论过的在问卷中金额能存在的缺点已有所考虑,并对问卷作过相应的测试,否则必须谨慎小心。起草问卷草稿的第二种方法是使用商业性的问卷。商业性的表格通常会避免上面提到的那些可能存在的问题,但是我们仍然需要把这些表格小心地与该机构的需求进行匹配。在使问卷满足机构的需要之前,务必仔细地分析每一道问题及其他的题项。

如果某个机构已经有了或得到了一个完整的题项库,而非一个完整的测量工具,那么就必须从零碎的题库中进行谨慎的选择。有逻辑的分析要求表格的设计者作客观的判断,而经验分析需要进行能确定题项是否有用的调查研究。

设计和建构这些题项和问卷的最后一步是把题项编排成一份问卷。在用诸如这样的方法编排问卷时,尽管不免仍有以偏概全(对喜爱的题项有所偏爱)之忧,但是,总的来讲,它仍然不失为一种有可能把问卷编写成一种简明而比较容易填答的最好方法。如果你必须在以偏概全和简单明了二者中作出一个选择,那么就请选择简单明了。例如尽管频繁地变化尺度的终点,有可能有助于减少以偏概全行为的发生,但有时这样做却可能会导致误差,因为它会使问卷变得不必要的复杂。

在编排问卷时,必须根据答案怎么填答和在哪里填答这一问题,把问题分组、作出标示,并把它编排成易于阅读和回答的形式。问卷中应当有一些负向措辞问题,并设法把它们排在比较靠前的地方,以免发生因正向反应定势(positive response-set bias)而引起的错误(即变换措辞的方向,以免回答人对每一道题都选择相同的答案)。负向陈述的题项可能是有用的,但是只是在它们可以用某种前后一致的方式来做负向表述时。问卷中的多数题项都可以归并成若干子量表。如果原先的归组是以某种逻辑为依据的,那么以后我们就可以用诸如因子分析这样的统计方法来对归组后的题项是否代表了一个假设的公共结构予以确证。如果你对于如何编排反馈表存有疑问,请向那些富有经验的问卷设计者请教。图 7.7 是一份学生设计的教授评价的反馈表,它已成功地用于实际的教授评价。

教师:_____	课程编号:_____			学期:_____
请在下面填写你的回答				
学生部分	量度			回答
你对这门课的内容事先了解多少?	1 2 3 4 5 (没有) (大量)			
除了课堂时间,估计一下每个星期花在考核准备上平均有几小时。	评估数写在右边的横线上:			_____
你经常预习功课吗?	1 2 3 4 5 (很少) (总是)			_____
你怎样评估整个课程中学生的兴趣?	1 2 3 4 5 (很差) (极浓)			_____
你怎么样评价学生在课堂讨论中的参与质量	1 2 3 4 5 (没有) (极好)			_____
教师部分	不要写在这里			回答
总的来说,教师清楚地传授了课程内容吗?	1 2 3 4 5 (不清楚) (非常清楚)			_____
总的来说,教师以有趣的方式传授课程内容了吗?	1 2 3 4 5 (没有趣) (非常有趣)			_____

续图

教师根据你们的表现提供指导性的反馈吗？	1 (没有)	2	3	4	5 (大量)	_____

课程内容的评估	不要写在这里					回答
你从这门课程中得到了有用的工具、概念和/或者观点了吗？	1 (非常少)	2	3	4	5 (非常多)	_____
考虑到课程的目标,课程给你挑战了吗？	1 (完全没有)	2	3	4	5 (非常多)	_____
你从课程中得到多少？	1 (非常少)	2	3	4	5 (大量)	_____

课程内容评估	不要写在这里					回答
你会推荐这门功课给其他学生吗？	1 (一定不)	2	3	4	5 (一定)	_____
你是否从助教的部分得益？	□是		□否			

评价教师的优点和缺点。

请指出你认为这门课程的最主要的优点和缺点。

请指出一项改变,你认为它能最大限度地改善本课程的教学。

请从 1~10(10 是最高分)给你的助教打一个分数。

助教姓名	评分

这是一门必修课吗？	□是	□否

如果不是必须课,你会选择来上这门课吗？	□是	□否

图 7.7 教师评估问卷

资料来源:University of Chicago,2003.

使用学生反馈表

只要有可能,在全校范围内组织实施一个对教师进行评价的项目都是非常必要的。之所以要实施这样的项目,不仅是因为它是教学管理人员的职责,更因为它是教学的发展、评估或对教员进行评估的需要。这样的项目不应该由学生或单独院系来负责实施,因为如果由学生或教员来组织实施教学评价,就会使等级评定的有用范围受到限制,从而使它难以作为一种持续的有一致的标准的项目。

何时应该使用调查问卷

问卷处理和回收的方式会影响得到的数据的质量。在通常情况下,最好的做法是以一种提供一组标注的填答说明,并留出充足的能完成所有题项课堂时间的方式,比较正规地组织实施问卷调查。如果随随便便地进行问卷调查,既没有标注填答说明,也没有足够的填答时间,那么学生就不会认真填答。还有一点也必须说明一下,如果允许学生把问卷带回家填答,在下一堂课再交回来,那么只有那些精力充沛且比较有责任心的学生才会把问卷交回来。

如果由教员自己来实施针对他们自身的问卷调查,那么他们应当先读一下标准的填答说明,并选出一名学生负责收集填好的问卷,再将它们送往指定的集中地之后就离开教室。如果学生认为教员会在课堂结束的时候,或者有时是在课堂中就能看到问卷的答案,那么他们就可能会隐瞒自己对这一课程和教员的真实印象。只有在教员告知他的学生,他们的回答将用于改善正在教学的课程时,这一规则才会不起作用。

对由学生组织实施的问卷调查的一些建议

如果教员或院系领导要求由学生来实施教学评价问卷调查,那么学生组织的代表就可以来承担这一工作,当然他们必须有足够的资质和组织能力。负责实施调查问卷的学生应当先读一读标准的填答说明,然后请教师在问卷调查期间离开教室。如果负责实施调查的人决定不用教工实施学生评定问卷,那么他也应当按上面建议的程序那样去做。一般来讲,应当尽可能避免这样做,因为教员和学生如果知道某位管理者在控制和左右问卷的实施,那么他们就会感受到了威胁。

实施问卷调查时,应当给学生们提供所有必需的材料(表格以及 2 号铅笔)。调查地点一般应在学生们平常使用的教室,最好在某一堂课临近结束之前请他们填写调查表格。一个常见的错误是,在一门课程的最后一天才发放问卷。经研究,我们初步发现,实施问卷调查的时间越是邻近期终考试的时间,学生的评估越缺乏一致性。此外,有许多学生往往都不来上最后一节课。

关键的是要使学生们了解校方期待的是他们坦率而又诚实的评论。如果学生们误以为教员对他们的回答是毫无兴趣的,那么他们就不会严肃地作答。在让学生们了解评估结果将如何使用的同时,最好请他们在进行评估时集中精力,不要交头接耳。在填答问卷时,不允许学生讨论他们的课程和教师,这样做不仅可以彰显评估本身的严肃性,而且还会减少偏倚。

最后,我们还要指出的是,在实施一个问卷调查的过程中,用在课堂上填写问卷的时间只是实际需要的时间的一部分。除此之外,还需要很多的时间来进行分析,打印和发布调查的结果(Millman, 1981)。考虑到我们花费的大量的人力和物力,所以应该使调查表尽可能地为我们提供最可信和有效的反馈。一个在教育及教学评估上都很有经验的人,应当善于将学生的建议集中起来并将它们梳理融入最终的调查工具。只有这样做,问卷才有可能提供与投入的时间和精力相称的精确性和可信性,进而得到令人信服的结果(例如表现评估)。

小 结

用于评估表现的问题的编写要遵循本书前面的章节已提到过的那些原则。本章的一个主要目的是强调编制这类问卷的过程的重要性。如果编制、测量、实施以及分析表现问题的整个过程都是公正合理的,那么它就有助于调查对象的合作及调查结果的接受。问题的关键是,要设法使那些被评价的人参与进来,并按问卷问题文字所示的调查工具和方式那样作出反馈。有时候,这样做可能会导致问题的类型有所不同(例如,在担心主观性会导致评价偏倚的情况下,巴斯法可能就很有用处)。

过去表现评价类问题只用于经理人员对员工的评价,而现在它们也越来越多地用于员工对经理人员,或顾客对雇员的评价。在过去的 20 年间,为得到表现反馈和对教师和教授的教学作出评价而进行的学生对教授进行评级打分的调查日趋上升。如果情况确实如此,那么了解我们将会在这些方面遇到的挑战的独特之处,无疑将是一个十分重要的问题。

推荐阅读书目

下面这些图书对用于表现评价的调查的设计开发过程,组织机构在这方面的投入,及用于表现评价放入调查的实际应用等问题有着详尽的介绍。

Performance Appraisal: Assessing Human Behavior at Work(Beatty and Bernardin, 1984).

Performance Assessment Methods and Applications (Berk, 1986).

Performance Appraisal: Alternative Perspectives (Cardy and Dobbins, 1994).

Measurement-Based Evaluation of Teacher Performance (Coker, Medly, and Soar, 1984).

Evaluating Teaching (Doyle, 1983).

Improving Organizational Surveys (Edwards, Rosenfeld, and Thomas, 1993).

Handbook of Teacher Evaluation (Millman, 1981).

Questionnaire Design and Attitude Measurement (Oppenheim, 1966).

Development and Design of Survey Questionnaires (Pierre-Pierre, Platek, and Stevens, 1985).

8 *询问心态问题*

心态方面和"生活方式"研究有时也叫活动、兴趣和意见(AIO)研究,因为它研究的问题常常集中在这些类型的问题上。这种研究既类似于动机研究,也类似于常规性的研究。它之所以类似于动机研究,是因为它的主要目标之一是绘制可以识别的消费者肖像,而它之所以更类似于常规性的研究,是因为他所描绘的这些肖像是可以用标准的统计工具加以分析的。

我们对人类行为的理解经历了一个从把它们视作无差别的、同质性的总体("人们都认为……"),到从特定的人口统计学的角度来审视它们("那么,妇女对新总统有什么看法呢?"或"法国人是怎么认为生物工程技术的?")的发展过程。尽管这种进展代表了在调查结果的精确性和特异性上的一些进步,但是即便把人群按照人口统计学的特征归组,也还是难以对人类的行为作出预测。例如,为什么两个比邻而居的人,他们有相似的出身、收入以及教育,但却可能有不同的政治信仰、选择不同类型的轿车和有不同的口味?

对心态和个体存在的差别的量度使我们能把人群作进一步的区分,进而对人们之所以以不同的方式行事作出解释。在 20 世纪 60 年代伊曼纽尔·登比引进了消费心态学(psychographics)这一术语,它一般被定义"用于心理学的、社会学的和人类学的要素,自我概念和生活方式方面的研究,以确定市场是如何被市场内部人群的不同习性分割的,探究造成人群的不同的习性的原因——进而据此就某种产品、某个人或某种观念作出具体的决定"(Demby,1989:21)。

也许消费心态学方面研究最为著名的应用是去描绘目标群体的肖像或侧面像。然而为使它能为研究者所用,我们必须对特定的人群或行为在生活方式和个性上的特点加以定义量度。比如,对某些研究者来讲,他们可能要识别的是不同健康意识群体,而对于一些服装公司来讲,它们感兴趣的问题,是如何识别不同的时髦意识群体。换句话说,个性和生活方式的特征,如同所有的量度一样,必须根据我们的具体目标来定义。

本章要点

1.询问心态问题可用于帮助预测偏好和行为。

2.在将人群按他们的思想和行为,而不是简单地按他们的人口学特征进行分组的时候,心态问题可能是很有用处的。

3.心态分割可普遍使用于:(1)检验预测到的关系;(2)创建人格群;(3)为趋势研究,创建通用类群(generic segment)。

4.形成心态量度的一种办法是使用先前行之有效的心理学构念。另一种办法是针对感兴趣的具体行为形成特别的题项。

5.在设计开发心态量度时,不仅应尽量听取专家的见解和利用好内部的资源,还要进行深度的消费者访谈。

6.最有用处的那些问题是以 7 级或 9 级量表量度的,以"非常不赞同"和"非常赞同"来定等的 AIO 陈述。

7.消费心态研究必须包括行为频次量度,这一点是十分重要的。

8.要事先对心态量表进行测试,用因子分析和聚类分析去除那些多余的,或没有分辨力的问题。

心态类例示

心态问题一般都用于根据思维或行为方式对人群进行分类。以这种方式对人群进行分类,使得研究者能更清楚地考察不同类的人的不同偏好(例如品牌偏好)和他们的所作所为。例如,用心态问题课对健康的和不健康的行为加以比较。询问心态问题的第二个理由是试图开发可用于对趋势和较大的系统的行为模式进行考察的、更一般的类或属类。

让我们先考虑一下,使用消费心态学来考察偏好或行为中的属类差异。诸如这样的考察正在变得越来越普遍。使用心态问题会涉及一或两个假设的、解释选择或行为差异的特征(或个性特征)。例如,一项研究假设有一种可称之为"好冒险的"特质,这一特质与那些比较好"好冒险的"人尝试新的、不同的产品的可能性有关。在随后的研究中,研究人员发现拥有这种特质的人,与不好冒险的人相比确实更有可能选择一种新的、不同口味的牙膏(更喜欢使用特洁(Ultra Brite)牙膏,而不是高露洁(Colgate)牙膏)。

用心态问题预测行为

用消费心态学对行为模式进行预测在市场研究领域相当流行。消费心态学一直被用来解释基于性格特征,而非人口学特征的偏好问题。比如,它们可以解释为什么安海斯布希的自然之光啤酒失败了,而蓓蕾之光啤酒却大获全胜。更为普遍的消费心态学问题的研究是比较两种品牌,预测消费者究竟偏好哪一种。一项关于摄像机购买的研究,对两类男性购买者进行了比较,一类男性购买的是价格比较贵的指定品牌,而另一类男性则购买价位能够承担的性能相仿的品牌。在依据社会消费心态学的属性,将所有的消费者归入了八个属性分类的某一类之后。研究人员发现,那些购买比较贵的指定品牌的人很有可能是"不起眼的社会孤立分子(inconspicuous social isolates)""英雄模仿者(masculine hero emulators)",或是"老于世故的世界主义者(sophisticated cosmopolitans)"。而那些偏爱价格低廉的人的特点可描绘为"沉默的保守派(silent conservatives)"或"备受煎熬、逆来顺受的工人

（embittered resigned workers）""清高的清教徒（highbrow puritans）""苦行主义者（rebellious pleasure seekers）"和"努力工作—尽情享乐者（work hard-play hard executives）"（Weinstein，1994：122）。注意，诸如这样的创意，在很大程度上都用于定义各种消费心态学属类。

有一项偏好研究，试图预测哪一种类型的人偏爱苦味的啤酒，哪一类型的人偏爱麦芽啤酒，又是哪一类型的人偏爱其他类型的啤酒。使用了聚类分析后，一部分人被归入了"创新、爱运动、自信"心理特征组，另一部分则被归入了"自我中心、不做作的和喜社交饮酒"组。研究人员发现第一组的成员更偏爱带苦味的啤酒。这种酒既不太可能醉人，也没那么多的酒沫（Wells，1975）。聚类的方法也常常用做考察行为。有一项研究，它试图以饮食和健康相关的倾向来把人分组。有一项这样的研究（Glanz and others，1998），把人们分为了有可能用于属类分析的 7 种聚类：（1）体育爱好者，（2）积极主动者，（3）胆小但喜新者，（4）谨小慎微者，（5）消极被动者，（6）苦中作乐的享乐主义者，（7）一无乐趣的虚无主义者。随后进行的研究（Wansink，2004）显示，这些生活方式的聚类，确实与某些群体成员的某种行为有关。例如，谨小慎微者可能对便利店、烹饪以及烘烤更有兴趣，而苦中作乐的享乐主义者不仅很可能会凭一时冲动行事，而且也更易受环境因素的影响（例如，尺码、包装的分类和搭配）。

用消费心态问题对回答人作属类分割

除了把消费心态学问题用于将消费者归入潜在的可用于诊断的属类群体之外，也可用问题来开发一些更一般的、可以考察行为的趋势和更大的系统的行为模式的属类。最为著名的消费心态学属类研究项目之一，便是由 SRI 咨询公司所实施的（Gunter and Furnham，1992）的一个项目（"价值与生活方式"，其简写为 VALS）。尽管许多消费心态学的研究都专注于，只是同某一类感兴趣的主题有关的量度和特征（减少狂喝滥饮，确定品味问题，了解谁最有可能给大学捐赠）问题。但是 VALS 研究不仅都是跨门类的，而且都试图显示更一般的，可用于跨各种名目繁多的群体和主题的消费心态学的属类。他们用消费心态学方法把人分成了八个不同的组。表 8.1 对每个类别中的人作了一般描述。

这些统计分类是用聚类分析法，对回答人的性别、年龄、教育程度和和收入等问题的回答，连同表 8.2 中提到的那些重要的消费心态学问题一起进行

分析之后确定的。每一个被测度的问题的答案,都必须是下列四个答案:
(1)非常不赞同,(2)较为不赞同,(3)较为赞同,(4)非常赞同中的一个。

有许多其他的辛迪加式的生活方式服务机构都用消费心态学方法来区分人口的属类和预测趋势。扬克洛维奇市场监控调查(Gunter and Furnham, 1992)便是一项关于消费市场中的50种趋势,如个性化、健康取向、有意义的工作、对幻想的反应和强调得奖等。

表 8.1 使用 VALS 做的八种心态细分

满足型

成熟、负责、受过良好教育的专业人士;对世界的大事见闻广博;对新的观点和社会的变化保持开放态度;有高收入并且以价值为导向。

信徒型

保守,喜欢美国货和名牌的可预期的消费者;有中等收入;以家庭、教堂和社区为生活的中心。

成就型

成功,以工作为重心的人,从他的工作和家庭获得满足;政治上保守并崇尚权威;喜欢公认的品牌来展示他们的成功。

奋斗型

价值观与成就型相似但是可以获得的资源非常少;风格和外观对他们来说很重要,因为他们努力效法那些他们想要成为的人。

体验型

最年轻的,投入很多精力在体育和社会活动上的群体;舍得花大钱的热切的消费者。

制造型

注重实际并崇尚自我满足的人;关注家庭和工作,对外面世界的休闲娱乐活动没有什么兴趣;对物质的拥有没有太多兴致。

挣扎型

最低的收入,最少的资源;在他们有限的收入范围内,是品牌忠实的消费者;为维持生计而努力赚钱。

实现型

最高的收入,最多的资源;高自尊;注重代表他们的品味、独立和品格的形象展现;喜好那些生活中精良的事物。

资料来源:SRI Consulting Business Intelligence,http://www.sric-bi.com/VALS/.

VALS 的另一种用途是价值观列表（LOV）。这种技术正逐渐赢得学术界的青睐，因为它既处于公共的领域，又与消费行为和趋势密切相连（Kamakura and Novak，1992）。与社会心理学的价值观研究相一致，LOV 法也专注于那些由在经验上有效的不同的构念组成的消费心态学的属类，如自我尊重、安全性、温暖的关系、成就感、自我实现、受尊重、归属感和幽默、快乐或兴奋感等。

表 8.2　用来建构 VALS 描述的心态问题的例子

1. 我常常对理论感兴趣。
2. 我喜欢不寻常的人和事。
3. 我喜欢在生活中有变化。
4. 我喜欢制作我能每天使用的东西。
5. 我追随最新的趋势和时尚。
6. 正如圣经上说的，世界是在六天中创造出来的。
7. 我喜欢掌控一个群体。
8. 我喜欢学习艺术、文化和历史。
9. 我经常渴求刺激。
10. 我仅仅对很少的事物真的感兴趣。
11. 比起买东西，我更喜欢制作。
12. 我比大部分人穿着时尚。
13. 联邦政府应该鼓励在公立学校做祷告的人。
14. 我比大部分人更有能力。
15. 我认为自己是一个知识分子。
16. 我必须承认我喜欢炫耀。
17. 我喜欢尝试新事物。
18. 我对机械的东西非常感兴趣，比如引擎、工艺制作。
19. 我喜欢最时尚的穿着。
20. 现在电视节目中关于性的太多了。
21. 我喜欢做领导。
22. 我愿意花一年或者更多的时间在国外。
23. 我喜欢生活中多一些刺激。
24. 我必须承认我的兴趣不广。
25. 我喜欢制作木头、金属或其他材料的东西。
26. 我想自己被认为是时尚的。
27. 一个女人只有为她的家庭带来快乐，她的生活才是满足的。
28. 我喜欢挑战那些我以前从未做过的事情。

29.我喜欢学习那些可能对我永远没用的事情。

30.我喜欢亲手制作东西。

31.我总是在寻找刺激。

32.我喜欢做那些新的不同的事情。

33.我喜欢逛五金或汽车店。

34.我愿意理解更多关于宇宙运行的知识。

35.我喜欢我的生活每个星期都差不多。

资料来源：SRI Consulting Business Intelligence, http://www.sric-bi.com/VALS/.

应当询问哪些消费心理学问题

确定用哪些消费心态学问题的基本方法有两种：一是使用先前行之有效的题项，另一种是开发与特定情境相关的题项。

一种最容易，而且也是合情合理的（但是也许创造性不够）能得到消费心态学的或个体的差异的量度的途径是，使用那些在文献中已经被证明是有效的，并确认与正在研究的内容相关的量度。这种方法的优点是可以使用原有的量表，且这些量表不仅已经被证明是有效的，而且还可能带有某些我们需要的概念。表8.3给出了一个有关某些个人间差异的量度的小例子。这些量度已在不同领域中使用，并成功地对不同行为作出了区分。所有这些特征都有着与之相关的、可方便地应用于各种用途的调查的量表。

如下面的例子所示，多数经常问及的问题都与里克特问题或语义差问题类似。

1.你认为自己是一个注重细节的人。

1 — 2 — 3 — 4 — 5 — 6 — 7 — 8 — 9

非常不赞同　　　　　　　　　　　　　　　　非常赞同

2.你认为你自己是……

1 — 2 — 3 — 4 — 5 — 6 — 7 — 8 — 9

不注重细节的人　　　　　　　　　　　　　注重细节的人

　　另一种方法是强迫人们去把一组陈述按从最赞同的到最不赞同的次序排列起来,以防止"只回答是"。这种排列顺序的方法还可以迫使回答人对题项作出区分,否则这些题项很可能会被标记在量表的同一位置上。在采用顺序量度时,一般可以重点将人分为高低两类,可用中位对分法,或上下三分法,把人分做高低两组。

　　虽然例中提到的两个问题都用了 9 级的量表,但是 4 级量表(回想一下 VALS 的例子)也经常可以见到,且更适合用于口头的以及电子式调查。本章末尾还会对这个问题作进一步的讨论,而有关回答选项格式的讨论则请参阅本书第 5 章。

　　还有另一种询问消费心态学问题的方法。有些研究者喜欢回答人呈示两个有关个性或 AIO 的陈述,并请他们表明他们更倾向于哪一个陈述。另外一些研究者则喜欢请回答人把一组陈述按从最赞同的到最不赞同这样的顺序进行排列。这种可供选择的方法可以迫使回答人在题项间作出区别,否则有可能被标记在量表的同一位置上。但是,这种做法对研究者而言,在设计和组织实施上常会有很多困难,而对回答人而言,也常常会令他们感到难以把握。

表 8.3　关于个人差异的变量的一些例子

认知的需要	注重细节	有好奇心
敌对情绪	焦虑	注重问题的解决
渴望成就	希望归属	渴望拥戴
自我为中心	积极参与	追求健康
积极主动	注重预防	性格内向
创新者	情绪化	爱好社交
讲道德	担风险	固执
理性的	自我监督	随波逐流
易受影响	需要赞赏	场所的控制
易冲动	教条主义	满足感迟缓
男子气概-女性特质	好依赖	

形成消费心态问题的七个步骤

在进行消费心态学研究时,既可以始于一个高度多样化的陈述集("霰弹枪"法),也可始于一组数量较为有限的多题项的、针对一些特定的非常明确的消费心态学构念的量表。

有些著名的研究者(Wells,1975)喜欢更具探索性的霰弹枪法,因为它能生成某些新颖、出乎意料和可能会令人感兴趣或有用的关系。而使用一组数量有限的多题项量表则不仅会限制研究者可能涉及的主题广度,而且还常常会阻碍回答人产生有洞见的观察。虽然霰弹枪法拓展的领域能提供一些有吸引力的和有趣的发现,但是这些量度最终能否为研究所用,还要视具体情况而定。一般来讲,量度越特殊,那么要证明任何与之关联的令人感兴趣的发现就越困难。不仅如此,用一些特殊量度发现的事理通常也更难以重复。

考虑到这一告诫,我们究竟应该怎样来生成和引出那些可能为一个特定研究项目所用的、消费心理学的或个体差异变量呢? 这一方法与前面几章介绍的问题编写方法的一般步骤颇为相似。

检索文献

在我们感兴趣的文献范围内,寻找其中可能含有的、对态度和行为有影响的构念。文献的性质既可以是学术性的,也可以是通俗性的。

征询这一领域内的有关专家的意见

可能会有这样一些研究人员、销售人员、顾客或简称为"知情者"的人——这些人由于同我们的目标群体有频繁的互动而拥有专门的经验。例如,有一项试图理解(并制止)嗜酒行为的研究,为了发现那些最容易造成酗酒行为的个性问题,对一些酒吧服务员进行了访谈。与此相似,一个在对工作用鞋上花费很多钱的男士的研究,从机场的擦鞋匠那里得到了很多启示,从而得以了解穿考尔汗(Cole-Haan)鞋的男士与穿艾伦埃德蒙兹(Allen-Edmunds)鞋的男士有何不同。

进行深度访谈或焦点组访谈

如果可能,请对那些在这些领域中我们最希望探究的那些人作深度访谈或焦点组访谈。这些人对我们感兴趣的领域涉足越深或"痴迷"越甚,那么他们的见地也就越有用。一开始,我们可以请他们先描述一下他们自身,以及其他那些与他们有相同偏好的人。我们的目的是更加确信我们已经制定的那些标准,的确与我们正在研究的总体中的某些子属有关。

关注那些在量表上测量的 AIO 陈述

那些最有效的消费心态研究,借助大量的(几十个)与行动、兴趣和看法(AIO)相关的陈述,设计开发出了许多切实可行的生活方式属类分组法。这些陈述既可以直接,也可以间接与关注的行为有关。但是,直接也罢,间接也好,它们至少要对行为有假设的、间接或相互的效应。一项涉及轿车购买行为的研究用了这样一些陈述,例如,"因为我十分在意我的家人,所以他们知道我有多爱他们""我对轿车的选择会影响我的自我感觉"以及"汽车广告是对我的智力的侮辱"(Weinstein,1994:120)。这些 AIO 陈述通常都使用 7 级或 9 级量表,量表上标有"非常不赞同"和"非常赞同"的确切位置,但是也有用 4 级量表的,上面标着"极不赞同"和"极赞同"的位置。一般而言,因为在设计开发属类时,离散趋势的测量至关重要,所以我们有理由应用更为精细的量度。如果使用的是小的样本,这一点会显得尤其重要。

纳入重要的行为

除了 AIO 信息之外,还要设法纳入一些可能与感兴趣的行为有关的行为,这同样也是至关重要的。这些问题常常会问及回答人从事有关的行为的频繁程度。了解回答人使用各种产品的频次固然很有用处,但若能对人们举行晚宴、宴饮、运动和读纪实类书籍的频次也有所了解,同样也会对各种消费心态学摹本的设计开发有所帮助(Wansink, 2003a)。

进行试调查并采用多变量分析

在那些潜在的区分准则很清楚的时候,就可着手进行一个试调查。在正式调查之前,可对试调查的结果作一番分析(如因子分析、聚类分析和均值比较等),并据此减少那些不必要的问卷题项。

描述命名消费心理学属类

在合理而精确地确定了一组属类问题之后,进而再对这些问题进行描述命名是很有用处的。在学术界有人常常只是简单地把它们命名为属类 1,属类 2 等,这种方法固然简单,但是却会有碍人们施展自己有效地解释数据的才能。例如,最近有一项关于有影响力的厨师的研究(Wansink,2003a)定义了几种属类,如"比赛型厨师""创新型厨师""传统型厨师""囤积型厨师"和"有负罪感的厨师"等。这些定义不仅有助于辨识出哪些类型的厨师最有可能采纳健康的新烹调法和新原料,还有助于辨识出哪些人最可能以口传的方式影响这些新原料的传播。

示例:消费心态学中的一个汤料研究

有一个消费心态学用的实例是为某个汤料公司作的一项研究(Wansink and Park,2000a)。多年以来,这家汤料公司一直以一种一般的方式促销它的各类汤料。而最近有证据显示不同类型的人群偏爱不同类型的汤料。这家公司推测,如果它能够就哪些类型的人群偏爱哪些类型的汤料能有一些基本的了解,那么它就能用这些信息,以某种更有针对性的方式促销它的汤料。例如,如果以健康为取向的、喜爱户外运动的人群更偏爱蔬菜类的汤料,那么公司可以制作更具针对性的"蔬菜汤的广告",并可以将它们刊登在这些人可能阅读的杂志上;广告中可能兜售健康的种种益处,甚而还可以在其中展示一些身体强健和爱好户外运动的人的形象。出于这一目的,汤料公司想为它最流行的汤料设计开发一些消费心态学的和生活方式的摹本。

实施此项研究的第一步是检索学术文献,查找个体间差异的证据以及与不同口味有关的个性变量——并设置测量这些项目的量表。接着,研究人员就某些值得进一步考察的、有可能定义的特征,在流行的出版物中作进一步考察以期发现更多更新的线索。

第二步是征询知情者的意见,所谓知情者是那些在汤料偏好方面的内行或独具慧眼的人。那些有经验的餐厅女招待,因为经常与食汤客接触,从而对汤料有深切的了解的便可视为汤料内行。研究人员联络了 32 位这种类型的女招待(每人都有 8 年以上的工作经验),并请她们回答这样的问题"如果这天您供应的是鸡汤面,那么哪一类型的客人会点它?"大多数的女招待对于每一种类型的爱汤客都十分了解,从他们的言谈举止到他们的衣着打扮以及谈话的内容,甚而包括他们的衣服上是否沾有猫毛,她们都会有所了解。访谈后,有相当多的颇为相似的洞见一一浮现了出来。例如,女招待常常提到那些经常点鸡汤面的客人看上去相当友善和乐观,午餐时他们待的时间也最长。女招待们还提到那些不常点鸡汤面,而常常点土豆汤的顾客,经常会提到宠物(或者在他们衣服上会沾有宠物毛),而在独自进食午餐时,他们还很可能会读一读平装书。

第三个步骤是对那些自称是某一口味的汤的"粉丝"的人作深入访谈,请他们作自我描述,并请他们说一说自己与那些偏爱其他类型汤料的人的不同之处。此外,那些前面两个与检索有关的步骤的相关问题也会被拿出来作一番探究。

第四步是构建问卷。所有这些背景文献、对女招待的访谈及深度访谈,会建议我们使用一些个性的特征或构念,它们可以把八种类型的爱汤客中的每一种区分出来(参见图 8.1 的部分列表)。每一个这些准则的量度,或来自文献检索,或形成于定性研究,也有的则得益于知情者(女招待)的洞见。在对完成的问卷作了试调查并作了精简之后,最终定稿用的是一个由 1 200 名北美成年人构成的样本。图8.1列出的图像反映了哪几类变量与哪一种类型汤料的食用关系最强。

最后的分析用一个独立的样本作了交叉验证。结果发现那些有极端偏好的人往往有着许多共同之处。例如,有着极端偏好的人有 70%的时间喝同一口味的汤料。不仅如此,每种汤料的爱好者其趣味存在颇多相似之处。特别爱喝土豆汤的人可能是一个爱书人、喜欢养宠物的人、倔脾气的和对家庭有着强烈情感的人;爱吃鸡汤面的人则可能是有些恋家的人、常去做礼拜的人,可能还是一个多少缺少那么一点创意的人(Wansink and Park,2000b)。然后,这些聚类被用于确定怎样用不同的方式去促销不同类型的汤料——在哪些杂志上做广告和使用哪种广告策略。

生活方式	个 性
积极的生活方式（蔬菜） ● 我钟爱户外活动 ● 我体型合适 ● 我是工作狂 ● 我积极参加社交活动	**心智灵敏（蛤蜊杂烩汤）** ● 我博见广识 ● 我世事通达 ● 我有创造力 ● 我注重细节 ● 我富有机智 ● 我注重营养
热爱家庭（鸡肉面） ● 我以家庭为主 ● 我经常去做礼拜 ● 我比较传统	**社交的（辣汤）** ● 我喜欢参加聚会 ● 我是外向的 ● 我不会害羞 ● 我很率真 ● 我是新式样的推广者
喜欢待在家（番茄） ● 我喜欢花时间独处 ● 我是一个喜欢待在家的人 ● 我是一个好的厨师 ● 我是一个喜欢宠物的人	**运动型（奶油汤）** ● 我喜好运动 ● 我喜欢竞争 ● 我爱冒险
热爱智力刺激（法国洋葱） ● 我是技术专家 ● 我是周游世界的旅行家 ● 我是读书爱好者	**乐天的（意大利浓汤）** ● 我脚踏实地 ● 我充满爱心 ● 我喜欢生气勃勃 ● 我是乐观主义者

图 8.1　用以区分对汤的偏好的生活方式和个性的变量

资料来源：Wansink and Park，2000a.

将心理描述的问题组织起来，分析它的答案

有一种类型的消费心态学问题，要求回答人对那些有关个性（例如表8.1和表8.2中提到的那些）的陈述，表明自己的同意程度。阐述这类问题的常用的方式是，使用一种奇数间距的，从1（非常不赞同）一直排列到9（非常赞同）的9级量表。量表中间的点常常尚未确定，而是留给回答人了，由他们去

插入这些值。

第二种方法是使用一种比较简略的量表(如在本章的前面提到的 VALS 例中所做的那样)。此时,使用的是偶数间距的 4 级(或 6 级)量表,量表的适当位置上标有"非常不赞同""比较不赞同""比较赞同"和"非常赞同"等字样。虽然这种量表既没有出一个中点,涉及的范围也没有 9 级量表那么广度,但这种形式的量表对许多调查模式——纸笔调查、电话调查或电子调查——都非常适合。

韦尔斯(Wells,1975)发现在样本量比较大的时候,回答往往会比较分散,这时,分析 AIO 数据最简单的方式是定序的交互表。但是在样本量比较小的、回答又是高度偏向某一极时,简单的交互表就会有许多空格。在这种情形下,最好是合并级数,以使每一级(组)都能包含足够数量的回答人。一旦发现了有显著性的关系,随后的问题就是组织和理解这些关系。这时,因子分析就很有用。

有人认为消费心态特征和产品或行为的偏好之间的关系,只不过是更基本的人口学特征的外在显现而已。然而,两种有着非常相似的人口学特征的产品有时则显示出实际意义的不同的消费心理学特征,不仅如此,某一种人口群体,其本身可能没有太多意义,除非我们对它在生活方式上的含义作出清晰的图解。尽管消费心态学变量与偏好间的相关系数极少超出 0.3 或 0.4 (Wells,1975),不过人口学变量同产品偏好间的关系也同样如此。

小　结

最近 20 年,随着我们处理数量较大、结构比较复杂的数据的能力的提高,我们对消费者的理解也在不断深化。它导致消费心理学问题的使用变得越来越普遍。人们开始根据人的所思和所为,而不只是简单地根据一些人口学标准来区分人的属类和描摹人的特性,尽管许多早期的消费心态学工作都是探索性的,且都把精力集中在具体而特殊的问题,或把精力大量花费在发现消费心态学的属类上了。但随着越来越多的研究的开展,无疑将会大大有助于这方面研究的进一步的标准化。

综合使用消费心态学的 AIO 问题和与行为相关的问题,可能会是一种新的、有效的能更好地理解人和人的行为方式的方法。简而言之,这些问题的使用将有助于熔炼出一种更具社会学意义的调查方法,进而有助于它吸取心理学的长处。

推荐阅读书目

Consumer Profles: An Introduction to Psychographics (Gunter and Furnham, 1992).

Value-System Segmentation: Exploring the Meaning of LOV (Kamakura and Novak, 1992).

Developing and Validating Useful Consumer Prototypes (Wansink, 1994b).

Profiling Nutritional Gatekeepers: Three Methods for Differentiating Influential Cooks (Wansink, 2003a).

Accounting for Taste: Prototypes that Predict Preference (Wansink and Park, 2000a).

Methods and Measures that Profile Heavy Users (Wansink and Park, 2000b).

Profiling Taste-Motivated Segments (Wansink and Westgren, 2003).

Market Segmentation (Weinstein, 1994).

Psychographics: A Critical Review (Wells, 1975).

9 询问标准的人口学问题

本章与前几章的形式有所不同,在这一章我们不是像前面几章那样,先给出一组范围广泛的实例,然后再介绍编写有关问题时应当考虑些什么,而是只给了为数不多的几个可用于大多数情形下参考的人口学问题实例。

我们在此给出的人口学问题有不同的出处,但主要是采自美国国家人口普查局的有关问题,这些问题有的用在十年一次的人口普查中,有的用在目前的人口调查中。这些问题是很值得我们予以关注的,因为它们不仅都已经过显著性检验,而且它们还与国家人口普查局使用的问题一致,因而允许把我们的样本人口学特征与国家人口普查的估计值进行比较。这样做可以帮助我们确定样本是否有偏倚和如何对样本加权,以使其能更好地代表总体。

我们将我们推荐给读者的问题以不同的字体和与之相关的论题的讨论一起给出。我们对读者可以进行的重要修正进行了讨论,对那些可以做但不太重要的修正就没有讨论,因为它们能适用于各种不同的问卷模式。对每一个问题,我们都给出了样本的来源。我们应当认识到,这每一个问题都已曾在许多不同的问卷中使用过。

本章要点

1.在试图确定该如何问人口学的问题时,研究人员可能会花费很多时间去做前人已经做过的并且是很成功的事。为了避免出现这样的情况,最好的做法是采用本章使用的那些问题,当然采用不是照搬,而是要根据自己的需要对它们作适当的修改。

2.针对想问的人口学问题,确定需要的精确程度。对多数研究人员而言,本章中的实例所达到的精确性都已经超出了他们所需要的程度。仿照本章中给出的实例,并根据你的研究所需的精确程度对它们作出适当的调整。

3.人口学的问题几乎总是在访谈的结尾,即在实质性问题之后询问的。但在需要对有关人员筛选选出合格的回答人时,如在我们想要筛选出 50 岁以上的人,或对一个特定样本加以平衡时,或就同一个问题分别问住户中的每一位成员时,这种一般规则也会有例外。在遇到这样的情况时,对那些一般应该出现在调查末尾的问题,则可根据需要,以任何顺序进行询问(但是有关人种和种族的问题不在此例)。

4.还有一个问题也很重要,大家也应该予以注意:那就是我们也可以把一个回答人作为一个知情人使用,向他询问户内其他人的情况。在询问人口学问题时,这样的做法很普遍。在这类问题中,我们可用"您"这个字来指称回答人,但是户中每个成员的姓名则要插入到每一重复的问题中。这就是说,一份问卷不能只问"您的××生日是什么时候?",而应当问"您的××(某人的姓名)的生日是什么时候?"。对户中的每一个人或"名字"都要重复问这一问题。在这一章的行文中我们只是用了问题的简化形成,而在实践中,则必须将"姓名"一一插入到这类问题中。有多少个重复问题,就需要插入多少个名字。

询问家庭户的大小和构成

　　研究者常常有兴趣了解一户中有哪些人共同生活,以及共同生活者之间的相互关系。这种兴趣有时有实质性原因,有时只是为了获取数据加权所必需的信息。有效询问家户构成的问题不仅是有一定难度的,而且如果这些问题出现在访谈之初,还有可能给访谈带来这样或那样的问题,如下所示:

　　　　昨天晚上(具体的日期)有几个人住在这幢房子、公寓或活动房屋里?

　　　　这些人包括:收养的子女、室友或房友,以及那些昨晚住在这里的没有其他永久性居所的人。除这些人之外,那些即使另有其他居住地,但在工作期间的大部分时间都住在这儿的人也应该包括在内。

　　　　下列人员请不要包括在内:

　　　　　　在外求学的大学生

　　　　　　昨晚待在劳教所,看护所或精神病院的人

　　　　　　单独住在某个其他地方的军人

　　　　　　那些大多数时间居住在或滞留在其他地方的人

　　在这个采自美国人口普查局的问题中,从其包含与排除的列表中,可以清楚地看出制作一张家庭户中成员表并不是一个简单的工作。有相当数量的人没有长期的居住地址,但是他们会不断地从一个地方搬到另一个地方,因而很可能在家庭成员表中被遗漏。其他一些人(例如正在上大学的子女以及因长期委派而离家在外的家庭成员)却可能被包括进来。这个问题涉及的只是家庭户中的总人数,因此与那些直接询问姓名的问题(这些问题的答案如果是以后询问其他问题所需要的参考资料,那么通常便会接着被问到)相比,比较不那么敏感。有时,回答人因为害怕承担法律后果,或利益的损失,可能会故意隐瞒某些人的存在,例如享受福利救济的人、非法入境者和未婚的父母等。

请告诉我昨晚(具体的日期)住在这里的所有人的名字(或名字的第一个字母)。我们首先想询问一下居住在这里(这所房子、公寓或活动房)的房主或购房人、承租人(如果这些人不止一位,可先问其中任何一位)一些问题(如果那里没有这样的人,则可以从居住或逗留在该处的任何一个人开始询问)。

在此书的前一版中,户主这个术语被看做是一个主观的术语,所以现在已经弃而不用了。现在它已被代之以一种基于住房拥有者或承租人这一概念的操作定义。回答人可能常常会问访谈员:"你为什么希望知道每个人的名字或名字的第一个字母呢?"访谈员通常的回答是:"因为我有一些问题涉及每一个住户成员,知道了他们的名字或名字的第一个字母就不会弄混。"当然,如果不存在那些针对单个的家庭成员的具体问题,那么也就无需知道家庭户成员的名字了。

如果对家庭户的构成问题很感兴趣,那么下面这些问题,必须一一询问每一个家庭户成员。

(以下问题请询问成员 1 之外的,其他所有的家庭户成员)您(某个姓名)同(成员姓名)是什么关系?

丈夫或妻子

亲生子女

收养子女

继子或继女

兄弟或姊妹

父亲或母亲

孙子女

公婆或岳父母

女婿或媳妇

其他的亲戚关系(具体填写)

如果同成员 1 没有亲戚关系,那么你们的关系是:

房客、寄宿者

合住者、室友

未婚伙伴

照看的孩子

其他非亲戚的关系

这个问题是美国人口普查的基本问题。需要指出的是,自本书的前一版问世以来,非传统的家庭户的数量已经迅速增加,因此不言而喻,有关亲属关系和非亲属关系的详细分类是十分必要的。

性别问题

您(姓名)的性别是?

□男 □女

有时从一个人的名字或声音中很容易判断出他或她的性别,但是有时只是根据名字或声音还是难以区分。如果用的是第一个字母,那么访谈员有更大的回旋余地去问性别问题,因为在大多数人看来,这无非只是一个形式而已。

年龄问题

为了精确地把握个人的年龄,同时为了尽可能地减少出错的机会,美国人口普查局问了两个问题。

1.按(几月几日)算,您的年龄是?

2.您出生的时间是?(年/月/日)

美国人口普查局发现能得到最精确的年龄资料的方法是同时问年龄和出生时间。在访谈时,两个答案可以相互校验,并立即纠正任一回答中的偏差。根据出生日期对年龄进行验证,不仅可以减少因为粗心大意而产生错误的可能性,也可减少将年龄误报为去年的年龄的可能性——明明又过了一年,已经 40 岁了,却还以为自己只有 39 岁。

我们还不清楚这类偏差到底有多大,或者说犯这类错误的机会有多大。在多数研究中,年龄只是许多自变量中的一个,而且并不是十分重要,因此,我们认为没有必要同时问两个年龄问题。如果只问一个问题的话,那么询问出生年则要优于年龄,因为那些对自己的年龄比较关心的回答人,两个问题比较起来,还是出生年龄他们感到的威胁要小一些。

你(姓名)是在哪一年出生的?

种族和血统问题

1.您(姓名)是西班牙人/说西班牙语的人/还是拉美人?

　　□否　　□是

2.您属于哪一个种族?(可以多选)

　　□白人

　　□黑人,非裔美国人或是黑种人

　　□美裔印第安人或是阿拉斯加土著

　　□亚裔

　　□其他(请具体说明)＿＿＿＿＿＿＿＿

这两道关于西班牙裔血统和种族的美国人口普查问题反映了美国管理和预算办公室现在作出的规定,即必须对这两个问题分别进行询问。为了减少在种族问题上的混淆,先询问有关西班牙裔(或更加一般的种族)问题这一点是很重要的。然而已经在第一题中确认自己是西班牙裔之后,许多西班牙裔人会因为对随后那个种族问题感到迷惑不解,而回答“其他”。

许多非政府的研究人员只是把两个问题简单地合并成一个问题,用西班牙人—西班牙裔—拉美人作为种族的一个类别。很久以来,人们就已经认识到这样分类是没有科学根据的,人们的种族类别应当以他们自己的主观认定为依据。由此我们可以认为,访谈员每次都应当询问这一问题,因为访谈员自己的观察往往是不十分可靠的。近年来,已经有越来越多的人把自己看做是多种族群体中的一员。而像目前这样表述的问题则使他们得以表明所有这样的群体。

美国人口普查通过对这些问题的编码,把它们进一步分了若干子类,但是如果我们觉得还需要对它们作进一步的细分,那么我们建议你们使用开放式问题——例如,"您(姓名)的祖先或原种族出身是( )(可以有多个答案)"

答案的类别要视回答的分布而定。很多回答人可能只会说"美国人"。而许多犹太人不会给出原国籍,只会简单地说"犹太人"。为了能更为具体地说明这一问题,我们给出了一个略加修改的、综合社会调查(General Social Survey,简称 GSS)使用的编码分类。如果你认为就某个特定的国籍出现的比率很低,那么可以把它从列表中删除,并保证表中含有"其他"这一选项。下表即包含了"其他"这一选项。

非洲人	德国人	塞尔维亚人
美国人	希腊人	斯拉夫人
美洲印第安人	匈牙利人	西班牙人
阿拉伯人	印度人	瑞典人
奥地利人	爱尔兰人	瑞士人
比利时人	意大利人	西印度群岛人(西班牙裔)
加拿大人(法裔)	日本人	西印度群岛人(非西班牙裔)
加拿大人(其他)＿＿	犹太人	其他西班牙裔人(中南美洲的)＿＿
中国人	立陶宛人	其他亚洲人＿＿
克罗地亚人	墨西哥人	其他欧洲人＿＿
捷克人	挪威人	
丹麦人	波兰人	
荷兰人(荷兰/荷兰低地地区)	葡萄牙人	

英国人或威尔士人 罗马尼亚人

菲律宾人   俄国人或前苏联人

芬兰人   苏格兰人

法国人

婚姻状况问题

您的婚姻状况是：

☐ 已婚

☐ 丧偶

☐ 离婚

☐ 分居

☐ 从未结过婚

要避免使用"单独的"这个词，因为在日常的谈话中，这个词常常意味着离婚分居或未婚。"分居"意味着由于夫妻间的婚姻不和睦而导致的夫妻双方在居住上的分离；它不包括那些因丈夫在军中或是在其他城市工作和其他的类似情况而导致的夫妻双方在居住上的分离。

现在已经有相当多的人虽然居住在一起，有共同的"家庭"收入和支出，但是他们并不是合法的夫妻。NORC 把这类人群定义为"类婚同居"（living as married）。我们可以根据需要，或者把这一群体设为单独的一类，或并入"已婚"这一类。当然，如果需要，或许也可完全忽略不计。

教育问题

1.您现在是在校就读还是刚注册入学？

2.(**如果回答是**)：请问您是全日制学生还是非全日制的学生？

 ☐ 是全日制的

□是非全日制的

□没有

3.(如果回答是):您现在读几年级或听什么程度的课?

_____年级

4.你最终在校读了几年书?

最终读了_____年

5.您(姓名)的最高教育程度是?

□无学历

□初等学历

□高中毕业或(包括通过一般教育考试的同等学力者、大学肄业者)

□本科毕业

□硕士毕业

□专业性学位(医师、牙外科博士、兽医博士、法律大学士、法学博士、神学博士)

□博士学位(哲学博士或教育学博士)

有两个重要的原因,要求把教育问题纳入一般人口的调查中。这些问题不仅能确定户中有哪些成员是目前注册在读的学生,而且还有助于确定那些已经完成学校教育的家庭成员的教育程度。为了能完整地对教育水平进行测量,我们有必要去确定某人的最终学历。因为有人可能通过一般教育发展考试而达到了高中学历,因而他实际的受教育年限可能少于正规教学所需要的八年。虽然有时,有人也会把最终所受的教育年限和最终学历合成单独一个复杂的问题,但是对回答人而言,分别去问这两个问题,回答起来会容易一些。

如果教育并不是一个关键的变量,那么你既可以只问问题4,也可以只问问题5。但这时,我们必须认识到,由于没有同时问这两个问题,可能会在精确性上有所损失。同时,我们还要注意到,问题4指的是最终完成的教育年限,而不是上学的年限。上面推荐的问题固然与美国的教育系统是一致的,但他们是却不能确认那些接受过特别培训的人。如果想要得到诸如这样的信息,我们应当追问一个后续问题——例如,当问到"除了您告诉过我的正规教育之外,您是否还进过其他类型的学校,比如职业学校。"这一问题时,回答人可能会答"有过"或"没有过"。

与就业有关的问题

1.上星期您是否从事过有工资收入或盈利的工作?

　　□从事过(回答第2题)　　□没有从事过(回答3至7题)

2.上星期您一共工作了几小时?

　　_____小时

3.(如果没有):上星期您是否被裁员?

　　□是　　　□否(跳答第5题)

4.您是否得到过这样的通知,您会在6个月内重回工作岗位,或您已经知道自己返岗的确切日期?

　　□是(跳答第7题)　　　□否

5.上星期,您是否曾因休假、临时有病、劳资纠纷或者某些其他的原因而临时离岗或歇业?

　　□是　　　□否

6.上四个星期,您是否一直在寻找工作?

　　□是(答第7题)　　　□否

7.上一个星期,如果有人给了您一份工作,或要召您回工作岗位,那么您是否会开始工作?

　　□会　　　□不会

　　这一组问题有两个目的。首先,它有助于确定某人目前是否有工作。其次,它有助于确定那些失业的人是否属于劳动力人口(积极寻找工作的人)。如果你只对就业的状况有兴趣,而对劳动力本身的状况不感兴趣,那么只要问第一题和第二题就足够了。在现在进行的测量失业率的人口调查中,一般都不会要求15周岁以下的人回答这些问题。

职业问题

用开放式的问题询问，以便对个人的职业有更多的了解。实例如下：

 1.您为谁工作？

 2.您从事的是哪一种生意或哪一个行业？（**如果从第一题中很明显可知，可不必再问这一题**）

 3.您一直在做什么工作？

 4.您最主要的活动或职责是什么？

获取某个人职业状况的精确信息是一项复杂的工作，需要对四个开放式的问题进行编码。因为这种编码需要扎实的训练和经验，所以无论是让回答人还是访谈员来做职业编码都是一种严重的错误，因为这样做常常会导致而且经常是十分严重的职业分类。我们认为，如果职业信息对我们的研究确实很重要，那么我们就应当询问所有有关职业的问题，并且仔细地对它们进行编码。如果职业信息只不过是我们将要研究的许多因变量中的一个，那么比较明智的做法是完全将它舍弃。

现在，我们用一些例子来说明为什么这些问题都是必要的。严格讲，问题1并非必需的，但是多数人在被问到他们的工作的时候，都会先报告自己在为谁工作。假设在回答问题1时，回答人说他在为布谢（Busey）（是一家银行）工作。因为这一答案还不足以确定他工作的地方的性质。所以下一个问题就需要确定布谢是一家银行。如果问题1的回答是布谢银行，或者是伊利诺伊大学、美国陆军等，那么问题2就是不必要的了。可是即便问了问题1和问题2，我们仍然无法知道回答人的具体工作是什么，究竟是银行的经理人员，或是一名出纳、警卫，还是看门人？

只是问题3和问题4本身也还不足以完全确定回答人从事的具体工作。例如，劳动者的工作会随着他们工作的行业变化而变化。我们之所以说问题3是不足够的，是因为许多不同的工作往往会有相同的头衔。例如，一个说自己是一个工程师的回答人,有可能是:(1)负责设计桥梁、飞机场或计算机;(2)负责操作铁路机车;(3)负责保养核电站的发电机;(4)负责维护校舍。无独有偶,那些说自己是修路工的回答人,如果他们负责监督一组工人,那么他们便应当是工长,如果他们的工作是操作推土机,那么他们便应当是机械操作工,而如果他们用锄头和铲子来工作,那么他们则应当是体力劳动者。

如果给出的答案是模糊不清的,那么即使问了这四个问题也仍然是不够的。我们需要对访谈员进行培训,让他们学会去问后续的进一步探问的问题。比如,如果工厂的工人说他们操作的是机器,那么就要问"您操作哪种机器?";要问护理人员"您是注册护士还是护工?";要问教师"您在哪个层次的学校教书?"以便能够区别大学教师和小学教师。

流动问题

有时我们需要了解回答人在同一地方居住了多长时间?一种询问这一类问题的很有效的方法如下面所示:

1.5 年前您就开始在这间房子或公寓里居住了么?(**5 岁以下的儿童不用问这个问题**)

□是　　□否(**回答问题 2**)

2.5 年前您住在哪里?

问题 2 的具体编码要视研究需要的数据的详细程度而定。对许多目的而言,编码详细到不同的国家、不同的州和同一个州的不同地址可能就足够了。

收入问题

收入问题一直都是人口学问题中最为困难的问题。有的人由于社会期许偏倚而高报他们的收入,还有一些人则会系统地低报他们的收入。人们之所以会这样做,有时是故意的,而有时则是偶然的。其原因可能是因为不了解每个家庭成员的收入究竟是多少,或者只是因为忘了报告自己的所有收入。美国人口普查局试图提醒人们详细地回答收入问题,但这样详细的问题,因为太耗费时间且有一定的强制性,从而会导致很高的拒访率。目前的数据表明,有20%左右的回答人拒绝回答详细的收入问题,而拒绝回答稍微简单一点的收入问题的回答人也在5%~10%。

我们给了3个版本的收入问题。第一个是美国人口普查局用的复杂版本,它虽然减少了低报,却增加了无回答。第二个是用了分叉方法的版本,原来用于电话访谈,现在也逐渐用在许多面对面的调查中。第三个版本主要用于自填式调查中,但同样也可用在某些面对面的调查中。

> 1a.在(_____年)中,您是否有工资、薪水、佣金、奖金或小费收入?
>
> □是　　□否
>
> 1b.(**如果回答是**):在扣除各种税费前,您一共从所有的工作中获得了多少?
>
> $_____
>
> 2a.在(_____年),您是否从自有的非农经营或农业性经营中得到过任何收入(包括独资和合资经营)?
>
> □是　　□否
>
> 2b.(**如果回答是**):您的收入是多少?请报告经营支出后的净收入。
>
> $_____
>
> 3a.您是否有来自利息、股息、净租金或动产和不动产的收入?
>
> □是　　□否
>
> 3b.(**如果回答是**):您的收入是多少?
>
> $_____
>
> 4a.您是否从社会保障或铁路退休保障中得到过保障金?
>
> □是　　□否
>
> 4b.(**如果回答是**):您得了多少?
>
> $_____

5a.不包括社会保障,您是否获得过退休金、亡者的遗产或残疾抚恤金?

  □是　　□否

5b.(**如果回答是**):您得了多少?

  $＿＿＿＿＿

6a.您是否获得过社会补助金(Supplemental Security Income,简称SSI)?

  □是　　□否

6b.(**如果回答是**):您得了多少?

  $＿＿＿＿＿

7a.您是否从州政府或地方福利署得到过公共援助金或福利支助金?

  □是　　□否

7b.(**如果回答是**)您得了多少?

  $＿＿＿＿＿

8a.您是否定期地从其他的来源中,例如赡养费、抚养费、退伍津贴或失业补偿金,得到过收入?

  □是　　□否

8b.(**如果回答是**)您得了多少?

  $＿＿＿＿＿

9.在(＿＿＿＿＿年)中,您的总收入是多少? 如果有损失,那么请以负数的形式填入损失的数目。

  $＿＿＿＿＿

　　注意,尽管这一组问题已经很复杂了,但是它仍然还是把多种收入来源并入到了一个子问题中,而没有分别去询问每一种收入来源。即使这样,在用这一组问题问每一位15岁及以上的家庭成员时,也仍然十分耗费时间。

　　下一个问题版本只需要回答人对数目不多的收入分段回答"是"或"否"。一般都把第一个分段点放在调查时估计的中位数上,或中位数附近,当然这个点会随时间变化而变化。就本例的目的而言,我们用了4万美元作为中间分段点。

在(＿＿＿＿年)中,您所有的家庭成员从就业以及其他各种来源中得到的税前的年收入大概是?

a.在 \$40 000 或以上,还是少于 \$40 000?

　□ \$40 000 或以上(**问问题 b**)　　　□少于 \$40 000(**问问题 e**)

b.在 \$50 000 或以上,还是少于 \$50 000?

　□ \$50 000 或以上(**问问题 c**)　　　□少于 \$50 000(**停止提问**)

c.在 \$60 000 或以上,还是少于 \$60 000?

　□ \$60 000 或以上(**问问题 d**)　　　□少于 \$60 000(**停止提问**)

d.在 \$75 000 或以上吗?

　□是　　　□否

e.少于 \$40 000 吗?

　□是(**问问题 f**)　　　□否(**停止提问**)

f.少于 \$30 000 吗?

　□是(**问问题 g**)　　　□否(**停止提问**)

g.少于 \$20 000 吗?

　□是(**问问题 h**)　　　□否(**停止提问**)

h.少于 \$10 000 吗?

　□是　　　□否

我们还可以通过询问更多的问题得到划分更细的样本,但是一般讲,只要问 4 个是—否问题,就足以从一个一般的总体样本中得到一个合理的分布。假如我们调查的是高收入的总体,那么从收入的中位数开始提问,就会导致对收入的低估(Locander and Burton, 1976)。在这种情形下,提问最好能先从收入的最高端开始,然后逐渐降低收入段。

a.在 \$100 000 以上吗?

b.(**如果回答否**):在 \$75 000 以上吗?

c.(**如果回答否**):在 \$50 000 以上吗?

d.(**如果回答否**):在 \$40 000 以上吗? (如此这般,依此类推)

相反,如果提问从收入中位数开始,那么会使低收入家庭高报他们的收入。因此,就低收入家庭的调查而言,较好的做法是先从低收入段开始提问,然后逐渐提高收入。

> a.低于 $5 000 吗?
>
> b.(**如果回答否**):低于 $10 000 吗?
>
> c.(**如果回答否**):低于 $20 000 吗?
>
> d.(**如果回答否**):低于 $30 000 吗?(**如此这般,依此类推**)

最后一个版本只要求回答人从若干种收入类别中选择一个类别。与用分叉法类似,类别的间距和数目是可以随收入的波动而变化的。

> 能否请您告诉我卡片上的哪一个字母最能代表您全家在(_____
> 年)总的税前收入?总收入应当包括工资、薪水、来自经营和农业的
> 净收入、养老金、股息、利息、租金以及所有家庭成员得到的任何其
> 他收入?
>
> a.不到 $5 000
>
> b.$5 000～$9 999
>
> c.$10 000～$14 999
>
> d.$15 000～$19 999
>
> e.$20 000～$29 999
>
> f.$30 000～$39 999
>
> g.$40 000～$49 999
>
> h.$50 000～$59 999
>
> i.$60 000～$79 999
>
> j.$80 000～$99 999
>
> k.$100 000 及以上

宗教信仰问题

美国人口普查局没有问任何与宗教有关的问题。所以,我们推荐了由综合社会调查提出的这类问题。综合社会调查是由国家科学基金资助,并由国

家舆情研究中心负责实施的。综合社会调查（GSS，2000）用了非常精细的方法来问人们的宗教倾向。不要把宗教倾向同宗教实践混为一谈。例如，宗教倾向并不一定与是否是教会团体的成员，或是否与定期参加宗教礼拜有关。

1. 您倾向于什么宗教？新教、天主教、其他的宗教，或者没有任何宗教倾向？
   - □ 新教
   - □ 天主教
   - □ 其他（**请具体说明**）
   - □ 没有

2. （如果是新教）：如果您有教派倾向的话，您倾向哪一派？
   - □ 浸礼会派
   - □ 圣公会派
   - □ 福音派
   - □ 路德派
   - □ 卫理公会派
   - □ 长老会派
   - □ 其他（**请具体说明**）

3. （如果是犹太教）：它属于正统教派、保守教派、改革教派，还是其他教派？
   - □ 正统教派
   - □ 保守教派
   - □ 改革教派
   - □ 其他教派（**请具体说明**）

4. （如果是东正教）：它属于俄国、希腊、美国，还是其他国家？
   - □ 俄国
   - □ 希腊
   - □ 美国
   - □ 其他国家（**请具体说明**）

正如已经说过的那样，不要把与宗教倾向有关的问题与有关实践的问题混为一谈。属于某个教会的人,还有那些从来没有去过教堂的人都可能报告说他们倾向某种宗教。如果研究的是宗教实践或宗教信仰,那么就应当问更具体的问题。综合社会调查(GSS)询问了以下两道与宗教有关的行为问题。

您是基督教教堂、犹太教教会堂或者清真寺寺庙的教众吗?

□是　　□否

您多久参加一次宗教活动?

□从不参加

□一年中不超过 1 次

□一年中大约 1~2 次

□一年几次

□一个月 2~3 次

□几乎每星期 1 次

□一星期 1 次

□一星期几次

在有些情况里,了解人们成长的宗教环境是很有用处的。这时,我们也许应该问下面这样的问题:

如果有的话,您是在哪种宗教氛围中长大的?是新教、东正教、犹太教、伊斯兰教,还是其他的宗教,或者根本没有宗教的氛围?

小　结

在试图确定应当如何去问人口学问题时,研究人员可能会浪费许多时间,重新去做前人已经做过的很成功的事。最好的做法是,采用本章使用的那些问题,并根据你的研究,作适当的调整。多数情况下,本章所陈述的大部分问题,其所能达到的精确性程度已经是比较精确或者相当精确了。但是,倘若这样的精确程度是不必要的话,那么我们完全可以把问题编得更简单一些。

第 2 部分
起草和制作问卷

10 问卷的组织与设计

　　自本书的第一版发行以来,调查的实施方式方法已经发生了很大的变化。尽管仍有许多调查还在依照传统的方式,如通过电话或者给予被访者纸和笔请他们填答来实施,但是由那些带着计算机辅助设备的访谈员实施的调查的比例正在不断上升。这类调查包括基于网页的调查,大型的通过电子邮件发放问卷的调查,以及在个人数字辅助(PDA)设备帮助下实施的一对一的访谈。因为研究人员既可以用传统的纸加笔的方法,也可以用计算机辅助的方法进行各种调查,所以本章的内容,针对不同的调查分为三个部分:(1)有关一般的编排问题的讨论,这些问题在上述两种方法中都会遇到;(2)有关计算机辅助访谈问题的编排的讨论;(3)有关纸笔式调查问题的编排的讨论。

一般的编排问题

问题编排为什么如此重要呢？因为它决定着访谈员、回答人和数据处理人员能否很容易地阅读和理解问卷上列出的问题及问题的答案形式。正因为如此，数据的质量将会受到很大的影响（Sanchez，1992）。问题编排的一般原则是：必须首先考虑回答人的需要，然后考虑访谈员的需要，最后考虑数据处理人员的需要（因为他们不受访谈压力的影响）。当然最理想的是，问卷的编排能同时满足所有这些人的需要。计算机辅助访谈的一个主要优势是可以对问卷的格式进行调整，以使问卷的格式达到理想的程度。

字　体

一条简单的规则是字号应当足够大，而且应当比较清晰，使所有可能回答的人看起来一点也不费劲。有些经验不足的研究人员误以为用更小的字体可以使问卷的版面更紧凑简短，殊不知任何一种可能导致回答人或访谈员视觉疲劳的字体都是应该避免使用的。通常，问题部分的字号，我们建议使用12号的印刷体，虽然在很多字体中，10号印刷体就已经清晰可读了。那些只给访谈员，无需读给回答人的指示性文字，字体应与问题的字体有所不同。一种方法是问题部分的文字用粗体字，而指示的部分则用一般的字体，或者相反。另一种方法是把指示部分的文字变成斜体的。在计算机辅助的访谈中，可以用不同的颜色把指示部分的文字和问题部分的文字加以区别。

现在使用的大多数数据处理程序都不需要在问卷上标出任何处理指示；这些处理指示或已编成程序嵌入到数据录入的过程中（例如跳答处理），或已编入到了数据文件中。然而，如果确有在问卷某些地方标出处理指示的需要，我们可以用与问题和访谈员指示不同的，且更小一些的字体，把它们编排在问卷的适当之处。大多数数据录入人员一般都比访谈员或回答人能更轻松地处理更小号的字形，因为他们的工作环境不是在访谈现场，相对比较宽松。

访谈员指示

在给访谈员或回答人指示的时候,一般的规则是将它们放在问卷中需要用到它们的地方。如果这些指示内容涉及问题需要由谁回答,答案可以是一个或多个,或问题如何操作,例如使用卡片还是其他特殊的形式,那么它们就应该放在紧靠问题前面的位置上;倘若指示内容涉及如何记录答案,或如何提探测性问题,那么最好把它们放在紧靠问题后面的地方。探测指示告诉访谈员去做什么,去说什么,以确定答案是否完整,可解释和编码。

除了在问卷的适当地方给出这类指示之外,那些考虑问题比较周到的研究者还会为访谈员分别就一个个问题准备好书面或计算机屏显的说明或指示。这些说明或指示既可以用在访谈员培训中,也可用于复查和参考。这些未直接放在问卷上的指示并不是用来取代问卷上的指示,而是用来说明在遇到某些特殊的情形时,访谈员应该怎么做。而放在问卷中的那些指示,其目的是随时提醒访谈员要按照提示的规定,而不是记忆中的规定进行访谈。在计算机辅助的访谈中,此类详尽的指示可以存储在计算机中,这样访谈员就可以在访谈中随时调用它们。

给问题编号

标准的计算机辅助访谈程序要求给所有的问题编号。即使是书面的问卷,若能给问题编号也不失为一种明智之举。首先,给问题编号可以提醒回答人或访谈员注意,有一个问题被跳了过去。例如,如果某个人在回答了问题 2 之后,就开始答问题 4,那么我们就意识到问题 3 被遗漏了,于是便可以重新再返回去。其次,如果问题编号不多,它也可以提示可能要回答这些问题的人,调查工作并不太难,如果他们同意参与,占用的时间也不会太多。最后,调查之后的执行情况报告显示,有些人在看到自己已经完成一定数目的问题时颇感满意,进而带着这种满意的心情,继续回答其余所有的问题。

倘若要进行数据处理,那么已经编号的问题便是研究人员同数据处理人员之间进行交流的重要参照点。而在描述发现时,它们同样也是重要的参照点。主问题通常都用阿拉伯数字,从 1 到 n 连续进行编号。主问题的子部分,通常都用概括法来表示。例如,一个大问题含有三个子部分,通常这三个子问题可用 A, B, C(或用 a, b, c)三个数字标示。为了进一步明确问题的子部分,三个子部分的文字一般都可采用缩进的版式。子部分的更小的问题编号通常用加圆括号的数字标示,如(1),(2),(3),而文字则可采用比子部分标题更缩进的版式。

提前为数据处理做好准备

计算机辅助的访谈需要研究人员在研究进行以前就对数据处理问题做出决策。即便是书面的问卷,我们也强烈建议,在印制问卷以前,尽可能提前为数据处理做好准备工作。如果等到访谈完成之后,在处理调查结果或分析数据时才发现存在问题,那么这些难题解决起来就会很困难。提前作好准备不仅可以为后面的工作节省很多的时间和金钱,更重要的是,它有助于剔除那些不能提供我们需要的数据的问题。即使是有经验的研究人员,也常常会在问卷的准备阶段修订或剔除一些问题。

在各项事先为数据处理所做的准备工作中,最主要的一项是事先给所有封闭式的问题确定编码,即预编码。预编码仅仅是把某个码值分配给封闭式问题的每一个可能的答案。如果问题中回答选项超过了 10 个(包括"不知道"和"不回答"),码值可能就需要有两位数字,有时甚至还要用 3 位数字。如果使用两位的预编码,那么前 9 位编码就是 01, 02,…, 09,而非 1, 2,…, 9。同样,如果使用 3 位的预编码,那么这些数值就应当写作 001, 002, 003,…,而非 1,2,3…

预编码

在预编码时,我们应该给有可能出现的"无回答"和"不知道"这两个回答进行编码。这类编码并非总是必须要在问卷中出现,是否出现可视具体情况而定,但在自填式问卷中,这两类编码则肯定是不应当出现的。此外,"无回答"和"不知道"这两个选项的预编码码值必须有所区别。例如,某些机构通常都用 8 和 9 分别表示"不知道"和"无回答",或者在两位的预编码中用 88 和 99 来分别"不知道"和"无回答"。换言之,如果问题有 8 个可能的答案,且其中不包括"不知道"和"无回答"这两个选项,那么在为这一问题作预编码时,我们就需要用两位数字而不是一位数字。

不要把相同的预编码用在不同问题的相同回答选项上。从数据处理的误差控制角度看,不同的编码能更容易发现录入误差。但不管怎么讲,在作预编码时,我们都必须谨慎从事,以免使访谈员或回答人感到迷惑不解。倘若将相同的编码用在一系列问题上,那么就不可避免会产生混淆不清。一般在遇到一系列"是—否"问题时,若能使回答选项的预编码有所变化,访谈员或回答人就不会被搞糊涂,而数据录入误差出现的可能性也会因此而有所降低。下面是一个使一系列"是—否"问题的答案选项的预编码有所变化的例子。

	是	否	替换为	是	否
问 a	1	2		1	2
问 b	1	2		3	4
问 c	1	2		5	6

给预编码分配数字

如果你已经对实际分配作预编码的数字作了认真的考虑,那么就有可能将数据分析中出现的问题降到最少。下面的例子给出了答案选项的三个可供选择的编排方式。"保持原状"这一选项,既可以放在问题的中间,也可以放在问题的末尾。

A.过去的几年中,您的经济状况是变得更好了,更差了,还是保持原状?

B.过去的几年中,您的经济状况是变得更好了,保持原状,或是变得更差了?

C.过去的几年中,您的经济状况是变得更差了,保持原状,或是变得更好了?

没有什么明确的规则,可以表明究竟把中间那一类别放在中间好,还是放在末尾更好。这一问题如何决策往往要取决于我们对问题怎样读起来才更通顺一些。有时,把中间选项放在中间似乎更自然,有时则不然。而对本例而言,似乎把选项"变得更好"和"变得更差"这两个选项放在一起对比(版本 A)的编排方式更合适一些。

回答选项的顺序

	A	B	C
变得更好……	1	1	3
变得更差……	2	3	1
保持不变……	3	2	2
不知道	8	8	8

从低到高进行编码

尽管是否把中间那一类选项放在问题的中间本身是无关紧要的,但是如果我们也按照问卷上回答选项相同的顺序来编数字码,那么就可能会产生问题。就分析的目的而言,有人可能会误以为这些回答选项是在一个中间位置是"保持原状"的连续统上,按从好到次的顺序排列的。然而,如果给这些回答选项配以数字的预编码,并将之用于分析,同时如果这些预编码的数字还是按回答选项所示的顺序,从小到大排列的,那么中间这一选项(保持不变)的编码的数值就是最大的。在分析阶段,如果我们的计算机程序生成的统计表是带类别标签的,那么就很少有可能造成混淆。然而,如果数字码是不带标签地打印出来的——或更为重要的是——我们希望对问题的答案重新组合,使它们从较好到较坏,或者从好到坏排列,我们就必须对数字进行重新编码,以对原有的数字进行转换。如果我们忘记重新编码,就可能得到令人费解的数据,从而导致错误的结果。

有两种简单的方法可以防止此类问题的发生。首先，以量度的顺序，而不是以问询的顺序印制回答选项。其次，虽然印制的顺序未按实际使用的量度顺序，但答案选项前印制数字编码却与实际使用的正确的量度一致。在前述例子的版本 B 和 C 中，分别列示了这两种方案。

还有一点需要注意，在较短的 5 或 7 级量表中，有时会将选项"不知道"编作 8。如果可能，"不知道"这一选项的数字编码，最好能与最后一个实质性的回答选项编码的数字分隔开，可用 2 位或更多位的数字（如 11 或 12）作为它的编码，以避免把它与同实质性的回答相混淆。

绝大多数的问卷制作者都倾向从 1 开始给回答选项进行数字编码，只要有需要就接着按顺序给出一个一个的数字编码。然而在有些时候，我们在考虑对答案选项进行编码时，似乎应该考虑使用其他的顺序。如果问题的回答选项本身已经隐含数字的方向（例如，"高""中""低"或者"高于平均水平""在平均水平上""低于平均水平"），那么更好的做法是，把较高的数字码赋予隐含较高的数值的回答选项。键入问题的一组回答选项是"高""中"和"低"，但我们却把选项"高"的编码定为 1，选项"低"的编码定为 3，分析者便会因此感到迷惑不解。也就是说，较好的做法是把 1 赋予"低"，而把 3 赋予"高"。否则，我们就会很容易忘记高的数字实际上代表的是"低"的回答选项，而低的数字却表示的是"高"的回答选项。

在试图把回答选项合成一个总量表时，特别是在试图把回答选项的数字编码加在一起的时候，我们应当对数字型的回答选项予以特别的关注。在遇到这样的情况时，至关重要的是所有这些我们想要合并的问题的数字码，都要是在同一方向上量度的。如果这里有两个问题，每个有三个回答选项，在问题 1 中的某一回答选项的编码是 1，但在问题 2 中，同样的回答选项编码却是 3，那么在把这两个问题的这一选项的码值加在一起之前，将对其中一个问题的答案选项参照另一个问题重新编码，然后才能把它们合并起来。在提问之前，就对数字型预编码问题予以足够的注意，不仅可以大大节约分析的时间，而且还可避免很多混乱。

开放式问题的编码

为开放式问题制订编码方案是一项困难、复杂和成本很高的工作。所以，一般只有在试调查中我们才这样做。遗憾的是，小型的测试不可能提供样本量大得多的正式调查将会出现的全部答案。无论在实地调查期间还是在访谈完成之后，我们都必须为那些事先没有料到的答案补充编码。

如果开放式问题只有一个单独的维度，那么需要的编码就仅仅只有单独一组而已。然而，有些开放式问题需要在多个维度上编码和分析。这时，在对这些维度上的开放式答案进行编码时，可能需要兼顾便于回答人回答和问题的具体内容二者。每一个维度都需要它自己的一组编码。

在回答人被要求可以对同一个问题给出多个答案，譬如回答像"学校应该教给学生哪三四件事？"这样的问题时，情况就会变得更加复杂。在这种情况下，一种简单易行的编码方法是准备（并随时更新）一张列有全部可能出现的答案的清单，先把它出示给回答人，然后再要求他按下面所示的方法那样给题项编码：

首先提到的：1
后来提到的：2
没有提到的：3

编码要区分"先提到的"和"后提到的"，因为首先提到的题项往往都是特别重要的，尽管有时它也可能是问卷前面部分问题的暗示。（见第 5 章的讨论）用这样的编码设计，只需要看一下单独一个位置上的数据，便可确定那些认为阅读是学校可以教给学生的最重要的事情的回答人的比例。

设法将问题排在一页或一屏

一个问题，包括所有的回答选项，如果能编排在单独一页上，就不要把它拆分成两页或两屏。否则，访谈员或回答人可能会认为问题在该页的结尾就已经结束了，因而就有可能只回答了一个不完整的问题。倘若问题与回答选项不宜于编排在一页，那么就应当把它们移至下一页，并适当增加前面的回答选项间的间距。在计算机辅助访谈中，规范的方法是一次只在屏幕上显示一个问题。

有时候,因为回答选项的列表很长,问题可能需要印制在不止一页上,例如购买某种商品的品牌名称,或是父母或祖父母的出生国。就这些问题而言,访谈者需要得到有关问题所占页码或屏码的具体指示。除了那些受过良好教育和从事专业工作的回答人,自填式问卷一般不宜使用多页问题。在遇到这样的情况时,通常都用另页印制所有的回答选项,回答人则被要求把他认为合适的编码填入主问卷中。而在计算机辅助访谈中,回答人则被要求点击他们选中的选项。当回答选项的列表很长时,我们必须将回答选项以一定的逻辑顺序排列,最常用的排列顺序是字母排列顺序。

最后一个注意事项是:不应当在页尾或屏末,在一个有多个子部分的长问题的后面跟随一个短问题。因为这样,这个短问题常常会被错误地忽略。总之,我们应该对问题的编排问题予以足够的重视。

一行一个问题和纵向排列答案

为了使问卷显得比较简短,有人会采取一些错误的做法。有时,研究人员会将问题排成两列甚至更多列,或会将所有的答案选项排在同一行上。这样一种编排方式违反了人们从左到右和从上到下阅读的习惯。我们常常会发现有些访谈员,尤其是有些回答人,只回答了第一列中的问题,却忘了回答其他列上的问题。

我们认为把一个问题的几个回答选项放在单独一列,从上到下竖着读而不是从左到右横着读,对访谈员、自填式问卷的回答人和数据处理人员都比较容易一些。横着读可能会使人弄不清究竟应该把答案记载在什么地方。图 10.1 就列出了一种令人不知所措的版式,读者在遇到这样的版式时,可能不知道答案究竟应该记在回答选项之前,还是之后的空格中。

有些调查机构并没有按照上面建议的版式来排版,但是他们设法保证在回答选项之间留有足够的空白。多数研究人员都认为纵向答案版式比较好一些,因为这种版式的空白比较多,看上去比较开阔因而比较容易完成作答。对纸质的问卷而言,纵向答案版式还给访谈员或回答人留出了记录另外的意见或开放式问题答案的空白。

问题 22　您的性别：_____ 男　　　　_____ 女

问题 23　您目前的婚姻状况：_____ 未婚　　_____ 已婚　　_____ 离异
_____ 丧偶

问题 24　您在各个年龄段的孩子的数量：_____ 小于 5 岁 _____
5~13 岁 _____　　14~18 岁 _____　　19~25 岁以上 _____

问题 25　您现在的年龄：_____

问题 26　您有（或者您正在买）自己的房子吗？_____ 没有 _____ 有

问题 27　您当过兵吗？_____ 没有　_____ 有（参军的年份____ 退伍的
年份____）

问题 28　您目前是：_____ 在业　_____ 失业　_____ 退休 _____
全职做家务

问题 29　请描述您家里最主要的挣钱的人的通常职业，包括头衔、工作种类、公
司或商业的种类。（如果退休，描述退休前通常的职业。）

问题 30　1970 年您家的净收入大约是多少，包括所有的来源，税前的收入？
少于 $3 000 _____　10 000 到 12 999 _____　20 000 到 24 999 _____
3 000 到 4 999 _____　13 000 到 14 999 _____　25 000 到 29 999 _____
5 000 到 6 999 _____　16 000 到 19 999 _____　高于 $30 000 _____
7 000 到 9 999 _____

问题 31　您完成的最高教育程度是什么？
没有受过正规教育 _____　大学教育肄业 _____
小学教育肄业 _____　大学毕业 _____ 专业 _____
完成小学教育 _____　研究生肄业 _____
高中教育肄业 _____　研究生学历 _____ 学位　专业 _____
完成高中教育 _____

问题 32　您的宗教信仰是？
新教 _____ 犹太教 _____ 天主教 _____ 其他（具体）_____
没有 _____

问题 33　在过去的一年里，您在做礼拜的地方参加宗教服务的频率是怎样的？
_____ 有规律的 _____ 偶尔的 _____ 只有几天 _____ 完全
没有

问题 34　您认为自己属于哪一个党派？
_____ 共和党 _____ 民主党 _____ 无党派的 _____ 其他（具体）
_____ 没有

问题 35　下面哪项最能描述您通常对政治问题的立场？
_____ 保守主义 _____ 自由主义 _____ 中间道路 _____ 激
进的

图 10.1　不可接受的常问问题的格式

资料来源：Dillman，1978.

量表格式

正如在第 5 章讨论过的那样,量表可以是文字、数字或二者兼而有之的。在编排形式上,量表可以呈水平状(例如语义差别量表),也可呈垂直状(例如梯形量表)。在访谈员实施的一对一访谈中,将量表的答案记在一张单独的卡片上作为参考,出示给回答人可能对访谈会有所帮助,但在自填式问卷中,则大可不必如此。电话调查会有一些比较特殊的做法,我们将在下一章对它们进行讨论。

假如我们使用的是一个现存的、由其他研究人员开发的量表,那么应该保留它原来给回答人看到或用到的版式,因为版式的改变可能会改变回答的分布。而访谈员使用的问卷版式则不一定要与回答人见到的相同。

在卡片上,文字的回答选项常常像下面这样纵向排列。

——非常赞同

——赞同

——不赞同

——非常不赞同

倘若有几个前后相连的问题,用的是完全相同的回答选项,我们可以把回答选项横向排列,以节省纸质问卷的空间。这时,访谈员和多数回答人可能都不会对这样的版式产生疑问。而在计算机辅助调查中,由于空间不是问题,所以不必这样做。

感　谢

研究人员是非常幸运的,因为大多数人还是愿意付出一定的时间和精力去接受调查。因此我们不仅应当使这些回答人在访谈过程中感到有趣和愉悦,而且在访谈结束时还应对他们诚挚地说一声"谢谢"。尽管多数访谈员都会自发地这样做,不过最好还是在问卷的末尾印制上诸如"谢谢"这样的谢词。有时,在问卷的最后追加一些有一定个人色彩的语言或文字,如课题组成员的签名,则会起到很好的亲和作用。

在访谈完成之后,我们欢迎有些回答人提出的希望更多了解有关研究的信息的要求,并可将有关网页的网址告诉他们,以便他们登录和得到更多的信息。在由学术部门组织实施的研究中,使回答人能继续对研究(或类似的研究)有更进一步的了解的做法,已经得到伦理委员会的许可。

计算机辅助访谈

不熟悉计算机辅助访谈的研究人员可能会感到讶异,为什么这种方法会得到如此迅速而广泛的传播和应用。首先,我们来谈一谈计算机辅助系统的性能,然后再讨论计算机是如何改变问卷设计过程的。在下述讨论中,我们将使用被广泛认可的针对各种计算机访谈的简写形式。

CATI	计算机辅助电话访谈(computer-assisted telephone interviewing)
CAPI	计算机辅助个人访谈(面对面的)(computer-assisted personal interviewing)(face-to-face)
CASI	计算机辅助自填式访谈(computer-assisted self-administered interviewing)

计算机辅助访谈方法的作用

由于某些原因计算机辅助访谈方法已经越来越普遍。这些原因包括:①使被访者能在不依赖访谈员的情况下轻松作答;②回答质量因跳答错误的排除而得到提高;③访谈员偏倚被排除;④缩短调查周期;⑤便于对图像、声音和影像进行整合;⑥数据自动录入。也许在访谈中计算机最受欢迎的原因在于它们排除了访谈员因访谈压力造成的笔误。访谈员误差是访谈本身的复杂程度,以及在访谈的各个阶段上需要访谈员下工夫记忆的东西多寡的函数。尤其值得一提的是,计算机能够做的一项令人叫绝的工作是设置跳答协议。

跳答指示

如同前一章讨论过的那样,许多的调查都有相当数量的含一个或一组问题的分支。而这些分支问题是否需要回答则取决于回答人对前一个问题的回答。在书面访谈中,诸如这样的跳答的复杂程度往往要受到访谈员记忆能力的限制。即使是很简单的跳答,也常常会有相当多的访谈员误差发生。有时误差是跳答了不应当跳答的问题,而有时则是问了不应当问的问题。

在计算机辅助访谈中,研究人员会把跳答程序编入计算机中,作为问卷设计过程的一部分。有些指示可能很复杂,可能涉及若干个访谈非常靠前部分的问题的答案。在遇到这样的情况时,每一次计算机都可以非常准确地进行跳答,回答人既不会被问到一个不应当问的问题,也不会错失一个应当问的问题。这一长处不仅是最初我们将计算机辅助访谈应用于访谈实践的首要原因,同时它也是我们今天仍然在广泛使用这种方法的主要原因。

回答选项或问题顺序的随机排列

如第 5 章已经指出的那样,某个回答选项所在的位置,在第一位,最后一位,还是在中间,与一个问题在一组相互关联的问题中的顺序一样,会对回答人对问题的回答有影响。一种使用比较普遍的、测量回答选项的位置或问题顺序效应的通用的方法是,使位置和顺序随机化。而在计算机辅助访谈中,这样的随机是很容易做到的,然而在纸质问卷中,一般只限于有两个或少数几个备择版本。

从较早的访谈中输入和更新信息

计算机辅助访谈可以从较早的访谈中获得信息,自动地将其用在后面的问题上。例如,作为家庭成员表的一部分,你可能得到了所有家庭成员的名字。假设其中一个成人叫哈瑞。后面的问题可能会问"去年,哈瑞进过急诊室么?"如果答案是"是",那么后续的问题可能是"是什么原因导致他那次入院?"答案可能是"他的腿折了"。

在调查中,稍后的问题可能问"哈瑞骨折时,他有没有离岗?"当然,在书面的问卷上填空也是可以的,但是除非问题是相连的,否则这样一些问题很可能会对访谈员的记忆力构成一种挑战。

建立人名表

我们常常会遇到这样一些情况,这些情况可能是需要问每一位家庭成员一系列问题,譬如一组有关健康情况的问题,或可能是一系列事件比如购买商品。在遇到这样的情况时,我们可以建立一个人名表,这样研究人员只需将该问题输入计算机一次,并明确规定要问的是什么人,或问的是什么就可以了。在每次单独使用这一问题时,计算机都会自动把它显示在屏幕上,而如果需要,我们还可以准备好一张表,以便将所有的答案都列示在这一张单独人名表上。

修订问卷

在测试一份计算机辅助的问卷时,研究人员也许会发现,问卷中有些措辞需要修改。而在计算机上做这样的事,要比在印制的问卷上容易得多。如果计算机是联网的,像 CATI 这样的系统,几乎立刻就可以修改。CAPI 使用的问卷都是事先编好了的程序,并存入了将在调查现场使用的计算机磁盘中。因此我们在调查开始之前要准备和运送这些内容已经修改过的磁盘。即便如此,这也比凡遇修改,都必须重新印制所有问卷容易许多。不过请大家注意,如果早先的版本的跳答指示很复杂,或需要程序员改写程序,那么增加几个问题,重新安排问卷中问题的顺序,或改变跳答指示等,对 CATI 来说也可能会是一个非常复杂的过程。

使用声频技术的访谈

使用声频技术的 CAPI,因为使我们可以从那些阅读有困难的回答人那里获得敏感的信息而成为了一种重要的调查方法。例如,大家都知道回答人更愿意在自填式访谈中承认自己有反常的行为,例如吸毒。然而,相当多的吸毒者在阅读上都会有一些障碍。一种方法是让回答人坐在电脑前,戴上耳机。问卷会显示在屏幕上,同时还会通过耳机读给回答人听。与上面已经讨论过的计算机中的问题跳答一样,同样也可以借助声频技术在 CASI 中实现。

声音还有其他一些使用方式,例如用来测试回答人对电视节目和广告的反应。但在声频 CASI 面世之前,这些使用方式不是没有什么实用意义,就是用起来实在太困难。

计算研究延续的时间

为了制订研究时间表,必须计算完成整个访谈及问卷各个部分和每个问题所需要的时间。在计算机辅助访谈中,这类信息是可以自动得到的。只要编一个简单的小程序,我们便可得到一些单个问题的回答反应期(response latency)量度。这一量度的主要目的在于测量回答人从看(听)到问题之后到开始回答问题之间的时间长度。它不仅是回答人投入某一问题的认知力的量度,而且对确定回答人在回答这一问题时动了多少脑筋也很有帮助。不仅如此,它还可以作为问题重要性的一个间接量度(在将问题与记忆联系起来时)。

编辑和数据处理

计算机辅助访谈的主要好处是几乎所有的编辑和数据处理都可以在进行访谈时,直接在线实现。倘若回答人键入了一个不能接受的答案,例如只有"1"到"3"是允许的答案,却键入了"4",计算机程序会自动拒绝这个答案,并请回答人键入另外的码。倘若一系列数据的总和应为某一个数,或一系列百分比的总和为100%,如果数据有异常,那么计算机就会提醒访谈员或回答人。如果键入了一个不太可能的答案,例如用 2 000 美元买了一本书,或家庭收入高达 100 万美元,那么计算机就会用诸如"您肯定您的答案没有错吗"让回答人重新确定一下自己给出的答案。

访谈一旦完成,数据就直接进入了数据文件,研究人员每天都可以查看一天天积累起来的数据文件。一旦整个研究的访谈全部完成,我们就可直接得到边际分布表,而且数据也可以随时进行编辑和分析。

样本的控制

所有联网的 CATI 程序的一个主要功能是去了解样本抽样的结果,并根据需要制订(电话)回拨的计划。由于这个问题并非问卷设计过程的部分,所以在这里我们对此项功能不做过多的讨论,但是如果调查需要进行跟踪回拨,那么这一功能无疑是用 CATI 程序的重要理由。

计算机辅助访谈中的问题

虽然计算机辅助访谈能解决由于使用传统的书面访谈带来的许多的笔误问题,但是它也带来了一些新问题。首先,计算机辅助访谈需要在研究实施前就要设计解决有关数据处理、数据录入、数据编辑以及数据分析方面的问题。我们认为虽然预先准备和思考,对书面问卷而言是至关重要的,但是在使用书面问卷时,编辑和分析计划也可推迟到研究付诸实施时,有时甚至可推迟到实地调查完成之后。尽管这样做可能会延迟整个研究的完成时间,但是却并不一定会对访谈有什么影响。

因此,用计算机去做研究通常比实施书面的调查需要花费更长的时间来编程。对于比较复杂的研究而言,情况则更是如此,因为这些研究中往往涉及许多的跳答和其他一些计算机的特殊功能的使用。但比较简单的研究的编程则很快就可完成。

以前人们往往会认为计算机辅助访谈,因为不需要进行额外的数据处理,所以费用比较低,但是事实却并非如此。一般来讲,如果将类似研究的总费用作一比较,计算机辅助研究和书面问卷大致相同。当然,费用的具体分配有很大差异。就小样本研究而言,书面调查的费用可能比用计算机辅助调查的低,因为不论样本大小如何,初始的计算机编程成本都是很高的。但是,对较大样本的研究而言,计算机调查的费用一般都比较合算。然而,重要的是在考虑选择使用什么样的调查方法时,我们不仅仅是根据成本评估,样本的代表性和数据的质量这两个问题,也同样应在考虑之列(参见 Sudman and Wansink,2002,有更完整的讨论)。

计算机固然有强大的执行复杂跳答指示的能力,但随之而来,也会有一些问题产生。跳答的指示越复杂,也就越有可能造成编程错误,进而导致错误的跳答,或导致产生某种会造成死机的回答模式。

如果我们必须要用复杂的跳答,那么唯一的解决方法就是花费时间测试各种各样的回答模式下的问卷中问题的流向。这虽然增加了问卷设计的时间,但却可以为以后省下许多事情。即使做了大量的测试,但在主调查开始时,程序也仍然会或多或少留有一些漏洞。如果这些漏洞不是很多,且造成的问题也不是很严重,那么它们可以被忽略,或在实地调查期间被纠正。

我们还应当认识到,用 CATI 进行复杂的跳答、做复杂的分枝,可能的数据分析和简单的边际分布变得比较困难。因为复杂的分枝将根据回答的具体分支,对相同的变量作不同的命名,而为了最后的分析需要合并不同命名的变量,而这样一种工作并非总是一件简单的事。

不仅如此,如果调查的一部分采用 CATI 的方式,而另一部分采用用纸和笔的问卷将会给整个调查工作造成混乱。我们不可能只简单地将 CATI 问卷印制出来,就要求访谈员用这种问卷进行调查。同时,把来自纸和笔问卷的调查的数据与来自 CATI 访谈的数据合在一起也不是一件简单的事。与其试图计划一种混合模式的研究,不如进行认真仔细的和富有创造性的思考,使整个调查或只用计算机辅助方法,例如 CATI 或 CAPI,实施或只用书面问卷进行。这样做会使我们在后续的工作中避免很多麻烦。

计算机辅助访谈的软件

可以用于计算机辅助访谈的软件有很多。我们需要确定究竟哪种软件能最好地满足我们的需求。我们无法给诸位推荐一种通用的软件,因为没有一种软件可以在任何情形下都优越于那些与其竞争的软件。一般可能无需专门为单独一个研究购买一个软件包,因为这样未免过于浪费。但是如果项目很大而且很复杂,那么就可以考虑单独购买一个软件包。对那些比较小的单个研究,我们建议或者利用现拥有的计算机辅助调查能力的调查机构,或者使用某些标准程序的在线版(只需支付价格公道且比较低的月租金),或者干脆仍然使用书面问卷。

如果已经知道问卷软件的名字,那么就可以通过该公司不断更新的网站得到有关它的更多信息。下面是三种被广泛使用的软件包的邮政和网页地址:

```
Blaise for Windows Mailing address:
Westat
1650 Research Blvd.
Rockville, MD 20850
Attn: Blaise Services-RE 330-S
Web site: westat.com/blaise
```

用于 Windows 系统的 Blaise 软件包是一套调查处理系统。这套软件是由荷兰统计局开发的,并由 Westat 公司在美国和加拿大代销和提供技术支持。

```
CASES (Computer-Assisted Survey Execution System) Mailing address:
Software Support Services
CSM Program, University of California
2538 Channing Way, #5100
Berkeley, CA 94720
Web site: cases.berkeley.edu
```

CASES 是由加州大学伯克利分校开发的,若干个美国政府机构和大学研究中心都在使用它。

```
Ci3 Sawtooth Technologies
Mailing address: Sawtooth Technologies
1007 Church Street, Suite 402
Evanston, IL 60201
Web site: sawtooth.com
```

Ci3 的用户主要是许多较小的研究机构。它的定价比 Blaise 和 CASES 低,但不包含这两个软件吸引那些大用户的全部性能。

还有许多其他功能比较简单(同时也比较便宜)的软件。我们建议你使用网络搜索引擎以"计算机问卷"(computer questionnaires)为搜索主题词,搜索一下,便可获得更进一步的信息。

网页辅助访谈(WAI)

现在,通过网页进行问卷调查,不仅是可能的,而且也很实用。这类调查有许多优点,但同时也有很多缺点。一般而言,人们认为网页辅助访谈(WAI)比书面的——有时甚至比计算机辅助的调查更容易实施,更有效率,也较少发生错误。然而,如果研究人员考虑不够周到,网页辅助访谈可能会导致调查范围和抽样误差(Couper,Traugott and Lamias,2001)。

已经比较确定的网页调查方法有八类:①娱乐性的网页调查,②自选式网页调查,③网络用户自愿进行的同组追踪调查,④拦截调查,⑤覆盖面很广的总体的列表样本调查,⑥调查方法可选择的混合模式设计调查,⑦事先招募的网络用户同组追踪调查,⑧全总体概率样本调查(Couper,Traugott and Lamias,2001)。对每种方法主要的优点和缺点的概要讨论如下:

娱乐性网页调查

这类调查一般都出于娱乐的目的,并没有真正的价值。我们之所以提到这类调查,仅仅是为了对之有一般的了解。多数情况下,娱乐性的调查常常用于计票,并没有建立任何有关总体的概念。这些投票一般也不问任何有科学价值的事物。"今日问题"调查便是有关这类调查的一个很好的例子。

自选式网页调查

这是最常见的网页调查形式,通过自动跳出的窗口,让网页的浏览者与调查页面相链接。这类调查本身还是有些价值的,但是通常不会对访问页面的人访问次数有什么限制。虽然这些类型的调查被认为是没有什么科学性的,但是用它们来作一些粗略的概括也还是可以的。

网络用户自愿进行的同组追踪调查

这些调查的参与者是通过自动弹出的广告或者通过经常访问网页征募来的。可以通过一份原始表格来收集某些人口信息,而这些信息将构成今后参与者可以进入的表格的主体部分。在请回答人参与调查时,他们常常需要使用某个特殊的码,这样他们就不能将调查转给,或让其他的人来填答调查表。

拦截调查

这种调查一般都是按一定的间隔(例如,每隔10人),访问者随机地选择回答人,并要求选出的回答人在他们进入或退出网址时完成调查。因为只要求网址的访问者填答问卷,所以就不会存在什么覆盖范围的问题。但这种方法却会有时机把握(何时去请求访问者的参与)的问题和无回答问题(低回答率)。

覆盖面很广的总体的列表样本调查

这类调查开始时要先列出一份可能的回答人名单,他们已经访问过相关的网站。然后,再请回答人参与到调查中。通常用这种方法可以避免总体涵盖不完的问题,但无回答的问题却是这种类型的调查需要我们考虑的主要问题。通常,用此类方法进行的调查的回答率,都比类似的邮寄式调查要低。

调查方法可选择的混合模式设计调查

在这样的设计中,网页调查的方法常常作为许多可供选择的不同的回答方法(网页、电话、邮寄)的一种。这种设计的调查对象都是那些与某公司或服务机构有着很长联系的人。使用这种方法,不仅无回答的问题常常不可避免,而且费用也不菲,除非总体相当的大。

事先招募的网络用户同组追踪调查

这类调查用通过概率抽样法得到的样本作为被追踪调查的组。通常,首先使用电话调查获得对调查感兴趣的参与者的名单。再通过一份电子邀请函以及特殊的登录协议邀请他们去填写网页上的问卷。使用这种方法,样本涵盖的范围常常不是问题,但是无回答的样本数可能也很大。

全总体概率样本调查

这是唯一的可以从全部的总体中获得样本,而不只是从那些登录到网页中的人中抽取样本的方法。这种方法使用了同组追踪设计,开始时,用电话或邮寄问卷的方法得到样本,然后再给他们提供(如有需要)用于网页调查的设备。不过,这种方法不但成本高,而且全总体的概率抽样还易于导致较低的初始回答率和一般的无回答。然而,这种方法可以解决其他方法无法解决的样本覆盖问题;也就是,在这样的调查中,样本不只是限于那些曾经登录过网站的人。

尽管这些方法的效度可能无法完全与书面的或计算机辅助的调查相比,但是无可否认的是,这些方法不但越来越流行,而且也在不断地改进。不仅如此,随着时间的推移,这些方法还将继续得到进一步的改进和更广泛的应用。随着提供计算机辅助调查软件网点的增加,用于计算机或网页调查的问卷设计和生产外包出去,不仅是可能的而且是一件不太复杂的事。像这样的网点有很多,如 freepolls.com, GammaPoll (gammapoll.com/gp/en/index.cfm);mypoll.net, pollhost.com, pulsepoll.com, webpollcentral.com and XML Polls 等。特别值得一提的是,这些网点中还有一些是免费的。此外,用检索引擎,用检索词"Web Surveys"("网页调查")去搜索一下,我们还能发现更多的公司。

掌上电脑(PDA)辅助访谈(PDAAI)

掌上电脑的发展同样也对一对一的调查研究方式有所影响。在调查研究人员中,PDA 的使用已经越来越普遍,因为它已经为越来越多的回答人所接受。此外,它不仅有比较容易编程的优点,而且还有便于携带、高效、价格比较低廉和易于使用等诸多优点。

例如,截至 2002 年,已售出了超过 2 000 万台的奔迈掌上电脑,现在该公司销售的机型,其零售价仅为 99 美元。现在市场上也有来自于索尼、惠普、戴尔、智能阿尔法(AlphaSmart)公司、东芝和恒基伟业(最近已被奔迈公司收购)的同类产品销售。PDA 不仅编程比较容易,而且能提供许多编程服务。

PDA 平台的便携性是它优于书面调查的另一个原因。回答人可以在任何时间调出存储在他们 PDA 中的问卷,并可以用几天来完成调查。极少有回答人会弄丢他们的 PDA,或者损毁 PDA。因为 PDA 可以随身携带,所以回答人无法说他们没有看调查问卷的机会。

如果使用 PDAAI,那么高效便是它具有的另一个重要的卖点。今天,PDA 的价格不仅比以前更低,而且耗电量也更少。只要用 AAA 电池(普通的七号电池)或充电电池,大多数 PDA 都可以连续运行几星期、几个月,甚至几年。因此在实地调查时,我们无需为没有电或寻找电源插座而担忧。PDA 除了在电力上不用人担心之外,它还可以非常迅速地储存信息和调用调查问题。即使遇到非正常的关机,数据也会被自动保存下来,不致丢失。

最后,PDAAI 还有一个很容易使用的长处。虽然现在仍有许多人在使用计算机漫游软件时仍存在一定的困难,但大多数人都觉得在 PDA 系统上漫游却不难。PDA 的界面是非常直观的,多数使用者只需从访谈员那里得到很少的帮助,或完全不需要帮助就能完成调查。这就意味着大部分的回答人仅需得到很少一些帮助,甚至不需要任何帮助便可以完成调查。

书面问卷

简单的书面问卷,即使数据是用手工录入的,也可能不会发生笔误。但是,如果一份问卷包含复杂的跳答,或者是需要把从前面的问题中得到的信息用于后面的问题时,那么数据录入就会有问题。而缜密的设计问卷格式会在一定程度上使笔误有所减少,尽管不可能把它完全排除。

使用小册子的形式

我们之所以建议书面问卷采用小册子的形式(折叠册脊处装订),其原因有以下四点:其一,小册子可以避免纸张的丢失或错位。如果仅在所有页面的一个角上装订,把问卷钉在一起,那么在访谈时,或在编码时,背面的纸张可能就会脱落丢失。其二,小册子便于访谈员或回答人翻阅。其三,在需要时小册子可以采用双页格式,以使页面可编排涉及多个事件或个人的问题。最后,在使用自填式问卷时,小册子的形式会使调查显得更专业,问卷更容易填答。

为了节省纸张,使问卷显得更薄和减少邮递的费用,在一般情况下问卷都应当采用双面印刷。倘若问卷不采用小册子形式,那么访谈员和回答人就很容易忘记纸背依然还有问题需要填答,从而把它完全遗漏。

自填式问卷的外观

虽然卷面清晰对所有类型调查的问卷都很重要,但是对邮寄式的以及其他自填式问卷而言,问卷的外观对回答人是否合作的影响尤为重要。一条普遍适用的规则是,问卷尽可能地简洁,易于回答人的阅读,同时设计也应该显得比较专业。问卷应当印制在质量足够好的纸张上,以确保页面的字迹不会透到反面。问卷使用的格式不仅要使卷面没有任何瑕疵、清晰可辨，而且墨迹要浓淡适度易于阅读。

迪尔曼（Dillman，1978）认为自填式问卷的封面和封底需要给予特别的关注。他建议在正面的封面上应当印有研究的名称、图示说明、一些必要的引导语和研究发起者的名称和地址。我们认为，在一般总体样本使用小册子形式的调查中，诸如这样的做法是必要的。然而，对特殊总体样本而言，例如某些专业群体总体，或者对那些只有短短两页纸的问卷而言，图示可以省略不要。如果必须要使用图示，那么它就应当是价值中立的。一个正在被研究的州的轮廓图就是这样一个价值中立的图示的例子。正如迪尔曼（Dillman，1978：150）所言："在一项旨在确定经济增长与环境保护之间，究竟哪一个应该更优先的研究问卷的封面上刊印一幅原始荒野地区的风景图的做法，显然是非常不合适的。"

问卷的背封通常都是空白的，以便回答人在上面写一写其他的额外的评语。在有些研究中，背封被贴上了邮签，而问卷则用开窗式信封邮寄。邮签能保证在填写好的问卷上有回答人的姓名，从而使我们能在后续的步骤中，确定问卷究竟是什么人寄回来的。在一项对 4 万名大学研究生做的研究中，仅有 5 位回答人因为拒绝使用这种方式，而将自己的姓名从问卷上刮掉。不过，如果从调查中获取的信息比较敏感，或需要保密，那么就不应当用这种方法。而应当在问卷的第一页上用一个数码作为问卷的编号，代替姓名。

空白的使用

在制作问卷时，许多研究人员可能都会犯的，最常见的错误是，为了使问卷尽量显得简短，而把问题编排得过于紧凑。问卷的长度固然很重要，但是在自填式问卷中，与之相比，回答人在填答时是否会感到困难这一问题可能更加重要。一份有很多空白、问题很少挤在一起的问卷显得比较容易填写，因而不仅能得到更多回答人的合作，而且还能减少回答人或访谈员误差。更多的空白，还能使访谈员和读者（回答人）少一些迷惑。

在开放式的问题中，必须提供充分的空白。在其他地方（例如，在背封上),即使给出了更多的空白,回答的长度通常也不会超过为它提供的空白。自填式问卷的回答人和访谈员一样,在记录答案时,把可用空白的大小作为期望答案多少的指示。我们不建议在开放式问题上采用横线。因为横线会让问卷显得更拥挤,而且也没有什么实际的用出。不过,如果要求给出的答案非常简短(只有一两个字或一组数),那么使用一条单独的横线未尝不可。

使用彩页

没有证据证明,使用某些颜色的纸张会对邮寄式问卷的回答有影响,或给访谈员的使用带来方便。页面呈白色和淡颜色都可以。但请不要用黑色的纸张,因为读起来太困难。如果使用有颜色的纸张,那么墨汁的颜色一定要与纸张的颜色充分协调,这样才能方便问卷的阅读。最后,问卷的编排和装订方式必须要便于使用,问卷必须是卷面整洁和条理清晰的。

当同一项研究中采用了若干种不同的方式,且将不同颜色的纸张用在了问卷的不同部分,那么不同颜色的纸张的使用可能会对访谈员和数据处理人员的工作有所帮助。通常是用标题、字母或数码来表示各种不同的方式和问卷的各个部分,而颜色则作为一种减少误差的补充记忆工具使用。

对多个家庭成员或事件询问同样的问题

我们已经指出过询问所有家庭成员或事件相同的问题,在计算机辅助访谈中,利用计算机程序形成花名册的功能是很容易实现的。这样形式的问题在书面问卷中,不但对于回答人来讲是很难处理的,而且即使对那些已经经过严格培训的访谈员来讲,也难免会出错。

然而,如果要在书面问卷上使用这样的问题,那么通常的编排格式是把问题放在左边,而把家庭成员或事件放在右边与之平行的列上。如果需要,这一问题系列还可扩展至对开页。有时,我们还可以将这一格式作一个旋转90°的变化,将问题排在单页或对开的双页的通行上,而家庭成员或事件则放在左边,从上到下排列。在人数项目数超过要问及每个人(事)的时候,我们就应该采用这样的格式,而不要采用其他的格式。

有些研究可能需要调查的问题或事项过多，以至于无法将它们全部编排在两个对开页内。尽管问题的数目事先是可以知道的，但事项数（个人或事件）却是随家庭户的变化而变化的。在遇到这样的情况时，也许采用计算机辅助调查方法更为合适，这也再一次说明，这种方法具有其他方式所不具备的长处。如果我们使用的是书面问卷的话，那么可供选择的基本策略有两种：使用附加的表格，或把主表放大。这就是说，尽管多数家庭其成员数不会超过 6 个，但是也有些家庭其成员数多达 12 个，甚至更多。因此，我们必须考虑把原来的表放大到能够记录下 12 位家庭成员的信息，或主表最多仍然只可容纳 6 位家庭成员，再用一张附表来记录其他的家庭成员。比较而言使用附表也许更灵活一些，且还可以减小主问卷的大小，不过有时这些附表与问卷是分离的。这样，访谈员还必须了解，附表应该在访谈过程中的什么地方使用。虽然一张附表用起来不是很困难，但是如果附表有多张，那么在访谈过程中，遇到使用附表的时候，访谈员就需要从中挑出需要的那张，这样，这项工作就会变得非常烦琐。因此，不是十分必要，尽可能不用多张附表。在万不得已非要使用多张附表时，不同的附表最好能用不同色彩的纸张，以便访谈员能正确无误地找到需要的附表。

使用跳答指示

我们已经指出过计算机辅助访谈的主要价值在于能够减少跳答错误，但是在这里我们要讨论的是可用于书面问卷的、减少跳答错误的方法。指示访谈员（以及回答人）需要略过哪些问题的方法有两种：（1）用文字指示，（2）用箭头指出下一道需要回答的问题。从使用结果看，研究人员对这两种方法都比较满意。

对书面问卷而言，重要的是跳答指示要紧随回答选项之后，这样访谈员或回答人就不会忘记或遗漏掉这些指示。最常见的错误是把跳答指示放在问题之后，却在回答选项之前。如果跳答指示放在了这个位置，那么它们就很可能会被遗忘或被忽略掉。

另一个常见的错误是把跳答指示放在某个后续的问题之前，而它与指示跳答的问题间却插入了另一些问题。例如指示："如果对问题 6 的回答是'是',请跳答第 10 题;否则请跳答第 11 题",访谈员或回答人需要返回去确认第 6 题的回答。应当避免使用这种回溯指示,因为它很可能会产生误差。置放预先提示比较好的位置是在筛选问题的回答选项之后,但这些适当的回答选项则必须位于后续的问题之前。尽管这样做并非一定必要,但是诸如这样的双重位置确认方法,可以有效地保证跳答指示能被正确无误地执行。

应当以肯定句而非否定句来写跳答指示。因为是用回答人给出了某一特定回答,而非没有给出某个特定的回答作为指示,令访谈员进行跳答,这样它们就不太可能会犯错误。然而,有一种情况需要避免使用跳答指示——当问题问及多个家庭成员或多项事件时。如果我们指示访谈员,在任何一个家庭成员或任何一项事件中,假如出现了某个特定的回答就要进行跳答,那么访谈员可能会因为一个只涉及某一成员或事项的跳答,而忘了询问其余的家庭成员或事项,或完全忘记去跳答。

使用问卷调查去计划新的研究

访谈的长度等于访谈结束的时间减去访谈开始的时间。在书面访谈中,应当把调查时间记录下来,在问卷第一页的顶部记录下开始的时间,在最后一页的底部记录下结束的时间。有时,还要记录下中间一段时间,以便获取某个单独一部分的时间的长度(在计算机辅助访谈中,这些信息是可以自动获得的)。这样做可以估计将来使用相同的或相似的问卷的研究所需的费用和时间。仅仅根据问卷的页数或问题的数目去估计实施某个访谈耗费的全部时间是非常困难的,有时甚至是根本不可能的。

在问卷上,应当有一些地方留给访谈员去记录下他们在问卷中发现的问题,因为这样既有助于计划新的研究,也有助于解释当前研究的结果。这种给访谈员留的用作写评语的空间,既可以放在一份单独的访谈员报告表上,也可以放在问卷上。这些评论是访谈员在访谈全部结束后提交的,是访谈经验简报的补充,而非替代。

表 10.1 不同调查方法的优点和缺点

项 目	计算机	书 面	掌上电脑（PDA）	电 话	网 页
访谈员	因为是通过电脑程序自动记录，访谈员的工作一般比纸质问卷的工作要少	需要访谈员比任何其他方式更多的努力，因为每个调查都要个人的注意力	与计算机调查相似，因为它是电子形式，可以减少对访谈员的要求	介于计算机和书面形式之间，因为通过电话的回答可以用手工或者计算机记录	所有方法中最简单的一种，因为当回答人时就收集并分类
调查前准备工作	计算机调查可以在试调查之后，只要写一个特定的计算机程序，就可以修改调查设计	由于要求复杂，所以这是书面调查中最重要的一步，可能会导致时间和费用的重复投入	调查前的准备工作很重要，因为需要在PDA中写人特定的程序	调查前的准备工作是重要的，但是并不如其他形式那么重要。访谈员可以改变问题或程序	比较重要，但是有一个有能力的网页程序员就可以减轻这些要求
编程	这里既可能要求编写较小的程序，也可能要求编写较大的程序。编程的大小取决于调查所需的具体软件的大小	不适用，容易避免	PDA调查特定的程序必须编写出并发给每个PDA使用者。这样可能比较昂贵	有一些记录回答的程序的费用。如果是通过计算机，可能是昂贵的	同样，一个有能力的网页程序员可以让工作进展顺利；否则，资料可能丢失
跳答	可以轻松地解决	会导致调查参与者和编码员的混淆	受PDA技术的限制，但是一些新的PDA非常先进	受限于访谈员的技巧和培训，也依赖于受访者的智力	网页为基础的调查形式，可以很好地处理跳答问题，但是受访者必须对地理解跳答

填答	可以通过好的软件程序轻松解决	可能，但是不是非常平顺	通过为调查写的程序就可能	可能很容易，也是可能比较难，这取决于访谈员的技巧	通过正确的程序可以轻松完成
访谈员的技巧	总的来说不会影响收集到的资料	一般不会影响数据，但是当访谈员指导或辅助回答人填答时，可能会成为障碍	通常不是问题	如果访谈员没有培训得很好，可能是一个大问题	通常不是问题
编程的成本	根据使用的软件和调查的复杂性可能会高	一般而言，在开始时是最便宜的方法，但是因为纸张和人的要求可能变得昂贵	当需要写一个特定的程序时，就比较贵	相对便宜，但是可能因为电话费而编码而昂贵	廉价的网页程序员可以降低成本，但迟缓的网站速度和劣质的网站布局却可以提高成本
空白	一般不是问题	在书面调查中，可能会成为令人混淆的一部分。需要留心避免出现混淆	通常不需要注意	通常不需要注意	通常不需要注意
资料收集	用计算机的调查获取资料相当简单	可能是调查最贵部分之一	不是最佳的方法，但是比书面调查容易	要求相当的人工，取决于收集方法——计算机或者算书面	使用网页为基础的调查收集数据相当简单

小　结

相对于其他调查模式而言,每种调查模式都有其优点和缺点。对这些调查模式优缺点的基本总结如表 10.1 所示。调查模式的选择经常完全取决于个人或组织的喜好。那些熟悉网页调查的人很可能倾向于用这种方式去实施其他的调查。而那些习惯于书面调查,并有进行书面调查能力的人则愿意用这种方式来做调查。最近,我们发现,一个组织一旦购买了 PDA,便会出于摊销整个投资成本,而考虑在许多后续的调查中使用 PDA。

我们需要考虑的关键问题是,要收集的数据类型是哪一种(复杂的还是简单的样本,无跳答的还是有跳答的),调查总体是什么样的(概率抽样还是方便抽样),以及对整个调查过程的控制要达到什么程度。要求达到的控制程度越高,就越有必要作现场访谈,也就越有可能去做书面问卷。电子数据收集模式使我们得以在加快进度的同时提高效率。但是假如回答人是自行其是和粗心大意的,那么采用什么样的数据收集模式都是无济于事的。

11 问卷设计全过程

    至此我们集中讨论了怎样问有某种特性的问题的策略。在这一章我们将介绍如何对需要问的问题进行有序的编排,以能得到从第一个问题到最后一个问题的全部问题的精确答案。某些人可把本章作为一种快速查阅的参考手册,另一些人则可从中得到如何编排问卷的启示。本章的第二个目的是让研究人员了解,一份出色的问卷是一系列过程的最终成果。在这一过程中每一步会对问卷的最终的质量有重要的作用。假设本书其余章节提出的各种规则已经都得到了遵守,但是本章讨论的各种步骤却别忽略了,最后问卷仍然还是有可能会失败。

    下一节列出的那些步骤,我们认为它们在问卷的准备过程中是十分重要的。有些读者可能会感到惊讶的是,在问卷的第一稿完成之后,后面还要采取的步骤实际上比以前更多。正像高尔夫运动一样,在准备一份高效问卷的过程中,前后相继、首尾一贯是至关重要的。

问卷准备步骤

1.确定需要的信息。如果需要通过对主题做一些探讨来找出所需要的信息，可考虑进行若干焦点组访谈。

2.检索有关的文库，查找有关我们感兴趣的主题的现存问题和量表。

3.草拟新的问题或修订现有的问题。

4.把问题按顺序排列。

5.确定问卷的格式。

6.对可能预先编码的回答选项作预编码。

7.对问卷初稿进行前测性访谈，并征求同行的意见。

8.修订问卷初稿，并由自己、朋友或合作者对修订后的问卷进行测试。

9.为做探测的访谈员准备一份简单的访谈说明；无论是从说明的文字中发现的问题，还是在访谈员的培训过程中发现的问题，都要针对发现的问题对问卷作相应的修订。

10.在一个与我们对之作正式抽样的全域或总体相似的小样本上（20~50）做探测。

11.从访谈员对回答人的书面评语或访谈员的工作报告中收集意见。

12.删去那些无法对回答人作出区别或无法提供研究所需要的专门信息的问题。

13.修订那些可能存在困难的问题。

14.如果修订量很大，需要再次进行试调查。

15.如果发现访谈员说明文字有问题，就需要对它进行修订并最终定稿。

16.在访谈员的培训以及最初的访谈过程中，务必对任何可能出现的新问题保持警惕；在问题确实很严重的时候，可能还需要立即停止调查，在修改后的新说明分发给访谈员之后，调查方可重新开始。

17.访谈完成后，分析访谈员的报告表，并征询访谈员和编码员，以确定是否存在可能影响分析的问题。

18.将从该调查问卷中得到的经验用于未来的调查研究计划。

测试的程序

本书前面的章节讨论了我们列出的十八个步骤中的前六步。然而,掌握调查设计过程的科学知识仅仅是能够设计出成功问卷的第一步。任何问卷最终都必须在现实世界中进行检验和进一步进行修改。问卷测试的形式可以某种形式的前测访谈收集同行对问卷的反馈(第7步)。

实施前测访谈

即便已经有多年的经验,也没有一个专家可以一下子就写出完美无缺的问卷。本书的三位作者加起来,在问卷的编写上已经有了一百多年的经验,然而我们还从来没有在第一稿或第二稿就写出一份完美无缺的问卷。就我们所知,也没有任何社会科学家宣称他们能写出不需要任何修订的问卷。不过,我们确实知道有这样一些新手,在问卷初稿的颁发之前就已经把本来十分有限的资源耗费殆尽,因而最终只能眼睁睁地对随后发现的那些问题,甚至是十分严重的问题造成误解或误用,不能以有效的方式给出回答。就那些资源有限的研究者而言,在用掉他们所有的资金之前,去试调查他们的问卷尤为重要。假如没有资源去试调查问卷,就不要作这项研究。至少,可以同10~12位同事,或者(更好的做法)同那些我们将要调查的总体中得到的回答人代表,预先测试一下我们的问卷。这样一种前测会帮助我们确定问卷是否能收集到我们需要的数据,同时它还能测试一下,回答人对它是否理解,是否方便进行填答。此外,前测常常还能反映出一些我们原来没有意识到的问题,并及早予以解决,免得以后为此付出高昂的代价。

直接问回答人问卷的问题是否简单明了,问卷的格式是否合乎逻辑。在听了或看了回答人对问卷的评论之后,我们便能了解问卷有没有问题。而要达到这一目的,无非是对几个回答人作一些非正式的开放式的访谈而已。不过在一般情况下,最好请回答人对问卷的初稿进行这样的品评。这样做会帮助我们能从如对问卷作进一步修改的角度确定问题之所在,而诸如这样的问题在一定程度上讲,只靠我们自己的思冥苦想是很难发现的。例如,通过这样的访谈,我们可能对发现,某类问题可能对回答人有所冒犯,某些问题是没有意义的,或某个问题可能会导致回答人对我们正在考察的问题产生误解。

对问卷设计制作步骤的次序安排,旨在最大限度地降低修改的成本。同行评价,在朋友中测试修订后的问卷可能不需要什么费用,因为正常情况下,这些步骤都是由问卷的设计者和其他项目参与人员实施的。我们常常发现,对问卷设计者而言,扮演回答人回答他们自己设计的问题,往往会是一种很有效的测试方法。而令人惊讶的是,那些编写问卷的人常常会发现,连他们自己都无法回答他们自己编写的问题。

NORC 和 SRL 的问卷设计过程,都要经过被称之为"群思"(group mind)的一步。这一步是指把已经看过问卷的未定稿的问卷设计的合作者召集起来,请他们对问卷品头论足。尽管在这一过程中问卷的起草者必须谦恭地听取各种批评意见,有时甚至是很尖锐的批评意见,对他们来讲未必是一种愉快的经历,但这却不失为一种能使该问卷质量得到很大提高的快捷而有效的方法。

前测之后组织实施试调查

在这一阶段,虽然有许多问题已经被发现和纠正了,但是并不是所有的问题都已经解决。由于较早的评价是由那些与问卷的作者相似的人给出的,所以在对那些与研究样本相似的回答人进行问卷的试调查时,可能还会发现一些新的问题。此外,除非问卷是自填式的,在试调查阶段还需要使用访谈员,所以我们必须为他们准备好访谈说明,并对他们进行培训,以使他们能懂得如何提问。在这个过程中,培训人员可能会发现问卷仍然存在一些模糊不清的地方,这时我们必须立即将之纠正,然后培训才能继续进行。试调查与正式的研究不同,对抽样的规定一般不是十分严格,且访谈员也被给予了一定的自由处置的权力。然而,在正式的调查对象中可能会有一些人对问卷的措辞或内容不理解,可能存在一定的困难,那么在试调查的样本中我们也要设法包含这些人。此外,在试调查访谈结束后,访谈员一般还应该与回答人讨论一下问卷,以便了解问卷中是否有什么不清楚或难以回答的地方。对于问卷的作者或调查的督导员来说,去观察一些试调查的访谈同样也是非常有帮助的,因为他们可能会因此而发现那些被访谈员和回答人误解了的问题。就比较复杂的研究而言,在试调查之后,与访谈员座谈,了解他们以及回答人存在的问题,也是很有用的。如果研究比较简单,那么这类信息可以在访谈员的报告中和写在问卷上的评论中直接获得。

邮寄式的和其他自填式的试调查处理方式,必须要与由访谈员操作的访谈有所不同。考虑到人们一般都不太乐意填写一份还没有完全定稿的问卷,所以寄给试调查回答人的问卷,一定不要让他们看出,他们要填的是一份有待修改定稿的问卷。问卷回收之后,可对其中的一些或全部的回答人进行面对面的或电话访谈,以确定他们在理解或回答问卷时是否有困难。

不要把刚刚给大家介绍的试调查的过程,与对问卷初稿进行的实地测试混为一谈。尽管这种实地测试也是我们所需要的,但是它们的目的却不尽相同,在这样的实地测试之后,我们必须还要接着进行我们刚才给大家介绍的那种更为正式的问卷评估,即试调查。如果问卷的回答率可能有相当大的不确定性,那么进行一下实地试验可能就是需要或必要的。这就是说,如果某个邮寄式问卷的实地测试的回答率不能令人满意,那么我们就必须考虑改变问卷的设计,或者改用其他的数据搜集方法。

使用试调查的结果

在很多的研究中,主要的问题是没有充裕的时间使用试调查的结果来对问卷进行修改。试调查既可用于确定那些难以理解需要修订的问题,也可用于决定那些没有太大意义可能需要删除的问题。例如,如果一个将要被作为自变量的,对其他的行为或态度作出解释的问题,试调查结果表明所有的或几乎所有的回答人对它的回答方式都相同,那么它就是没有什么用处的。此外,开放式的问题也可能产生某些不可能在理论维度上对它们进行编码的答案。

试调查还可以为访谈实际需要的时间提供有效的信息。如果试调查发现整个访谈,或它的某些部分花费的时间太长,那么我们就要考虑删去一些问题,以保证调查能在规定的时间和预算内完成(不过,请注意,因为随着访谈员对问卷越来越熟悉,访谈的速度也会有一定的提高,所以试调查的访谈一般都会比正常的访谈耗费更多时间)。试调查还能确定问卷排列的顺序是否正确。例如,我们可能会发现问卷中的第一个问题比较难以回答,以致整个访谈缺乏一个良好的开端,或者前面的问题有可能改变后面要问问题的参照背景。

如果试调查结果要求作许多实质性的修改,那么我们就必须对修改后的问卷再次进行试调查。假如我们没有对修改的问卷作检验,那么我们有可能会发现这些修改会导致新的和严重的问题。在从问卷中删除了一些问题之后,我们应该对问卷重新进行测试,以能对访谈的实际需要作出更精确的估计,这一点也很重要。因此,我们应在整个计划安排上,给第二次的试调查留出足够的时间。

假如你用的是计算机辅助访谈,我们可能很难给出如何将问卷经编程优化地进入 CAPI 或 CATI 系统所需时间的一般性建议。为一个很复杂的、带有很多跳答指示的问卷设计编程是一件很耗费时间的工作,因而一般都需要这方面专家的参与。因此,这一项工作应在我们已经有了一个非常满意的问卷草稿之后和全部前测和修改完成之前开始着手。在问卷的所有修订工作完成之后必须要做的工作是修改计算机程序,确保问卷所有的修改都已经编入 CAPI 或 CATI 程序。必须一一核对所有的调查指示,以确保在修订后的问卷中所有已经更正过的问题间的逻辑关系,在最后投入运行的程序中同样也作了更正。我们还必须保证自己能有充裕的时间来检查修正后的程序是否能正确无误地运行。

最后的修正以及访谈后的评估

完成最终的试调查后,问卷中一般已经不太可能还留有许多严重的问题,但是,在这一阶段终究还是可能会出现一些在前测阶段未曾发现的问题。如果这样的问题出现在最终的访谈说明完成之前,那么还可以对问卷进行修改。但有的时候,问卷可能已经印刷完毕,那么我们就需要用插页来作一些补救。这类插页应当在遇到的新问题的确十分严重时才使用,因为它的使用本身又会产生新的问题。对那些出现在实际的访谈员培训或访谈中的小问题,可酌情处理,或者是通过修正或增加访谈员说明,或者是在当时先忽略这些问题,而在分析的时候另行编辑处理,例如可把这些数据作为缺失值。

在完成了访谈和数据收集之后,对访谈员的访谈问题报告作一番分析,听取一下访谈员的意见总是很有用的。访谈员的报告和口头意见能够提醒调查的分析人员,由于出现了意料之外的问题,有些题项的数据必须舍弃或谨慎地处理。这样做对改进和完成以后的问卷设计也很有帮助。

最后的评述

就非常简单的问卷而言,本章中描述的过程也许太复杂了。然而,多数的问卷不仅需要有认真仔细的初始设计,还需要有谨慎小心的后续工作,才能确保回答人、访谈员、数据处理人员以及数据分析人员都能够扮演好各自的角色。同时,假如问卷经过了精心的设计,那么最后这些阶段的工作常常只会是整个问卷设计和处理工作中很小的一部分。此外,在整个问卷设计过程的任何阶段,都要对问卷进行不断地改进和完善。

缺乏经验的问卷写作者,如果遵照本章所建议的步骤,他们不仅能创作出有效的问卷,还能同有经验的问卷作者一样有成就感。

最后我们还想提醒大家的是,假若不能获取实现研究目标所需的信息,那么,即便是措辞精当、设计良好的问卷也可能无法令人完全满意。在问卷设计之前已经形成明确的研究目标,那么就不存在什么研究目标达不到的理由。相反,如果在研究目的还没有明确之前,就迫不及待地开始搜集数据,那么由此而产生的问题可能会毁了问卷,甚至是一份设计十分出色的问卷所具有的"价值"。

经过了艰苦而又细致的准备问卷工作后,去聆听一个个访谈,去读一份份问卷和一张张统计表,并看到问卷最终得到了我们所需要的数据,我们能不因此而感到极大的满足吗? 我们希望每一个人都能从艰苦的工作中得到应有的回报。

12 问卷设计常见问题解答

　　问卷调查的设计者们常常会问及一些如何才能设计出最好的问卷的问题。这一章对从事问卷调查研究的人问到的,研修问卷调查研究课程的研究生经常问及的一些问题作了概括总结。

应当问什么问题

　　有些问卷给人以这样的印象,那就是该问卷似乎想毕其功于一役,在问卷中问遍与研究主题相关的所有问题。而另一些问卷则给人另一种印象——这个问卷似乎是由研究小组的各个成员分别草拟,然后再拼在一起的。我们应当尽力避免以这样的方式来实际问卷,因为这样设计出来的问卷必定是杂乱无章和令人生厌的,并包含了很多几乎与主题不相干的问题。回答人会因为必须要完成这类调查而心生反感,因而可能认为这种东西根本不值得他们全神贯注。过长的调查会导致很低的回答率、粗心大意的回答和没有用处的回答。

在确定什么样的问题是应该问的时,第一步是确定我们所需要的信息是什么,以及怎样编写为数不多的几个问题来得到这些信息(参见第 1 章)。应当避免问那些次要的、不太重要的和"可知可不知"的问题。因为定义清晰的研究目标是确保好的问卷设计的最有效的途径,而问卷中出现的许多问题都可以追溯到研究项目的设计阶段。如果能够用几个清晰而简练的语句表达出问卷想要达到的目标,将有助于将问卷设计的全过程始终集中在我们正在研究的主题上。

我们发现,若能在设计研究之前,明确陈述准备如何使用获得的信息有助于研究目标的定义。这一道理似乎是显而易见的,但是在计划研究设计的时候真正能做到这一点的却是凤毛麟角。因为假如在问卷中存在相当数量的、没有用处的、"可知可不知"的问题,我们还能说我们的设计计划已经做到这一点了吗? 设计编写出目的明确的问题的一个方法是,认真读一读每个问题,然后问自己"我究竟要用这个信息做什么?"假如这一信息的确要用于决策制订的过程中,那么就要把它保留下来。否则,就应该把它丢掉。假如我们不准备用某个与收入或种族划分有关的问题,那么就不要去问这样的问题。这种方法不仅对提高问卷质量很有帮助,甚至对数据收集完成之后将要使用的统计分析方案的制订也很有用处。

在把这几点牢记在心的同时,为了提高调查的质量和调查结果的实效,我们还应该设法争取让其他专家和与调查有关的决策制订者参与到问卷设计过程中来,因为专家的意见常常对问卷质量的提高有很大的帮助。

应当注意避免使用哪些词汇

有些词汇本身就很容易引起误解或含义很不清楚;而有些词汇则以某种方式在一个问题中使用时可能会引发一个潜在的问题(参见第 2 章)。一个常见的错误是在问题中加入起修饰作用的形容词和副词,而这些词的意义却有些模糊,例如通常、经常、有时、偶尔、很少、几乎、许多、大多数、很多、少量的、绝大多数、数目相当多的、很大比例的、数目可观的、几个等。但也有其他一些形容词,其含义的变化不是很大,因而人们对它们的理解也大致相当。这些词包括:少量的、不是很多的、几乎没有、一些、几个、接近全部的、事实上全部的、大多数的、一致的和很多。

下面四个词在用于特定的问题时,要特别小心,否则可能造成这样或那样的问题。

1. **和**　"和"这一字可能是一个信号,告诉我们,可能把两个问题合在了一起,当做一个问题去问了。为了确保一次只问一个问题,就应该尽量避免在问题中用"和"这个字。

2. **或**　与"和"这个字一样,"或"这个词常常与某个双重问题或某个虚假的两难推理有关。(您要选共和党的候选人还是(或)民主党的候选人当州长?)在问题中使用"或"这个字时,请倍加小心。

3. **如果**　"如果"这个词常常与某些含混的指导语或跳答模式相连。如果我们需要使用跳答,那么必须保证问题的编号明白无遗,以引导回答人能正确地回答问题。

4. **不**　如果你已经让回答人用"是"或"否"回答了某个问题,那么不要再在问题中使用"不"这个字。因为再使用"不"这个字会导致双重否定进而引起混乱。

怎样才能编写好问题

一个好的问题是那种能产生真实的、精确的回答的问题。当某个回答人要为以某种方式作答而有所顾虑时,那么他给出的答案就可能是不真实的。匿名的问卷,不去确认回答人的身份信息,比起那些要求回答人填写身份信息的问卷,更可能产生诚实的回答。假如你的问卷中含有某些敏感的题项,那么一定要使回答人清楚我们对其回答作的保密承诺(参看第 1 章)。

一个好的问题只在一个维度上要求得到一个回答

确定我们没有问"双管"问题是我们在这里要讨论的问题的主要目标(参见第 5 章)。如一个像"销售代表是否很有礼貌和认真负责?"这样的问题,便是一个"双管"问题的实例。一个很有礼貌的销售代表,却未必一定认真负责,或者相反。假如出现了这种情形,那么回答人在回答这样的问题时,就不得不给出一个不准确的态度评定。不言而喻,随后的数据解释也会很成问题。

问卷调查的目的在于获取相关的信息。那种要求回答超过一个维度的问题常常不能为我们提供我们正在寻找的信息。每个问题应当只与一个主题相关。不要在问卷中出现那些虽然只要求一个答案,但实际上是给出两个回答更合适的问题。例如,"您是否赞同这种观点,吸烟和饮酒会有损健康?"这样的问题,与问题"您喜欢这种小点心的松软和它的口味么?"一样,都应当被拆成两个独立的问题。否则,假如某个回答人回答"不",那么研究人员就不知道这个回答人是不喜欢它的松软呢,还是它的味道,抑或两者都不喜欢。一个好的问题应该只在一个维度上有一个确切的回答。

一个好的问题能够涵盖所有可能的回答

有多个回答选项的问题是问卷调查中最常见的问题形式,因为常常是回答人最容易回答的,同时也是最容易分析的问题。然而,询问那种有多个回答选项,但没能包含所有可能的回答选项的问题,不仅会使回答人茫然无所适从,而且会让他们消极应对(参见第 5 章)。例如,考虑一下下面这样的问题:

> 您拥有什么类型的电脑?
> □IBM 的 PC 机　　□苹果机

显然,这个问题存在很多问题。假如回答人没有电脑怎么办? 假如他们拥有的电脑既不是 IBM 的 PC 机,也不是苹果机怎么办? 有两种办法可以纠正这些问题。一种方法是请回答人列出他们所拥有的所有类型的电脑。另一种方法是允许把"两者都没有"或"两者都有"作为答案。如果假定我们的

例子的目的只是在于了解这两种类型的电脑,IBM 和苹果电脑,那么我们的问题应当像下面这样:

> 您是否拥有 IBM 的 PC 机?
> □是　　□否
> 您是否拥有苹果机?
> □是　　□否
> 您是否同时拥有两种类型的电脑?
> □是　　□否
> 两种类型的电脑您都没有吗?
> □是　　□否

好问题的回答选项是互斥的

一个好的问题不会把回答人置于模棱两可的境地。对回答人来讲,需要他们做的事,只是作出一个正确的或合适的选择。例如,这样一个问题,"您是在哪里长大的?"可能有下述几个回答选项:(A)农庄,(B)乡村,(C)城市。那么某个长在乡村农庄中的人,就不清楚该选择 A 还是 B。而某个长在郊区的人就找不到合适的回答选项。因而这个问题也不会提供有意义的信息。此外,"长大"这个词的意义是什么也不清楚。假如有些回答人生在农庄,但是在六年级时移居到城市,那么他们究竟应该算是在哪里长大的呢? 可见回答选项必须包含所有可能的有意义的答案。

好问题产生的答案是有变化的

当一个问题在回答上没有变化时,那么我们从中得到的信息就很少。假如一个问题不够灵敏,无法探知实际存在的变化,那么我们就不能在这个题项上进行任何统计分析。让我们来对下面这个例子作一番考察:

> 您认为这个教员的课怎么样? (**选择一项**)
> □这是我上过的最差的课。
> □这个课介于最差和最好之间。
> □这是我上过的最好的课。

因为几乎所有的回答人都会选择 B,所以得到的结果只能提供很少的信息。要精心设计你的问卷,让它们能灵敏地反映回答人之间的差异。例如,像"您是否反对在城市内枪支的非法流转?"这样一个问题,因为其答案不可能有太大的差异,所以可能不应当去问。

好的问题应与前面的问题衔接自然

问卷编写与其他问题的编写一样,问题间的转换要自然,应当把问题归组,这样可把相似的问题编在一起,易于回答人回答。那些从一个主题跳到另一个不相干的主题的问卷会让回答人感到问题杂乱无章没有头绪,需要他们付出极大的努力。可想而知,像这样的问卷是不可能产生可信的回答和高的回答率的。

应当在什么时候问等级评定问题

请回答人去给一个较长系列的事项评等(例如,根据它们的重要性)可能是非常难的(参见第 5 章)。不过,让回答人排列出最喜欢的三个事项,或是最不喜欢的三个事项,这样的做法还是可行的。另一种方法是以某种顺序方式请回答人作出明确的比较,如下面的例子:

下面有三种颜色,可作为办公室墙面的选择:黄色、白色和淡绿色。

哪种颜色您最喜欢?

　　□黄色　　　□白色　　　□淡绿色

哪种颜色您第二喜欢?

　　□黄色　　　□白色　　　□淡绿色

哪种颜色您最不喜欢?

　　□黄色　　　□白色　　　□淡绿色

要求回答人就不同的赞许程度对某一事项评等也是很有用的。考虑一下下面这个用于评估某一产品的某些精选属性的重要性的 4 级量表:(1)没有重要性,(2)重要性较低,(3)重要性一般,(4)重要性高。

用这样的量表,回答人可能倾向于把几乎每一个特性题项都评为重要性高的。这样就难以把那些最重要的题项与那些重要性相对较小的区分开来。而要求回答人在给题项重要性评等之外,再根据重要性的高低,给这些题项排序会使这个问题迎刃而解。假如要排题项太多,而无法对它们全部进行排序,那么我们可改而要求回答人,从他们已经评估过的题项中,标出 3 ~ 4 项他们认为"最重要的"题项。

应该如何排列回答选项的顺序

当回答选项在某个较低水平的选项和较高的选项之间呈现出一种序列时,通常较好的做法是把这些回答选项以从低到高和由左到右的方式排列。例如:(1)从不,(2)很少,(3)偶尔,(4)常常。在给问题编码时,最不可能引起混淆的做法是,给较高等级的选项以较大的数值(参见第 5 章)。

此外,量表的端点应从最不具社会期许性的答案选项开始(参见第 3 章)。否则,回答人可能会在还没有听完或读完全部的回答选项,就已经选择了最符合社会期许的答案。就那些不合社会期许的行为而言,较好的做法是在询问回答人现在有没有那种行为之前,先问他们是否曾经有过。而对那些社会期许的行为而言,较好的做法则是先问目前的行为,而不是问他们通常的或经常发生的行为。

应当用什么样的量表,4 级、7 级还是其他级

你给你的问题所选择的量表类型会影响到你所收集的信息(参见第 5 章)。在研究领域,对于多少个点以及哪几种刻度标签(标记)构成了最有效的测量工具的问题有很多的讨论。每种量表都有变异,然而,有些量表比其他的更可信。

因为偶数级的量表(4级或6级)没有中间的选项,所以它们能在满意的或不满意的顾客之间作出更有效的区分。在正向回答与反向回答之间作出明确区分,还是在量表中包含一个中间值,务必认真考虑究竟哪一种做法更合适这一问题。尽管没有中间值的量表常常在测量个性特征时使用,但人们一般还是都偏向于使用奇数级量表。

就你的量表而言,级数多少应当取决于数据的使用目的。虽然7到9级的量表看起来能收集到更具区别力的信息,不过对于在填写问卷时,特别是在电话访谈中的问卷填写时,回答人是否能够真正认真地进行这样细微的区分,充分地体现这些量表的价值,还是有争论的。有许多研究人员,即使他们最终会把信息简单地汇总为"不赞同""中立"和"赞同",但还是会有很多级的量表去收集这类信息。

量表的级数一旦确定之后,接着就要去确定每个级别的标签。就那些仅有少数几级的量表而言,每个级都可以加上文字标记。而有些研究人员喜欢只定义或标示量表的两个端点,这样的量表只用数值标出量表等级,而量表显示的间距都是相等的。这种格式在大型量表中尤为普遍。

应当给出多少个回答选项

答案选项数不要多于实际需要数。回想一下第9章那个有关婚姻的一般状况的问题,这个问题要求在五种婚姻状况"(1)未婚(2)离婚(3)已婚(4)分居(5)丧偶"中,表明自己的婚姻状况属于哪一种除非婚姻问题是该研究的重点,否则在这么多的选项之间作出区分并没有什么特别的用处。假如这一问题主要的目的在于了解回答人究竟生活在一个已婚且与配偶同居的家庭中,还是生活在单身一人的家庭中,那么只给出"已婚且与配偶同居"和"其他"这样两个回答选项比较好。

量表的级类不可过多和杂乱无章——例如"(1)从不(2)几乎不(3)偶尔(4)还算经常(5)经常(6)特别经常(7)几乎总是(8)总是",这样的量表,不仅级类数过多,而且编排也毫无次序。诸如这样排列的回答选项(量表级类)不是使回答人感到心烦意乱无所适从,就是使他们感到迷惑不解不知如何作答,因为回答选项实在是太混乱了。与杂乱无章的选项类别不同,我们不仅应该尽力使答案选项数不要过多,而且还应该把它们都编排得自然有序,要做到这一点是需要我们下一点工夫的。

尽管知觉研究(sensory research)一般都沿用 9 级量表,但是心理测量学的研究已经表明,大多数个体不能在超过 6 或 7 个等级的回答选项中作出可信的区分。就那些与态度相关的认知行为而言,4 个或 5 个级类可能就足以产生相当可信的回答方向指示。

开放式问题编写应该注意哪几个问题

开放式问题构成了任何调查问卷中一个有潜在价值的部分。顾名思义,所谓开放式问题是那些不将答案内容限制在预先指定的回答选项上的问题(参见第 5 章)。①

譬如,在评价服务的满意度时,开放式的问题可以为我们指出那些对顾客非常重要的服务问题。虽然顾客可以对服务的方方面面给出或高或低的评价,但是那些热烈的或饱含感情的评论却能显示出哪些方面对他们来说才是真正重要的。

因为研究人员只是把注意力放在那些最常被提及的开放式回答上,而把那些只被提过一两次的回答忽略了,所以常常把那些来自开放式问题的有价值的信息浪费掉了。开放式问题可以揭示出那些虽不常见,但却是很有见地的看法。但是,如果调查者只把目光集中在那些常见的回答上,那么他们就

---

①例如,如果三个回答人给出的回答分别是:"我恨我的老板""我厌恶我的老板"和"我憎恨我的老板",那么我们或许应当把这些回答综合到一个回答选项中,比如"不喜欢管理者"这样的选项。许多研究者可能会给"恨管理者""厌恶管理者"和"憎恨管理者"这三个回答编三个码。用细微的差异给数据分类会导致不精确的编码。例如,两个不同人的相同回答可能被同一个编码员归入不同的类别——或两个不同的编码员会把同样的回答归入不同的类别。

会一如既往地对这些有见地的看法视而不见[1]（一个简短的开放式问卷的实例请参见附录 D）。

问题应当怎样排序

在排列问题的顺序时,有两点是关键。(参见第 10 章)。第一,问题应当以使回答人的答案对后续问题的影响降到最小的方式排序(参见第 4 章)。

第二,问题应当以某种能够引导回答人去完成整个问卷的方式排序。以事实性问题开始,接着再问主观意见方面的问题。开始时问那些有趣的、无威胁性的、易于回答的问题。在决定是否要完成整个问卷前,人们常常会看一看最前面的几个问题。假如人们觉得最初几个问题都非常有威胁或者非常"无趣",那么他们愿意继续完成整个问卷的可能性就很小。把有趣的问题放在最前面可以让回答人愿意继续坚持下去。此外,还要注意,在邮寄式问卷中最好能把最重要的问题放在最前面。因为在填答邮寄式问卷时,回答人常常会寄回只完成了一部分的问卷,这样,假如我们把那些重要的问题都放在了问卷前面的话,那么尽管问卷的问答填写未能全部完成,但问卷中仍然会含有一些重要的信息。

设法将问题的顺序以回答人感兴趣的方式排列。对提问的方式作一些变化,便可有效地防止回答人落入"答题定式"的巢穴。尽管如此,把同类题项进行归并,以使所有问题的顺序显得流畅仍然是十分重要的。

---

[1]我们之所以要使用开放式问题的理由是它使我们可以获取意料之外的信息。而对那些调查人数不超过 50 人的、简短的、非正式的问卷而言,这个理由更是不言而喻的。在调查一小群人时,通常每个问题只需要一个简单的回答选项列表便可涵盖全部的特征。然而,在样本较大的时候,则必须对每个问题的答案归类,以便对它们进行分析。这个过程不仅耗时而且有可能会产生误差。最好能事先就确定普遍适用的回答选项,然后再请回答人从那些给出的回答选项中作选择。许多时候,如果某些难以名状的回答选项只适用于极少数的回答人,那么我们就应该把它们去掉。先将一份带有预备性质的开放式问卷分发给一小批人,然后认真分析回收的问卷,通常都不失为一种预先确立普遍使用的回答选项的好方法。

问卷怎样才能算是编制完成了

在少数同事中或在一些我们将要调查的总体人中对问卷进行一下前测（参见第 11 章）。这种前测能使我们得以确定问卷是否在收集我们所需要的数据和是否方便回答人填答。不仅如此，这样的前测还可以使我们避免犯代价高昂的错误。

请一些参与测试的回答人品评一下问卷的初版可能不无益处。这样做的目的在于确定问题是否得体和回答的难易度。例如，通过这样的测试我们可能会发现，某些类型的问题可能惹恼了回答人，也有一连串问题是根本没有用处的，或某个问题被人们误解了。

参考书目和推荐阅读

Alwin, D., and Krosnick, J. "The Measurement of Values in Surveys: A Comparison of Ratings and Rankings." *Public Opinion Quarterly*, 1985, 49, 535-552.

American Marketing Association. *The Technique of Marketing Research*. New York: McGraw-Hill, 1937.

Andersen, R., Kasper, J., Frankel, M. R., and Associates. *Total Survey Error: Appli-cations to Improve Health Surveys*. San Francisco: Jossey-Bass, 1979.

Ash, P., and Abramson, E. "The Effect of Anonymity on Attitude Questionnaire Response." *Journal of Abnormal and Social Psychology*, 1952, 47, 722-723.

Baddeley, A. D. *Human Memory: Theory and Practice*. Mahwah, N.J.: Erlbaum, 1990.

Bailey, K. D. *Methods of Social Research*. New York: Free Press, 1978.

Barton, A. J. "Asking the Embarrassing Question." *Public Opinion Quarterly*, 1958, 22, 67-68.

Beatty, R. W., and Bernardin, H. J. *Performance Appraisal: Assessing Human Behavior at Work*. Boston: Kent, 1984.

Becker, S. L. "Why an Order Effect?" *Public Opinion Quarterly*, 1954, 18, 271-278.

Belson, W. A. "Respondent Understanding of Survey Questions." *Polls*, 1968, 3(1), 1-13.

Belson, W. A. *The Design and Understanding of Survey Questions*. Aldershot, England: Gower, 1981.

Belson, W. A., and Duncan, J. A. "A Comparison of the Checklist and the Open Response Questioning Systems." *Applied Statistics*, 1962, 11, 120-132.

Belson, W. A., Millerson, B. L., and Didcott, P. J. *The Development of a Procedure for Eliciting Information from Boys About the Nature and Extent of Their Stealing*. London: Survey Research Centre, London School of Economics and Political Science, 1968.

Berk, Ronald A. (ed.). *Performance Assessment Methods and Applications*. Baltimore: Johns Hopkins University Press, 1986.

Bernardin, H. J., and Smith, P. C. "A Clarification of Some Issues Regarding the Development and Use of Behaviorally Anchored Rating Scales." *Journal of Applied Psychology*, 1981, 66, 458-463.

Bingham, W. V. D., and Moore, B. V. *How to Interview*. (4th ed.) New York: HarperCollins, 1959.

Blair, E. A., and Burton, S. "Cognitive Processes Used by Survey Respondents to Answer Behavioral Frequency Questions." *Journal of Consumer Research*, 1987, 14, 280-288.

Bradburn, N. M. *The Structure of Psychological Well-Being*. Hawthorne, N. Y.: Aldine de Gruyter, 1969.

Bradburn, N. M., Sudman, S., and Gockel, G. L. *Racial Integration in American Neighborhoods: A Comparative Survey*. NORC Report No. III-B. Chicago: National Opinion Research Center, 1971a.

Bradburn, N. M., Sudman, S., and Gockel, G. L. *Side by Side: Integrated Neighborhoods in America*. Chicago: Quadrangle, 1971b.

Bradburn, N. M., Sudman, S., and Associates. *Improving Interview Method and Questionnaire Design: Response Effects to Threatening Questions in Survey Research*. San Francisco: Jossey-Bass, 1979.

Brown, R. W. *Against My Better Judgment: An Intimate Memoir of an Eminent Gay Psychologist*. Binghamton, N. Y.: Haworth Press, 1996.

Burns, N., Kinder, D. R., Rosenstone, S. J., Sapiro, V., and the National Election Studies. *American National Election Study, 2000: Pre-and Post-Election Survey* [Computer file]. 2nd ICPSR version. Ann Arbor: University of Michigan, Center for Political Studies [producer], 2001; Inter-university Consortium for Political and Social Research [distributor], 2002.

Campanelli, P., Martin, E., and Rothgeb, J. "The Use of Respondent and Interviewer Debriefing Studies as a Way to Study Response Error in Survey Data." *The Statistician*, 1991, 40, 253-264.

Campbell, A., and others. *The American Voter*. Hoboken, N.J.: Wiley, 1960.

Cannell, C. F., Marquis, K. H., and Laurent, A. *A Summary of Studies of Interviewing Methodology*. Vital and Health Statistics, Series 2, No. 69. Rockville, Md.: National Center for Health Statistics, 1977.

Cannell, C., Miller, P., and Oksenberg, L. "Research on Interviewing Techniques." In S. Leinhardt (ed.), *Sociological Methodology*. San Francisco: Jossey-Bass, 1981.

Cannell, C. F., Oksenberg, L., and Converse, J. *Experiments in Interviewing Techniques*. NCHSR Research Report 78-7. Hyattsville, Md.: National Center for Health Services Research, 1977.

Cantril, H. *Gauging Public Opinion*. Princeton, N. J.: Princeton University Press, 1944.

Cantril, H. *The Pattern of Human Concern*. New Brunswick, N.J.: Rutgers University Press, 1965.

Cardy, R. L., and Dobbins, G. H. *Performance Appraisal: Alternative Perspectives*. Cincinnati, Ohio: South-Western, 1994.

Cash, W. S., and Moss, A. J. *Optimum Recall Period for Reporting Persons Injured in Motor Vehicle Accidents*. Vital and Health Statistics, Series 2, No. 50. Rockville, Md.: National Center for Health Statistics, 1972.

CBS News/The New York Times. *CBS News/New York Times Monthly Poll no. 1, January 1994* [Computer file]. 2nd ICPSR version. New York: CBS News [producer], 1994. Ann Arbor, Mich.: Inter-university Consortium for Political and Social Research [distributor], 2000.

Clark, J. P., and Tifft, L. L. "Polygraph and Interview Validation of Self-Reported Deviant Behavior." *American Sociological Review*, 1966, 31, 516-523.

Coker, H., Medly, D. M., and Soar, R. S. *Measurement-Based Evaluation of Teacher Performance*. New York: Longman, 1984.

Colombotos, J. "Personal Versus Telephone Interviews: Effect on Responses." *Public Health Reports*, 1969, 84, 773-782.

Converse, J. M., and Presser, S. *Survey Questions: Handcrafting the Standardized*

Questionnaire. Thousand Oaks, Calif.: Sage, 1986.

Converse, J. M., and Schuman, H. *Conversations at Random: Survey Research as Interviewers See It.* Hoboken, N. J.: Wiley, 1974.

Couper, M., Traugott, M., and Lamias, M. "Web Survey Design and Administration." *Public Opinion Quarterly*, 2001, 65, 230-253.

Crabtree, S. "New Poll Gauges Americans' General Knowledge Levels." [Poll release, Gallup Poll News Service]. Princeton, N.J.: Gallup Organi-zation, 1999.

Davis, J. A., Smith, T. W., and Marsden, P. V. *General Social Survey 1998: Culture Module.* Chicago: National Opinion Research Center, 2000.

Demby, E. H. "Psychographics Revisited: The Birth of a Technique." *Marketing News*, Jan. 2, 1989, p. 21.

Dillman, D. *Mail and Internet Survey: The Tailored Design Method.* (2nd ed.) New York: Wiley, 2000.

Dillman, D. *Mail and Telephone Surveys: The Total Design Method.* Hoboken, N. J.: Wiley, 1978.

Doyle, K. O. *Evaluating Teaching.* Toronto: Lexington Books, 1983.

Edwards, J. E., Rosenfeld, P., and Thomas, M. D. *Improving Organizational Surveys.* Thousand Oaks, Calif.: Sage, 1993.

Eisenhower, D., Mathiowetz, N., and Morganstein, D. "Recall Error: Sources and Bias Reduction Techniques." In P. P. Biemer and others (eds.), *Measurement Errors in Surveys.* Hoboken, N.J.: Wiley, 1991.

Erdos, P. L., and Morgan, A. J. *Professional Mail Surveys.* New York: McGraw-Hill, 1970.

Fee, J. "Symbols and Attitudes: How People Think About Politics." Unpublished doctoral dissertation, School of Social Sciences, University of Chicago, 1979.

Ferber, R. *The Reliability of Consumer Reports of Financial Assets and Debts.* Studies in Consumer Savings, no. 6. Urbana: Bureau of Economic and Business Research, University of Illinois, 1966.

Fischer, R. P. "Signed Versus Unsigned Personal Questionnaires." *Journal of Applied Psychology*, 1946, 30, 220-225.

Forsyth, B., and Lessler, J. "Cognitive Laboratory Methods: A Taxonomy." In P. P. Biemer and others (eds.), *Measurement Errors in Surveys.* Hoboken, N. J.: Wiley, 1991.

Fowler, F. "How Unclear Terms Affect Survey Data." *Public Opinion Quarterly*, 1992, 56, 218-231.

Fraisse, P. *The Psychology of Time.* New York: HarperCollins, 1963.

Fuller, C. "Effect of Anonymity on Return Rate and Response Bias in a Mail Survey." *Journal of Applied Psychology*, 1974, 59, 292-296.

Gallup, G. H. *The Gallup Poll: Public Opinion*, 1935-1971. (3 vols.) New York: Random House, 1972.

Gallup, G. H. *The Gallup Poll. Public Opinion*, 1972-1977. (2 vols.) Wilmington, Del.: Scholarly Reso-urces, 1978.

Gallup Organization. *Gallup Opinion Polls*, 1965-2003 *Cumulative Codebook.* Princeton, NJ, 2003. (For more information about Gallup Opinion Polls, please call, 1-800-888-5493.)

Gallup Organization. "Support for Invasion of Iraq Remains Contingent on U. N. Approval." [Poll analysis]. [http://www. gallup. com/poll/releases/pr021112. asp]. Nov. 12, 2002.

Glanz, K., and others. "Why Americans Eat What They Do: Taste, Nutrition, Cost, Convenience, and Weight Control Concerns: Influences on Food Consumption." *Journal of the American Dietetic Association*, 1998, 98,1118-1126.

Greenberg, B. G., and others. "The Unrelated Question Randomized Response Model: Theoretical Framework." *Journal of the American Statistical Association*, 1969, 64, 520-539.

Grice, P. "Logic and Conversation." In P. Cole and J. Morgan (eds.), *Syntax and Semantics*, Vol. 3: *Speech Acts.* Orlando: Academic Press, 1975.

Groves, R. M. "Measurement Errors Associated with the Questionnaire." In *Survey Errors and Survey Costs.* Hoboken, N.J.: Wiley, 1989.

Groves, R. M., and Kahn, R. L. *Surveys by Telephone: A National Comparison with Personal Interviews.* Orlando: Academic Press, 1979.

Guilford, J. P. *Psychometric Methods.* (2nd ed.) New York: McGraw-Hill, 1954.

Gunter, B., and Furnham, A. *Consumer Profiles: An Introduction to Psychographics.* London: Routledge, 1992.

Haley, R. "Benefit Segmentation: A Decision-Oriented Research Tool." *Journal of Marketing*, 1968, 32, 30-35.

Harris, L., and Associates. (For queries about Harris Poll questions in text, write to Louis Harris and Associates, 630 Fifth Avenue, New York, NY10020.)

Hastings, E. H., and Hastings, P. K. (eds.). *Index to International Public Opinion*, 1978-1979. Westport, Conn.: Greenwood Press, 1980.

Hirsch, A. *What Flavor Is Your Personality?* Naperville, Ill.: Sourcebooks, 2001.

Hochstim, J. R. "A Critical Comparison of Three Strategies of Collecting Data from Households." *Journal of the American Statistical Association*, 1967, 62, 976-989.

Horvitz, D. G., Shaw, B. V., and Simmons, W. R. "The Unrelated Question Randomized Response Model." In E. Hasho (ed.), *Proceedings of the American Statistical Association.* Washington, D.C.: American Statistical Association, 1967.

Houston, M. J., and Sudman, S. "A Methodological Assessment of the Use of Key Informants." *Social Science Research*, 1975, 4, 151-164.

Hyman, H. H., and Sheatsley, P. B.

"The Current Status of American Public Opinion." In J. C. Payne (ed.), *The Teaching of Contemporary Affairs: Twenty-First Yearbook of the National Council for the Social Studies.* Washington, D. C.: National Council for the Social Studies, 1950.

Johnson, C. E., Jr. *Consistency of Reporting of Ethnic Origin in the Current Population Survey.* U. S. Bureau of the Census Technical Paper No. 31. Washington, D.C.: U.S. Government Printing Office, 1974.

Kahn, R. L. "A Comparison of Two Methods of Collecting Data for Social Research: The Fixed-Alternative Questionnaire and the Open-Ended Interview." Unpublished doctoral dissertation, School of Social Science, University of Michigan, 1952.

Kahn, R. L., and Cannell, C. F. *The Dynamics of Interviewing: Theory, Technique, and Cases.* Hoboken, N. J.: Wiley, 1957.

Kamakura, W. A., and Novak, T. P. "Value-System Segmentation: Exploring the Meaning of LOV." *Journal of Consumer Research*, 1992, 23, 119-132.

Kidder, L. H. *Selltiz, Wrightsman and Cook's Research Methods in Social Relations.* (4th ed.) Austin, Tex.: Holt, Rinehart and Winston, 1981.

King, F. W. "Anonymous Versus Identifiable Questionnaires in Drug Usage Surveys." *American Psychologist*, 1970, 25, 982-985.

Kinsey, S., and Jewell, D. "A Systematic Approach to Instrument Development in CAI." In M. Couper and others (eds.), *Computer Assisted Survey Information Collection.* Hoboken, N.J.: Wiley, 1998.

Krosnick, J., and Fabrigar, L. "Designing Rating Scales for Effective Measurement in Surveys." In L. Lyberg and others (eds.), *Survey Measurement and Process Quality.* Hoboken, N.J.: Wiley, 1997.

Laumann, E. O., Gagnon, J. H., Michael, R. T., and Michaels, S. *The*

Social Organization of Sexuality: Sexual Practices in the United States. Chicago: University of Chicago Press, 1994.

Locander, W. B., and Burton, J. P. "The Effect of Question Form on Gathering Income Data by Telephone." *Journal of Marketing Research*, 1976, 13, 189-192.

Loftus, E., and Marburger, W. "Since the Eruption of Mt. St. Helens, Has Anyone Beaten You Up? Improving the Accuracy of Retrospective Reports with Landmark Events." *Memory and Cognition*, 1983, 11, 114-120.

Martin, E., DeMaio, T., and Campanelli, P. "Context Effects for Census Measures of Race and Hispanic Origin." *Public Opinion Quarterly*, 1990, 54, 551-566.

McCourt, K., and Taylor, D. G. "Determining Religious Affiliation Through Survey Research: A Methodological Note." *Public Opinion Quarterly*, 1976, 40, 124-127.

McCready, W. C., and Greeley, A. M. *The Ultimate Values of the American Population.* Thousand Oaks, Calif.: Sage, 1976.

McIver, J. P., and Carmines, E. G. *Unidimensional Scaling.* Thousand Oaks, Calif.: Sage, 1981.

Marquis, K. H., and Cannell, C. F. *Effect of Some Experimental Interviewing Techniques on Reporting in the Health Interview Survey.* Vital and Health Statistics, Series 2, No. 41. Rockville, Md.: National Center for Health Statistics, 1971.

Means, B., and Loftus, E. "When Personal History Repeats Itself: Decomposing Memories for Recurring Events." *Applied Cognitive Psychology*, 1991, 5, 297-318.

Menon, G. "The Effects of Accessibility of Information in Memory on Judgments of Behavioral Frequencies." *Journal of Marketing Research*, 1993, 20, 431-440.

Menon, G. "Are the Parts Better Than the Whole? The Effects of Decompositional Questions on Judgments of Frequent Behaviors." *Journal of Marketing Research*, 1997, 34, 335-346.

Menon, G., Bickart, B., Sudman, S., and Blair, J. "How Well Do You Know Your Partner? Strategies for Formulating Proxy-Reports and Their Effects on Convergence to Self-Reports." *Journal of Marketing Research*, 1995, 32, 75-84.

Menon, G., Raghubir, P., and Schwarz, N. "Behavioral Frequency Judgments: An Accessibility-Diagnosticity Framework." *Journal of Marketing Research*, 1995, 22, 212-228.

Mieczkowski, T. (ed.). *Drug Testing Technology: Assessment of Field Applications.* Washington, D.C.: CRC Press, 1999.

Miller, P. "Alternative Question Forms for Attitude Scale Questions in Telephone Interviews." *Public Opinion Quarterly*, 1984, 48, 766-778.

Millman, J. *Handbook of Teacher Evaluation.* Thousand Oaks: Sage, 1981.

Minneapolis Star Tribune, Oct. 1988.

Moser, C. A., and Kalton, G. *Survey Methods in Social Investigation.* New York: Basic Books, 1972.

Murray, J. R., and others. *The Impact of the 1973-1974 Oil Embargo on the American Household.* NORC Report No. 126. Chicago: National Opinion Research Center, 1974.

National Opinion Research Center. *General Social Surveys, 1972-2002: Cumulative Codebook.* Chicago: National Opinion Research Center, 2003. (For queries about other NORC questions in text, write to NORC, 1155 E, 60th St., Chicago, IL 60637, http://www.norc.uchicago.edu. Please mention year given in parentheses.)

Nesbary, D. *Survey Research and the World Wide Web.* New York: Allyn & Bacon, 1999.

Neter, J., and Waksberg, J. "Effects of Interviewing Designated Respondents in a Household Survey of Home Owners' Expenditures on Alterations and Repairs." *Applied Statistics*, 1963, 12,

46-60.

Neter, J., and Waksberg, J. "A Study of Response Errors in Expenditures Data from Household Interviews." *Journal of the American Statistical Association*, 1964, 59, 18-55.

Neter, J., and Waksberg, J. *Response Errors in Collection of Expenditures Data by Household Interviews*. U.S. Bureau of the Census Technical Paper No.11. Washington, D.C.: U.S. Government Printing Office, [M1] 1965.

Noelle-Neumann, E. *Umfragen in der Massengesellschaft: Einführung in die Methoden der Demoskopie*. Munich: Rowohlt Deutsche Enzyklopadie, 1963.

Noelle-Neumann, E. "Wanted: Rules for Wording Structured Questionnaires." *Public Opinion Quarterly*, 1970, 34, 191-201.

Norman, D. A. (ed.). *Models of Human Memory*. Orlando: Academic Press, 1970.

NPD Research. *National Purchase Diary Panel*. Floral Park, N. Y.: NPD Research, 1977.

Oksenberg, L., Cannell, C., and Kalton, G. "New Strategies for Pretesting Survey Questions." *Journal of Official Statistics*, 1991, 7(3), 349-365.

Opinion Research Corporation. (For queries about ORC questions in text, write to ORC, North Harrison Street, Princeton, NJ 08540.)

Oppenheim, A. N. *Questionnaire Design and Attitude Measurement*. New York: Basic Books, 1966.

Ornstein, R. E. *On the Experience of Time*. New York: Penguin Books, 1970.

Parry, H. J., and Crossley, H. M. "Validity of Responses to Survey Questions." *Public Opinion Quarterly*, 1950, 14, 61-80.

Payne, S. L. *The Art of Asking Questions*. Princeton, N. J.: Princeton University Press, 1951.

Pennings, J. M., Wansink, E. B., and Meulenberg, M. E. "A Note on Modeling Consumer Reactions to a Crisis: The Case of the Mad Cow Disease." *International Journal of Research in Marketing*, 2002, 19(2), 91-100.

Petty, R. E., and Cacioppo, J. T. *Attitudes and Persuasion: Classic and Contemporary Approaches*. Boulder, Colo.: Westview Press, 1996.

Petty, R. E., and Krosnick, J. A. (eds.). *Attitude Strength: Antecedents and Consequences*. Mahwah, N.J.: Erlbaum, 1995.

Pierre-Pierre, P. K., Platek, R., and Stevens, P. *Development and Design of Survey Questionnaires*. Ottawa: Minister of Supply and Services, 1985.

Plummer, J. T. "How Personality Makes a Difference." *Journal of Advertising Research*, 1984, 24(6), 27-31.

Presser, S., and Blair, J. "Survey Pretesting: Do Different Methods Produce Different Results?" In P. V. Marsden (ed.), *Sociological Methodology*, 1994.

Rea, L. M., and Parker, R. A. *Designing and Conducting Survey Research: A Comprehensive Guide*. San Francisco: Jossey-Bass, 1997.

Reinmuth, J. E., and Geurts, M. D. "The Collection of Sensitive Information Using a Two-Stage, Randomized Response Model." *Journal of Marketing Research*, 1975, 12, 402-407.

Robinson, J. P., Athanasiou, R., and Head, K. B. *Measures of Occupational Attitudes and Occupational Characteristics*. Ann Arbor: Survey Research Center, University of Michigan, 1969.

Robinson, J. P., Rusk, J. G., and Head, K. B. *Measures of Political Attitudes*. Ann Arbor: Survey Research Center, University of Michigan, 1968.

Robinson, J. P., and Shaver, P. R. *Measures of Social Psychological Attitudes*. (Rev.ed.) Ann Arbor: Survey Research Center, University of Michigan, 1973.

Rokeach, M. *The Nature of Human Values*. New York: Free Press, 1973.

Roper Public Opinion Research Center. *Survey Data for Trend Analysis: An Index to Repeated Questions in U. S.*

National Surveys Held by the Roper Public Opinion Research Center. Storrs: Roper Public Opinion Research Center, University of Connecticut, 1974.

Roper Public Opinion Research Center. *Survey Data for Trend Analysis*. Storrs: Roper Public Opinion Research Center, University of Connecticut, 1992.

Roper Public Opinion Research Center. *Survey Data for Trend Analysis*. Storrs: Roper Public Opinion Research Center, University of Connecticut, 1994.

Rosenshine, B. "Evaluation of Classroom Instruction." *Review of Educational Research*, 1970, 40, 279-300.

Roshco, B. "The Polls: Polling on Panama." *Public Opinion Quarterly*, 1978, 42, 551-562.

Rugg, D. "Experiments in Wording Questions: II." *Public Opinion Quarterly*, 1941, 5, 91-92.

Salant, P., and Dillman, D. A. *How to Conduct Your Own Survey*. Hoboken, N. J.: Wiley, 1994.

Sanchez, M. E. "Effects of Questionnaire Design on the Quality of Survey Data." *Public Opinion Quarterly*, 1992, 56, 206-217.

Schaeffer, N. C. "Conversation with a Purpose—or Conversation? Interaction in the Standardized Interview." In P. P. Biemer and others (eds.), *Measurement Errors in Surveys*. Hoboken, N. J.: Wiley, 1991.

Schonlau, M., and others. *Conducting Research Surveys Via E-Mail and the Web*. Santa Monica, Calif.: RAND, 2002.

Schuman, H., and Presser, S. *Questions and Answers in Attitude Surveys: Experiments on Question Form, Wording, and Context*. Orlando: Academic Press, 1981.

Schuman, H., Presser, S., and Ludwig, J. "Context Effects on Survey Responses to Questions About Abortion." *Public Opinion Quarterly*, 1981, 45, 216-223.

Schwarz, N. "Attitude Measurement." In N. J. Smelser and P. B. Baltes (eds.), *International Encyclopedia of the Social and Behavioral Sciences*. New York: Pergamon Press, 2001.

Schwarz, N., and Sudman, S. *Answering Questions: Methodology for Determining Cognitive and Communicative Processes in Survey Research*. San Francisco: Jossey-Bass, 1996.

Shanahan, J., Scheufele, D., and Lee, E. "The Polls—Trends: Attitudes About Agricultural Biotechnology and Genetically Modified Organisms." *Public Opinion Quarterly*, 2001, 65, 267-281.

Sharp, L. M., and Frankel, J. "Correlates of Self-Perceived Respondent Burden: Findings from an Experimental Study." Paper presented at the annual meeting of the American Statistical Association, Detroit, Michigan, Aug. 10-11, 1981.

Shaw, A., and others. *Conceptualization and Measurement of Health for Adults in the Health Insurance Study*, Vol. 3: *Mental Health*. Santa Monica, Calif.: RAND, 1978.

Sherrick, B. J., and others. "Farmers' Preferences for Crop Insurance Attributes." *Review of Agricultural Economics*, 2003, 25(2), 415-429.

Shober, M., and Conrad, F. "Does Conversational Interviewing Reduce Survey Measurement Error?" *Public Opinion Quarterly*, 1997, 61, 576-602.

Singer, E. "Informed Consent." *American Sociological Review*, 1978, 43, 144-161.

Sirken, M. G. *Designing Forms for Demographic Surveys*. Chapel Hill: Laboratories for Population Statistics, University of North Carolina, 1972.

Slamecka, N. J. *Human Learning and Memory*. New York: Oxford University Press, 1967.

Smith, P. C., and Kendall, L. M. "Retranslation of Expectations: An Approach to the Construction of Unambiguous Anchors for Rating Scales." *Journal of Applied Psychology*, 1963, 47, 149-155.

Smith, T. W. "Situational Qualifications to Generalized Absolutes: An Analysis of 'Approval of Hitting' Questions on the

General Social Survey." *Public Opinion Quarterly*, 1981, 45, 224-230.

Smith, T. W. "The Polls—A Review: The Holocaust Denial Controversy." *Public Opinion Quarterly*, 1995, 59, 269-295.

Social Science Research Council. *Basic Background Items for U. S. Household Surveys*. Washington, D. C.: Center for Coordination of Research on Social Indicators, Social Science Research Council, 1975.

Stahl, M., and Bounds, G. (eds.). *Competing Through Customer Value*. Westport, Conn.: Greenwood Press, 1991.

Statistics Canada. *Perspective Canada: A Compendium of Social Statistics*. Ottawa: Information Canada, 1974.

Stouffer, S. A. *Communism, Conformity, and Civil Liberties*. New York: Doubleday, 1955.

Sudman, S. *Reducing the Cost of Surveys*. Hawthorne, N.Y.: Aldine de Gruyter, 1967.

Sudman, S., and Bradburn, N. M. *Response Effects in Surveys: A Review and Synthesis*. Hawthorne, N.Y.: Aldine de Gruyter, 1974.

Sudman, S., Bradburn, N. M., and Schwarz, N. *Thinking About Answers: The Application of Cognitive Processes to Survey Methodology*. San Francisco: Jossey-Bass, 1996.

Sudman, S., and Ferber, R. *Consumer Panels*. Chicago: American Marketing Association, 1979.

Sudman, S., Finn, A., and Lannom, L. "The Use of Bounded Recall Procedures in Single Interviews." *Public Opinion Quarterly*, 1984, 48, 520-524.

Sudman, S., and Lannom, L. B. *Health Care Surveys Using Diaries*. NCHSR Research Report 80-48. Hyattsville, Md.: National Center for Health Services Research, 1980.

Sudman, S., and Wansink, B. *Consumer Panels*. (2nd ed.) Chicago: American Marketing Association, 2002.

Sudman, S., and others. "Understanding the Cognitive Processes Used by Women Reporting Cancer Prevention Examinations and Tests." *Journal of Official Statistics*, 1997, 13, 305-315.

Survey Research Center. *Fall Omnibus Instruction Book*. Ann Arbor: Survey Research Center, University of Michigan, 1973. (For other queries about specific questions in text, write to Survey Research Center, Institute for Social Research, University of Michigan, Ann Arbor, MI 48106. Please mention year given in parentheses.)

Survey Research Laboratory, University of Illinois. (Queries about specific questions in text should be addressed to the laboratory, 1005 W. Nevada Street, Urbana, IL 61801. Please mention year given in parentheses.)

Tourangeau, R., Rips, L., and Rasinski, K. *The Psychology of Survey Response*. Cambridge: Cambridge University Press, 2000.

Tourangeau, R., and Smith, T. "Asking Sensitive Questions: The Impact of Data Collection Mode, Question Format, and Question Context." *Public Opinion Quarterly*, 1996, 60, 275-304.

Tulving, E. *Elements of Episodic Memory*. Oxford: Clarendon Press, 1983.

Tulving, E., and Donaldson, W. (eds.). *Organization of Memory*. Orlando: Academic Press, 1972.

Turner, C. F., Lessler, J. T., and Gfroerer, J. C. *Survey Measurement of Drug Use: Methodological Studies*. Washington, D. C.: U.S. Department of Health and Human Services, 1992.

Turner, C. F., and Martin, E. (eds.). *Surveys of Subjective Phenomena*. Report by the Panel on Survey Measurement of Subjective Phenomena, Committee on National Statistics, National Academy of Sciences/National Research Council. (2 vols.) Cambridge, Mass.: Harvard University Press, 1982.

U.S. Bureau of the Census. *Current Population Survey*. Washington, D.C.: U.S. Government Printing Office, Nov. 1976.

U.S. Bureau of the Census. 1997 *Economic Census*, Mar. 6, 2001.

U. S. Bureau of the Census. *Current Population Survey*, November 2000: *Voting and Registration Supplement* [machine-readable data file]. Conducted by the Bureau of the Census for the Bureau of Labor Statistics. Washington, D.C.: Bureau of the Census [producer and distributor], 2001.

U. S. Department of Education. *National Assessment of Educational Progress*. Washington, D. C.: U. S. Government Printing Office, 1972-1974.

U. S. Department of Education. *National Assessment of Educational Progress*. Washington, D. C.: U. S. Government Printing Office, 1972-2003.

Wagenaar, W. A. "My Memory: A Study of Autobiographical Memory over Six Years." *Cognitive Psychology*, 1986, 18, 225-252.

Wansink, B. "Customer Visits: Building a Better Marketing Focus." *Journal of Marketing Research*, 1994a, 31, 578-579.

Wansink, B. "Developing and Validating Useful Consumer Prototypes." *Journal of Targeting*, *Measurement and Analysis for Marketing*, 1994b, 3, 18-30.

Wansink, B. "Inside Sources of Consumer Insights." In C. Lamb, J. Hair, and S. McDaniel (eds.), *Great Ideas for Teaching Marketing*. (2nd ed.) Upper Saddle River, N.J.: Prentice Hall, 1994c.

Wansink, B. "New Techniques to Generate Key Marketing Insights." *Marketing Research*, 2000a, 12(2), 28-36.

Wansink, B. " The Power of Panels." *Journal of Database Marketing*, 2000b, 8(3), 190-194.

Wansink, B. "Changing Eating Habits on the Home Front: Lost Lessons from World War II Research." *Journal of Public Policy and Marketing*, 2002a, 21 (1), 90-99.

Wansink, B. "Predicting the Future of Consumer Panels." *Journal of Database Marketing*, 2002b, 9(4), 301-311.

Wansink, B. "Profiling Nutritional Gate-keepers: Three Methods for Differentiating Influential Cooks." *Food Quality and Preference*, 2003a, 14(4), 289-297.

Wansink, B. " Using Laddering to Understand and Leverage a Brand's Equity." *Qualitative Market Research*, 2003b, 6(2), 111-118.

Wansink, B. *Marketing Nutrition*. Champaign: University of Illinois Press, 2004.

Wansink, B., Cheney, M. M., and Chan, N. "Understanding Comfort Food Preferences Across Gender and Age." *Physiology and Behavior*, 2003, 53,459-478.

Wansink, B., and Cheong, J. "Taste Profiles that Correlate with Soy Consumption in Developing Countries." *Pakistan Journal of Nutrition*, 2002, 1, 276-278.

Wansink, B., and Park, S. " Accounting for Taste: Prototypes that Predict Preference." *Journal of Database Marketing*, 2000a, 7, 308-320.

Wansink, B., and Park, S. "Methods and Measures that Profile Heavy Users." *Journal of Advertising Research*, 2000b, 40(4), 61-72.

Wansink, B., and Ray, M. L. "Estimating an Advertisement's Impact on One's Consumption of a Brand." *Journal of Advertising Research*, 1992, 32(3), 9-16.

Wansink, B., Ray, M. L., and Batra, R. "Increasing Cognitive Response Sensitivity." *Journal of Advertising*, 1994, 23 (2), 62-74.

Wansink, B., Sonka, S. T., and Cheney, M. M. "A Cultural Hedonic Framework for Increasing the Consumption of Unfamiliar Foods: Soy Acceptance in Russia and Colombia." *Review of Agricultural Economics*, 2002, 24, 353-365.

Wansink, B., and Sudman, S. "Building a Successful Convenience Panel." *Marketing Research*, 2002a, 12(3), 23-27.

Wansink, B., and Sudman, S. "Selecting a Consumer Panel Service." *Quirk's Marketing Research Review*, 2002b, 16

(5), 30-36.

Wansink, B., and Westgren, R. "Profiling Taste-Motivated Segments."*Appetite*, 2003, 21, 314-317.

Warner, S. L. "Randomized Response: A Survey Technique for Eliminating Error Answer Bias." *Journal of the American Statistical Association*, 1965, 60, 63-69.

Weinstein, A. *Market Segmentation.* Chicago: Probus, 1994.

Wells, W. D. "Psychographics: A Critical Review." *Journal of Marketing Research*, 1975, 12, 196-213.

Wells, W. D., and Tigert, D. J. "Activi-ties, Interests, and Opinions." *Journal of Advertising Research*, 1971, 11, 27-35.

Wentland, E. J., and Smith, K. W. *Survey Responses: An Evaluation of Their Validity.* San Diego: Academic Press, 1993.

Westin, A. *Privacy and Freedom.* New York: Atheneum, 1967.

Willis, G. *Cognitive Interviewing and Questionnaire Design: A Training Manual.* Working Paper Series, No. 7. Hyattsville, Md.: National Center for Health Statistics, 1994.

术语解释

辅助回想方法 一种在回答行为和知识问题时,用于给予回答人一个或多个记忆线索的方法。具体包括使用列表、图画、家庭财物清单和一些非常具体的问题等。

AIO 问题 活动(activities)、兴趣(interests)和观点(opinion)类问题的缩写,常指这类问题在测量消费心态学上或个体间的差异的应用。这种测量的目的在于根据人们的思考方式,而不是根据他们的人口学特征来预测人们的行为或建立相应属类。

匿名方式 那些没有回答人姓名或其他重要身份信息的问卷(通常是涉及有威胁的主题问卷),以为回答人提供的信息保密。要使匿名方式有效,回答人必须相信作出的匿名保证。在集体场合中实施的自填式问卷是最有效的匿名方式。其次是邮寄式的问卷。然而,即使不要求填写与身份有关的信息,有些回答人仍会怀疑研究人员会知道他们是谁。假如回答人将他们对自填式问卷的回答放进一个密封好的信封中,那么即便有访谈员在场仍然有可能做到匿名。

态度和意见问题 态度,意见和信念这些词是很难加以明确区分的。但一般而言,态度指一般的取向或思维的方式。一种态度可以产生许多具体的意见,而意见一词则常常用在与某个具体的问题或对象有关的地方。信念多用于那些由某种很强的规范性成分构成的陈述中,尤其是那些涉及宗教、道德或"得当"的行为的陈述中。

BARS 参见由行为确定的等级量表。

行为问题 问及行为或"事实"的问题例如人们的特征,曾经做过或发生在他们身上的事等。这些事原则上都可由某个外部的观察者加以证实。知识问题则是对行为问题考虑之后的问题。

行为意图问题 请回答人估计自己未来的行为的问题,比如明年购买一部新车的可能性,或者计划下个月用于锻炼的时间。就那些不经常发生的(或短期的)行为,可能性量度是最精确的,但是对那些较常发生的行为,数值型的回答则更好。

由行为确定的等级尺度(巴斯法) 亦称由行为确定的等级量表,简称巴斯法,它将图形等级量度与具体的行为描述合在一起使用。它的行为描述则用沿每一尺度排列的各个点来体现(参见图7.2)。每个量度都代表一个被认为是工作表现的一个重要的组成部分,且无论是评估者还是被评估的人一般都会参与到维度和行为的描述工作中来。

偏倚 报告值与真实值之间的差异。样本的偏倚源于成员的遗漏,或未经适当加权的总体成员的不等概选择。行为报告的回答偏倚是回答人报告的内容与回答人的实际行为之间的差异。态度报告的回答偏倚是一种模糊的概念(还可参见回答效应)。

双极和单极问题 双极问题是那些用某个维度的两端中的任何一端表达的问题,比如"赞同—反对"或"满意—不满意"。单极问题是仅仅用某个维度的一端表达的问题,它一般都带有一个中间值或"非—X"的值——例如,"您喜欢X吗,或是不喜欢?"双极问题假设态度是从肯定的值过渡到否定的值,且在这二者之间还有一个中间值;而单极问题则假设态度是从肯定的值过渡到中间值,或从否定的值过渡到中间值,但是肯定的看法并非必然是否定看法的反面。

关联记忆 一种借助一系列访谈来帮助回答人回忆事件发生日期的方法。

最初的访谈是不设界即无关联的,且不使用从中得到的数据。在所有后续的访谈中,访谈员不但要求回答人回想先前已经报告过的事件,而且还要将当时报告的事件与从前报告的一一进行核对,以确定是否有重复。

卡片分类法 一种要求回答人根据印制在卡片上的回答选项把卡片分成两组或更多组的方法。例如,要求回答人以是否做过为依据,将一组有威胁的行为分成两组。或像另一个例子那样,要求回答人以自己认为的事件发生的可能性大小为依据,把一系列未来可能发生的事件分为九组。这种方法的优点是,与那些需用口头作答的问题相比它的威胁性显得比较小。同时,他还允许回答人通过分类轻易改变自己的想法,进而增加调查的变化性。

卡片 一种访谈中由访谈员提供给回答人的东西,通常是一张大小 5~8 英寸(1 英寸=2.54 厘米)的纸质卡片。在回答选项很多,回答人难以记忆时,可在卡片上制表列出答案选项,或者在卡片上出示需要回答人对此作出回应的图画或图形。卡片通常都以数字或字母编号,易于访谈员找到合适的。

CATI(计算机辅助的电话访谈) 一种不使用印制的问卷,它是一种使用计算机屏幕显示问题,并请回答人通过计算机终端上的键盘直接把答案键入计算机的电话访谈方法。这些方法的主要优点是,使研究人员能设计非常复杂的跳答指示,在遇到不可能的答案键入时,访谈员立即就可以知道,它还能够排除一些中间步骤,从而加快数据处理的速度。计算机程序不仅可以令系统在一个答案被键入之后随即显示下一个需要回答的问题,还可以根据得到的回答的具体情况,决定接下来应当问哪个问题;也就是说,计算机可以根据筛选指示自动进行分叉,将回答人引导到下面应该回答的那个问题上(同时请参见跳答指示)。

封闭式和开放式问题 封闭式问题是那些给出了备择答案的问题,备择答案既可以明白无疑的,也可以是含蓄的。它们可以有两个备择项(两分问题),如"是"和"否",或"男性"和"女性";也可以有多个选项,比如"民主党""共和党"及"无党派",或"非常赞同""赞同""不赞同"和"非常不赞同"。与之相反,开放式问题则不给出回答选项。如"您认为当前国家面临的最严峻的问题是什么?"这样的问题就是一个开放式问题。

编码簿 一张列有用于以数量形式记录问题答案的编码的清单。编码簿通常都用指定的列的位置来记录每一题项(同时请参看栏目、预置列编码)。

编码 一种将调查答案转变成数字形式的过程,其目的是使调查答案能被输入计算机,以便进行统计分析。封闭式问题的备择答案的编码可以预先进行,这样就不需要另外再进行编码了。这种编码被称为预编码。假如问卷大部分都已经预先编好了码,那么编码只涉及随后进行的对开放式问题的编码(同时请参看封闭式和开放式问题、实地编码)。

问卷的背景 能对回答产生影响的来自情景的暗示的总称。这些暗示可能包括发布的研究主题、给回答人或访谈员的说明和问题自身的文字等。此外,它也还可能包括那些由于问卷的背景而引发的访谈员的行为(比如,在问敏感问题时表现出来的紧张)。虽然这些暗示对态度问题的影响尤为强烈,但有时也可能对行为问题的回答有影响。

续页(或另页) 包含在问卷中的活页,当项目、个体或事件的编号是随户的变化而变化时,用来记录正页无法容纳的信息。续页可以减少主问卷的页数,但却会增加查找正确的表格的难度,此外,某些活页也会存在丢失的可能性。

数据文档 在问卷调查研究中使用的信息图书馆,其信息主要来自以前进行的调查,并以计算机可以阅读的格式保存。这些信息不仅包括问题的措辞方式,也包括问题的回答,因此这些归档的信息不仅可用于设计新的问卷,也可用于对现存数据的二次分析。

意见征询会 在完成了田野工作或研究的前测后,由访谈员、督导以及研究的分析人员一起举行的会议。意见征询会的目的在于提醒分析人员注意回答人在理解或回答问题时可能遇到的困难,从而进一步改善问卷和实地使用的方法。

页面(或是工作表、文件) 如果某份问卷的回答需要被记录在几张工作表上,那么就必须给这些回答编号,这样分析人员才能知道哪张工作表对应的是哪个问题。这种编号的方式常常是通过给予每个工作表或文件夹一个"页面"号来实现的。也就是说,每个回答人都可能有一栏或多栏信息。栏号和列号共同给出了每个题项的位置。例如,回答人的性别可能被记录在第一栏的第10列上。为了记录信息,居民户问卷(图6.9)可以有更多的页面数。当需要新建一页面(或是工作表、文件)时,可以在问卷上预留一个点,以便用打孔机打孔(同时请参看预置列编码)。

人口学特征 用于分类的基本变量——性别、年龄、婚姻状况、种族、民族地、教育状况、职业、收入、宗教以及居住地——这些变量刻画出了个人或家庭户的特征。

应变量、自变量及互依变量 应变量是研究人员想要对它们的方差进行解释的那些行为、态度或知识。自变量是那些被认为对应变量有影响的变量。一些变量,比如职业或收入,究竟是应变量还是自变量要取决于研究人员的具体目的和分析使用的模型。一般来说,假如需要在应变量和自变量间有所权衡,那么相对于自变量而言,应变量需要的量度更为精确。在一些更加复杂的模型中,变量可能是互依的;也就是说,变量 A 影响变量 B,同时变量 B 也影响变量 A。如果可能,诸如这样的互依变量应当用相同的精确度进行量度。

日记法 由回答人保存的书面记录,用以报告那些事后难以精确记忆的事件,比如生病或日用品的购买。在这种方法中,不仅会要求日记的持有者在购买发生后,或其他的事件发生后,立刻将其记录下来,通常还会给他们一些钱或礼品作为对他们的合作的补偿。

两分的或多选项的问题 参见封闭式和开放式问题。

模切页 在问卷中那些被沿着顶部或某一边裁开的页,以便访谈员在翻页之后也总是能知道列的标题。使用模切页还能省略某些不必要的工作,因为个人或题项都只需要被记录一次。可以用专门的模切工具或裁纸机将那些页裁开(参见附录 B 的问题14)。

"不知道""没有意见""无法确定"和"无回答"回答 若回答人给出了"不知道"这样的答案,这表明他或她愿意去回答这个问题,但是因为缺乏相应的信息而没有办法去回答。在那些与行为有关的,难以作答或比较敏感的题目中,"不知道"也可能意味着有礼貌地拒绝回答。对态度问题回答"没有意见"则表明回答人在这个问题上还没有形成某种看法。答"无法确定"则表明在某个封闭式问题的两个或多个备择选项之间,回答人无法作出选择。而"无回答"通常是由于拒绝回答该题或是由于回答人在前面某处突然中断了访谈而引起的,也可能是由于访谈员的错误引起的,如某个访谈员跳过了某一本来应该回答的题。就很多研究目的而言,可以把这些回答选项合并起来,但是,就某些研究目的而言,把它们分开来则比较好。例如,在某个有争议的问题上,比较好的做法是把那些拒绝回答的人、无法在若干备择选项间作出决定的人和还没形成一定看法的人加以区分。为了达到这一目的,我们应当将所有这些回答选项一一读给回答人听,或追问一个附加的探究性问题。

虚假的肯定与虚假的否定　有时我们会将回答人归为拥有某种属性的那一类,但实际上他们并没有(虚假的肯定)。有时我们则会将某人归入没有某种属性的那一类,但实际上他们却拥有它(虚假的否定)。例如,某人说他在最近一次选举中投了票,但核对投票记录的结果却显示他并没有投票,那么这就是一个虚假的肯定。有时,某人虽然说自己不是一个登记的选民,但是实际上在选民名单上却有她的名字,那么这就是一个虚假的否定。

字段(用于预置列编号)　一组储存 IBM 卡上的信息的列叫作字段。因此 IBM 卡上的一列叫作一个单列字段;因此存储一个两位数就需要一个以上的列。如果出生年被记录在第 10 栏的 20—23 列上,那么那一页面上的第 20—23 列就是"年龄字段"(同时请参看页面,预置列编号)。

实地编码　在访谈的时候,由访谈员给开放式问题作的编码。在一个实地编码的问题中,问题本身的格式虽然与一般的开放式答案问题无异,但没有预留出空白给访谈员逐字逐句地记录回答人的答案,而是代之以一组印制好的编码。访谈员所要做的,仅仅是核对被提及的主题。应当尽量避免使用实地编码,除非访谈员同时也逐字逐句地记录下了回答人的整个回答,以便能在问卷处理时对实地编码加以审核。

筛选问题　用于确定是否应当问后续问题(如果有的话)的问题。

强迫选择问题　需要回答人从几个回答选项中选出一个选项的问题——即便是回答人可能不"喜欢"任何一个回答选项。即使没有任何一个备择选项能够确切地表达回答人的观点,通常也要求请他们从中选择一个与他们的看法最接近的选项。

形式效应　用于表示问题的格式对问题回答分布的影响的术语。例如,回答分布上的差异可能是由于用开放式问题来代替封闭式问题引起的。

自由回答方式　一种请回答人用自己的话去回答问题的方式,在这种方式中,访谈员需逐字逐句地记录下回答人的答案。

漏斗法、倒漏斗法　漏斗法是一种用于对问卷问题进行排序的方法。通常它总是先问及某一主题内那些最一般或未限定条件的问题,随后再问那些有较多限定条件的问题。漏斗法的主要目的是防止前面问到的问题给出某种会影响后面问题的回答的暗示。这种方法假定多数的回答人对于这些问题都有自己的看法,并能够回答有关它们的一般性问题。如果多数回答人事先还没有形成自己的意见,那么我们就可以使用倒漏斗法,即将问题的排列顺序倒过来,先问具体的问题,然后再问一般性问题。诸如这样的倒置,虽然使漏斗法不再有原有的基本优点,但它却可以帮助回答人在给出某个主题的一般性意见以前,先对它的方方面面有所考虑。

综合社会调查(GSS)　一种综合性的全国调查,自 1972 年开始由国家舆情研究中心(NORC)负责实施。调查几乎涵盖了社会科学家感兴趣的所有领域,涉及各种各样的主题。公众可通过设在密西根大学的"政治与社会研究大学校际协会"(the Inter-University Consortium for Political and Social Research at the University of Michigan),得到或利用这些调查的数据。同时,这些数据也被广泛地应用于教学和研究的目的、还可以在线获取(www.icpsr.umich.edu/GSS/)每个调查年度的编码手册,手册上给出了问卷中问题的措辞和它们的回答的分布。

集体访谈　一种自填式的问卷方法。在该方法中,由一名单独的访谈人员负责给多个回答人提供回答指示,有时还会播放可视材料。访谈的地点可能在学校的教室、工作的场所或其他便于人群聚集的场所。但是通常都不会把对同一个家庭中的几名成员进行的访谈当做集体访谈。这个术语有时也用来表示焦点组访谈。在这种访谈中,6~15人被聚集在一处,在一名讨论指导者的指导下,对某个选定的主题进行集体的讨论。

户(或家)的构成、住户细目或清单　如通常所使用的那样,户的构成指有关住户成员的数量,及每一成员的年龄、性别彼此间的亲缘关系等信息。而这类信息可以从住户成员细目或清单中得到。通常还要得到住户姓名的第一个字母(或名字),以便能对每位住户成员询问具体的问题,或者从中选出一位或几位成员作进一步的访谈。户也可以仅由一个或几个没有亲缘关系的人构成,而家则由两个或两个以上彼此有亲缘关系的人构成。

个体差异量度　这样的量度是一些根据精心挑选的心理学变量,如攻击性、对成就的渴望、冲动性、革新精神等试图对人群作出区分的问题。这些问题一般都由一组形式相同的问题组成,且经常在消费心态学研究中使用。

汇报人　汇报有关自己的亲戚、朋友或熟人的行为或态度的信息的回答人。如果选定的回答人难以接近或不能接受访谈,那么可以使用汇报人来减少调查成本,汇报人也用于改善那些涉及有威胁的主题的行为报告的精确性(社区或机构汇报人的使用问题,请参看第6章"使用关键汇报人")。

知情同意　在对访谈的性质有所了解以后,回答人明确表示同意或默许参与调查。提供给回答人的信息通常包括:研究的目的、访谈员的姓名和访谈员所代表的组织的名称,对所需时间的某些说明和明确告知对那些敏感的问题可不必回答等。多数的调查不需要有书面的同意书,除非需要拿到其他调查记录的方式,或者回答人属于少数。

访谈员指示(或说明)　对访谈员作的指示,例如应当问哪个问题,或者哪个问题应当跳答,应当在何时去问试探性问题,问卷中哪些内容无需给回答人宣读。这些说明被设置成不同的格式(例如斜体字或大写字母的样式),这样就可以比较容易地把它们与问题本身区别开。

关键汇报人、社区资料员　熟悉调查所欲了解的社区或机构,并提供该社区或机构的信息的回答人。关键资料员选择的理由既可以是因为他们所具有的专门知识或技能,也可以是因为他们承担的正式角色(例如行政官员、某家公司或组织的行政主管或是某学校的校长),甚至也可以是因为他们被其他专家认为是知情人。不过,有些资料员提供的都是属于他们个人的一家之言(也请参见投射问题)。

知识问题　指那些用来检测回答人对于目前的社会问题或名人、要人的知晓程度;或试图测量回答人的教育成就或一般能力的问题。

加载问题　添加了字句的问题,这样就更有可能从回答人那里得到某些所需要的答案。合理地使用加载问题,有助于克服回答人克服不愿报告自己的不良行为的态度。加载问题在调查中的不当使用主要是游说和诱说。这时,研究者对某一态度问题加载的目的在于把回答人的回答引向自己希望的方向。

记忆错误　在行为报告中发生的无意之错,其原因或是忘了发生过的时间,或是记错了时间的细节(同时请参看记忆错位导致的日期错误)。

多选择问题　参看封闭式问题和开放式问题。

"无回答"　参看"不知道""没有意见""无法确定"和"无回答"的回答选项。

非语言表达的问题　一种提问方式或给出的回答选项不是书面的文字或口头的话语问题,这类问题不是用言语表达的,而是用一幅画、一张地图、一段音乐或一个物体来表达的。这类问题常常用于知识测验。

开放式问题　参看封闭式问题和开放式问题。

意见　参看态度和意见问题。

顺序效应　一种由给回答人提供的备择答案次序或同一主题中前后问题的位置引起的问题答案的分布(或频数)变化(同时请参看问卷的背景)。

高报、低报　回答人报告的购买数量或行为次数高于实际或低于实际。高报比较容易发生在对那些有关社会期许行为的问题的回答中,而低报则比较容易发生在对那些与有威胁的主题相关的问题的回答中。

同组追踪研究 一种用重复访谈或日记法,从样本单位中获取两次或两次以上信息的数据收集的方法。因为同组样本可以追踪个体的变化,所以与那些独立的样本相比,它们供给的信息不仅更可信,而且更具体,不过它的样本单位比较不仅比较难以招募,而且也比较难以保持(同时请参看日记法)。

PDAs(个人数码助手) 一种用各种便携式电子设备来收集数据的调查形式,被广泛用于很多调查领域,包括数据录入。

个别访谈(面对面和电话访谈) 个别访谈是那些在访谈的过程中访谈员不仅要提出问题而且还要负责记录答案的访谈。这类访谈既可以通过面对面的方式实施,也可以通过电话实施。即便有访谈员在场,也不能把集体访谈和自填式问卷看作个别访谈。

试调查、前测 在主体研究实施以前进行的一种小型的实地测试,以问卷调查为主,但是也包括其他类型的实地调查方法。试调查通常只有很少的样本(10~50个),其目的在于提请研究人员注意那些他们尚未想到的、回答人在回答问题时可能遇到的困难。有些组织,把试调查和前测这两个词作为同义词使用,但是另一些人则认为试调查应当先于前测,也有另外一些人认为,前测应当先于试调查。

预编码 参看编码。

预置列编号 对问卷问题的回答或识别信息的题项配定 IBM 卡上的列位置的过程。例如回答人的性别可以位于页面 1 的第 10 列。这样配定的列位置印在问卷上予以标示,以便于打孔(同时请参看栏目)。

概率样本 样本从中抽取的总体中的所有成员(如住户或个体),都有已知的被抽取到样本的概率的样本。在等概样本中,总体中的每一个成员都有一个相等的被选中的概率;而在不等概样本中,总体中某些类型的成员会过多或过少地被抽中,也就是说,这些类型的总体成员被赋予了一个大于或小于,由其在总体中的比例确定的落入样本的机会。

探询 当最初的答案显得不够完整时,由访谈员向回答人提出的问题或作出的陈述,以便获得对某个问题的额外信息,诸如这样的问题"您指的是什么?""用什么样的方式?"或者"您能否作些解释?"等。有时研究人员虽然会具体说明什么时候需要使用探寻和应当怎么样探寻,但究竟是否要进行探寻一般都由访谈员自行判断。访谈员在作探询时,最关键的是要避免使用诱导性语言,诱导性语言常以这样的短语"您指的是……吗?"或"您说的是……吗?"开始。

投射问题　一些通过询问回答人有关他人的看法的观点,试图间接测定回答人的想法的问题。如"假如向居住在这附近的人们询问他们的性行为,您认为他们会感到不高兴吗?"这样的问题便是投射问题的一个实例。这类问题是为了降低有威胁问题的回答效应。假如回答人已经知道他人的想法,那么投射问题就变成了一个知识问题。而实际上,许多的答案都是回答人的知识与投射的结合物(同时请参看回答效应,有威胁的和无威胁的问题)。

代理回答人　在某人可能由于疾病或其他原因而无法接受调查时,代替该被调查人提供有关他的完整信息的个人。代理回答人通常是同一住户中的其他成员(同时请参看汇报人)。

消费心态学问题　消费心态学和"生活方式"问题有时也被叫作 AIO(Activities, Interests and Opinions)(活动,兴趣以及意见)研究。因为此类问题通常关注的都是那些伴随着特定行为的 AIO 问题。消费心态学问题的目的通常是为了提供一种能更好预测个人的偏好或行为的方法,或是为了进一步确定总体属类,并以此来解释为什么不同的人群有不同的行为方式。在20 世纪60 年代,这个术语开始引入到社会调查中,那时消费心态学指的是用"应用心理学的、社会学的,以及人类学的因素,以及自我和生活方式的概念确定应当如何根据市场中人群的心理和行为取向,对市场进行分割和分割的理由——并据此对某种产品、某些人群或某种思想意识作特定的决策"(Demby, 1989:21)。

问卷　在调查期间,由访谈员或回答人(或两者同时)使用的完整的数据采集工具。一份问卷不仅包括问题和回答的空间,还可能包含访谈员指示、调查导言和给回答人使用的卡片。按以往的惯例,问卷一般都是印制的,但是近年来,电子版的问卷开始逐步用在各种计算机终端上了(同时请参看

CATI）。

随机的数码拨号（RDD） 一种通过计算机随机生成的电话号码实施的样本选择法。生成 RDD 样本的方法有若干种，其中最常见的是，首先列出一份将要从中抽样的地理区域内所有正在运行的电话交换机的清单，然后用随机的程序生成最后四位号码。RDD 法具有能够涵盖那些未在电话簿上登记的号码的优点。如果电话号码是从电话簿上抽取的，那么这些号码就会丢失。

随机样本和非随机样本 严格地讲，一个随机样本都是某一种类型的，通过一种严格的程序，例如通过随机数表，抽取出来的概率样本。在实践中，随机抽样这一术语常常指所有类型的概率样本。而非随机抽样这一术语大多数情况下，则指所有类型的非概率样本，例如配额样本、方便样本或随意样本。

随机化回答 一种在问题涉及社会反对的或非法的行为时，确保回答人的匿名的方法。这个方法需要问两种问题，一种是有威胁的，另一种则是非常紧要的，但这两个问题有着相同的可能的答案（例如，"是"或"否"）。回答人回答哪个问题则由某种概率随机机制决定（如一个带有小窗口的、装有红蓝两种珠子，但窗口只能露出一颗珠子的盒子）。由于访谈员不知道回答人回答的是哪一个问题，因此回答是完全匿名的，尽管有些回答人可能不相信这点。只要知道了无关紧要问题（如"您是在 8 月份出生的吗?"）的回答的分布和概率的机制，研究人员就能对这个有威胁的问题的回答作出估计。

回忆问题 问及发生在过去的行为的问题。回忆问题比较容易发生记忆误差（同时请参看记忆误差）。

记录 用于减少回答行为问题时的记忆误差的档案。它们可能包括账单、账簿、已付支票、地契、租约以及其他种类的金融记录（同时请参看记忆误差）。

冗余效应 也称累赘效应或重复效果，一种假设的顺序效应，源自在询问相关问题时，不应该考虑前面的问题给出的信息这一独立性假定。

信度，信度检查 从技术的角度来说，在心理学和调查研究中这一术语是指同一种态度或行为的多次量度之间的一致程度。多次量度既可以是历时的，也可以是同时的。如果重复使用相同的问卷，那么不应当以完全或近似完全相同的方式去问同一个术语,因为这样会让回答人感到不快,进而导致信度的估计值失真。

回答效应 一个用来涵盖态度问题不同回答的回答偏倚的作一变形概括的术语。引起回答偏倚的原因,有问题的措辞、语境和实施方法不可能有外在效度标准等(同时请参看偏倚、效度)。对行为问题而言,回答效应与回答偏倚同义。

回答定势 也称反应定势,指一种回答人不顾每个问题在内容上存在的差异,而以相同的方式去回答所有的问题的倾向。例如,某个回答人,在一组问题的第一个问题上回答了"是"或"赞同",他可能会以同样的方式去回答所有余下的问题,特别是当这些题项意义模糊或所涉及的内容不是很显要时。

显要度 问卷中的主题或问题对回答人的显要程度,一般都体现在回答人的想法之中,而回答人的想法则产生于访谈之前。那些与个人和家庭有关的事物通常比公共问题更显要。

样本 根据某种原则从一个较大的总体中抽出的一个部分。如果抽取的概率是已知的,那么得到的样本就是概率样本,于是根据统计推断的原理对总体进行推论就是可行的。假如样本是非概率样本,那么对总体所作的各种推论都是不可信的,因为迄今为止,尚无根据来自非概率样本的信息对总体进行统计推论的理论。

筛选 一种提问过程,通常都很短,用于测定回答人或住户中是否具有某些特征,因而能作为合格的回答人进行全面访谈。如筛选年龄、收入、种族符合规定,或有大量医疗支出的人。

密封的信封或无记名投票 参见匿名的形式。

自填式问卷 需要回答人自己阅读或填答问题的问卷。迄今为止,自填式问卷几乎都是纸笔式的,但是,使用计算机自填式问卷在将来会越来越多。注意,即使由访谈员在现场发放和回收问卷,合并回答人提出的问题,只要问卷是由回答人自行填写的,这样的问卷也应看作自填式问卷。

跳答指示 给访谈员的指示(偶尔在自填式问卷中也会给回答人),根据当前这一问题的回答指出接下来应当问哪个问题或回答哪个问题。跳答指示可以使我们只用单独一份问卷实现对不同类型的回答人访谈,因为我们只要对相关的回答人问相关的问题。但是我们不能期望,回答人会完全按照那些复杂的跳答指示行事。CATI 系统不需要有跳答指示,因为跳答指令已经被编程输入在计算机系统中了。

社会期许、社会反对　亦称社会欢迎、社会不欢迎,回答人在回答某个问题时的感受——对自己给出的回答是有益还是有害于自己在访谈或研究人员心目中的形象的感受。"期许"同社会学术语"习俗"一词相近,指那些在某一社会群体内部具有道德意涵的思维或行动的方式,它因此而具有法律的强制力,即便这一法律是未成文的。社会期许行为的例子,如做一个良好的市民,做一个见多识广的人,以及践行道德规范、履行社会责任。而社会反对行为的例子则包括饮用酒精饮料、吸毒、参与不合社会规范的性活动,以及违反交通法规等。

拆分分析法　使用一种实验设计去测定问题措辞或问题编排的影响。在这种设计中,问题的几种备择的问题措辞方式或编排方式被随机分配给样本的不同部分。通常,样本的每一半得到的都是这些被拆分的问题的措辞或编排的两种方式中的一种。但是,也可以将这种技术加以推广到容纳数目更多的实验处理,这时问题的每一种措辞或编排方式都被视为一种处理。

结构化和无结构问卷　用于问卷调查研究中的结构化问卷,对问题的措辞方式以及它们在问卷中被问及的顺序都作了明确的规定。而无结构问卷则只是列出了涉及的主题,而将确切的措辞方式、问题的顺序都留给访谈员自行处置。人类学家或心理学家可能较多使用无结构问卷,并且通常都用于临床环境。

对称分布　一种围绕中点呈对称形状的分布。最常见的例子是正态分布。

记忆错位　记错了某个行为发生的日期——把那些实际上不是发生在最近的行为,记成为最近发生的,恰好在问题指定的资料获取时段的错位比较常见,而将事件发生的时间误记为早于实际发生的、非资料获取时段的现象则比较少见。

有威胁的和无威胁的问题　有威胁的问题会使回答人感到焦虑不安,它包括一小部分那些涉及社会期许的和反对的行为问题。此外,有些回答人也会因为问题涉及经济或健康状况而感到威胁,因为人们通常都不与陌生人讨论诸如这样的问题。与之相反,无威胁的问题是那些不会让回答人感到焦虑不安的问题。例如,吸毒问题可能只会令吸毒者感到有威胁,但是对不吸毒的人则不会感到有威胁。请注意,问题的威胁程度取决于回答人的感知(同时请参看社会期许、社会反对)。

过渡句和过渡问题　在问卷中用于提示回答人问题的将主题改变的短语或问题。用于帮助回答人理解整个问卷的逻辑顺序。

确证　在问卷调查中,获取外部数据以便测量已报告的行为的准确性的过程。确证既可以是个体的水平上的,也可以是群体的水平的。相关的例子包括使用经济的或医疗记录去核实财产或医疗开支报告。除非使用的是公共的记录,否则在个体水平上的确证需要获得回答人的同意。在问卷调查研究中,确证还有另一种专门的含义,即与回答人再次进行接触,以确定访谈是否的确进行过。

效度　一个有效的量度,一种量度了我们想要量度的东西,而非任何其他别的东西的量度。就行为问题而言,这个概念是很明确的,因为这时它可用某种外部的可用于确证的资料来加以验证。然而,态度问题则不同,不同的研究人员会提出不同的效度量度法。效度是一个连续的概念,且与使用的量度与完全有效的量度之间的距离有关。与之对应的反概念是偏倚(同时请参看偏倚)。

VALS(源于价值(value)与生活方式(lifestyles))　一项广为人知的消费心态学研究规划。该项研究是在 SRL(社会研究实验室)的指导下实施的,试图揭示更一般的相关的消费心态属类,进而可以用于各种各样的人群和主题上。这种消费心态学属类法把人群分为八个不同的群体(请参看第 8 章)。

变异、方差　在用于总体、变异总体中个体之间或群体之间的差异,通常由某种统计方差或者只是简单地通过观测不同的群体的测量值之间的差异来量度。在用于态度研究时,变异则指对于问题措辞或背景差异的反应的敏感度。例如,方差或变异可以指使用同一种调查程序,对从同一总体中重复抽取出的样本,反复进行调查所得的差异。方差的统计定义请参看统计教科书。

变量 请参看应变量、自变量和互依变量。

附录 A
学术及非营利调查研究机构列表

Alabama

Institute for Communication Research
College of Communication
University of Alabama
Box 870172
Tuscaloosa, AL 35487-0172
Phone: 205-348-1235
Fax: 205-348-9257
E-mail: jbryant@ icr.ua.edu
http://www.icr.ua.edu/

Survey Research Laboratory
Center for Governmental Services
Auburn University
2236 Haley Center
Auburn University, AL 36849-5225
Phone: 334-844-1914
Fax: 334-844-1919
E-mail: cgs@ cgs.auburn.edu
http://www.auburn.edu/cgs/srl.html

Capstone Poll
Institute for Social Science Research
University of Alabama
P.O.Box 870216
Tuscaloosa, AL 35487-0216
Phone: 205-348-6233
Fax: 205-348-2849
E-mail: dmccallu@ bama.ua.edu
http://bama.ua.edu/~issr/

Arizona

Maricopa County Research and Reporting
111 W.Monroe St., Suite 1010
Phoenix, AZ 85003-1797
Phone: 602-506-1600
Fax: 602-506-1601
E-mail: kandersen@ maricopa.mail.gov
http://www. maricopa. gov/res _ report/
default.asp

Social Research Laboratory
Northern Arizona University
P.O.Box 15301
Flagstaff, AZ 86011-5301
Phone: 928-523-1515
Fax: 928-523-6654
E-mail: Fred.Solop@ nau.edu
http://www4.nau.edu/srl/

Survey Research Laboratory
Arizona State University
P.O.Box 872101
Tempe, AZ 85287-2101
Phone: 480-965-5032
Fax: 480-965-5077
E-mail: srl@ asu.edu
http://www. asu. edu/clas/sociology/srl/
index.html

Arkansas

Arkansas Household Research Panel
Marketing and Transportation Department
University of Arkansas
Fayetteville, AR 72701-9980
Phone: 479-575-4055
Fax: 479-575-8407

Institute for Economic Advancement
Survey/Business Research Group
University of Arkansas at Little Rock
Library Building, #506
2801 South University Ave.
Little Rock, AR 72204-1099
Phone: 501-569-8519
Fax: 501-569-8538
E-mail: apvibhakar@ ualr.edu
http://www.aiea.ualr.edu/

California

Cooperative Institutional Research Program
Higher Education Research Institute
University of California, Los Angeles
P.O.Box 951521
Los Angeles, CA 90095-1521
Phone: 310-825-1925
Fax: 310-206-2228
E-mail: heri@ ucla.edu
http://www.gseis.ucla.edu/heri/cirp.html

Social Science Research Laboratory
College of Arts and Letters
San Diego State University
5500 Campanile Dr.
San Diego, CA 92182-4540
Phone: 619-594-6802
Fax: 619-594-1358
E-mail: ssrlhelp@ mail.sdsu.edu
http://ssrl.sdsu.edu

Survey Research Center
Institute for Social Science Research
University of California, Los Angeles
P.O.Box 951484
Los Angeles, CA 90095-1484
Phone: 310-825-0713
Fax: 310-206-4453
E-mail: efielder@ issr.ucla.edu
http://www.sscnet.ucla.edu/issr/src/

Survey Research Center

University of California, Berkeley
2538 Channing Way, #5100
Berkeley, CA 94720-5100
Phone: 510-642-6578
Fax: 510-643-8292
E-mail: info@ src.berkeley.edu
http://srcweb.berkeley.edu

RAND Survey Research Group
RAND
1700 Main St.
P.O.Box 2138
Santa Monica, CA 90407-2138
Phone: 310-451-7051
Fax: 310-451-6921
E-mail: sandra_berry@ rand.org
http://www.rand.org/methodology/srg/

CATI Unit
Public Health Institute
1700 Tribute Road, Suite 100
Sacramento, CA 95815-4402
Phone: 916-779-0338
Fax: 916-779-0264
E-mail: srg@ ccr.ca.gov
http://surveyresearchgroup.corn/

Applied Research and Evaluation
California State University, Chico
Chico, CA 95929-0201
Phone: 530-898-4332
Fax: 530-898-5095
E-mail: srcsurv@ csuchico.edu
http://www.csuchico.edu/surv/

Ludie and David C. Henley Social Science
Research Laboratory
Chapman University
One University Drive
Orange, CA 92866
Phone: 714-997-6610
Fax: 714-532-6079
E-mail: smoller@ chapman.edu
http://www.chapman.edu/hssrl/index.html

Connecticut

The Center for Survey Research and Analysis
University of Connecticut
Box U1032, 341 Mansfield Road
Storrs, CT 06269-1032
Phone: 860-486-6666

Fax：860-486-6655

Delaware

Center for Applied Demography and Survey Research
University of Delaware
282 Graham Hall
Newark, DE 19716
Phone：302-831-1684
Fax：302-831-2867
E-mail：ratledge@ udel.edu
http://www.cadsr.udel.edu

District of Columbia

Gallaudet Research Institute
Gallaudet University
800 Florida Ave., N.E.
Washington, DC 20002-3695
Phone：202-651-5729
Fax：202-651-5746
E-mail：gri.offices@ gallaudet.edu
http://gri.gallaudet.edu/

National Center for Education Statistics
1990 K Street N.W., Room 9501
Washington, DC 20006
Phone：202-502-7303
E-mail：Marilyn.Seastrom@ ed.gov
http://nces.ed.gov

Florida

Institute for Public Opinion Research
Biscayne Bay Campus
Florida International University
3000 NE 151st St.
North Miami, FL 33181
Phone：305-919-5778
Fax：305-919-5242
E-mail：gladwin@ fiu.edu
http://www.fiu.edu/orgs/ipor

Bureau of Economic and Business Research
University of Florida
P.O.Box 117145
Gainesville, FL 32611-7145
Phone：352-392-0171
Fax：352-392-4739
E-mail：info@ bebr.ufl.edu
http://www.bebr.ufl.edu/

Survey Research Laboratory
College of Social Sciences
Florida State University
Tallahasse, FL 32306-2221
Phone：800-933-9482
E-mail：mstutzma@ mailer.fsu.edu
http://www.fsu.edu/ ~ survey#

Florida Government Performance Research Center
Florida State University
421 Diffenbaugh Building
Tallahassee, FL 32306-1531
Phone：850-644-2159
Fax：850-644-2180
E-mail：bsapolsk@ mailer.fsu.edu
http://comm2.fsu.edu/programs/comm/fgpsrc

Georgia

A.L.Burruss Institute of Public Service
Kennesaw State University
1000 Chastain Road, Box 3302
Kennesaw, GA 30144-5911
Phone：770-423-6464
Fax：770-423-6395
E-mail：burruss@ kennesaw.edu
http://www.kennesaw.edu/burruss_inst/

Survey Research Center
Institute of Behavioral Research
University of Georgia
1095 College Station Road
Athens, GA 30602
Phone：706-425-3031
Fax：706-425-3008
E-mail：jbason@ arches.uga.edu
http://src.ibr.uga.edu

Survey Research Center
Savannah State University
P.O.Box 20243
Savannah, GA 31404-9703
Phone：912-356-2244
Fax：912-356-2299
E-mail：src@ savstate.edu
http://www.savstate.edu/orsp/src/about.html

Illinois

Survey Research Office
University of Illinois at Springfield

One University Plaza
Springfield, IL 62703-5407
Phone: 217-206-6591
Fax: 217-206-7979
E-mail: Schuldt.Richard@ uis.edu
http://sro.uis.edu

National Opinion Research Center (NORC)
University of Chicago
1155 East 60th St.
Chicago, IL 60637
Phone: 773-256-6000
Fax: 773-753-7886
E-mail: norcinfo@ norcmail.uchicago.edu
http://www.norc.uchicago.edu

Survey Lab
Judd Hall
University of Chicago
5835 S.KimbarkAve.
Chicago, IL 60637
Phone: 773-834-3843
Fax: 773-834-7412
http://socialsciences.uchicago.edu/survey-lab

Public Opinion Laboratory
Northern Illinois University
148N.Third St.
DeKalb, IL 60115-2854
Phone: 815-753-9657
E-mail: publicopinionlab@ niu.edu
http://www.pol.niu.edu

Center for Business and Economic Research
Bradley University
1501 W.Bradley Ave., Baker 122
Peoria, IL 61625
Phone: 309-677-2278
Fax: 309-677-3257
E-mail: bjg@ bumail.bradley.edu
http://www.bradley.edu/fcba/cber

Metro Chicago Information Center
360 N.Michigan Ave., Suite 1409
Chicago, IL 60601-3802
Phone: 312-580-2878
Fax: 312-580-2879
E-mail: mcic@ mcic.org
http://www.mcic.org

Survey Research Laboratory
University of Illinois at Chicago

412 S.Peoria St., Sixth Floor
Chicago, IL 60607-7069
Phone: 312-996-5300
Fax: 312-996-3358
E-mail: info@ srl.uic.edu
http://www.srl.uic.edu

Indiana

Center for Survey Research
Indiana University
1022 E.Third St.
Bloomington, IN 47405
Phone: 812-855-8380
Fax: 812-855-2818
E-mail: csr@ indiana.edu
http://www.indiana.edu/ ~ csr/

Indiana University Public Opinion Laboratory
Indiana University
719 Indiana Ave., Suite 260
Indianapolis, IN 46202
Phone: 317-274-4105
Fax: 317-278-2383
E-mail: IGEM100@ iupui.edu
http://felix.iupui.edu

Iowa

Institute for Social and Behavioral Research
Iowa State University
2625 N.Loop Drive, Suite 500
Ames, IA 50010-8296
Phone: 515-294-4518
Fax: 515-294-3613
E-mail: shhuck@ iastate.edu
http://www.isbr.iastate.edu

Social Science Institute
University of Iowa
123 N.Linn St., Suite 130
Iowa City, IA 52242
Phone: 319-335-2367
Fax: 319-335-2070
E-mail: mike-ohara@ uiowa.edu
http://www.uiowa.edu/ ~ issidata/

Survey Section
Statistical Laboratory
Iowa State University
220 Snedecor Hall
Ames, IA 50011

Phone:515-294-5242
Fax:515-294-2456
E-mail:nusser@ iastate.edu
http://www.statlab.iastate.edu/survey/

Center for Social and Behavioral Research
University of Northern Iowa
221 Sabin Hall
Cedar Falls,IA 50614-0402
Phone:319-273-2105
Fax:319-273-3104
E-mail:lutz@ csbr.csbs.uni.edu
http://csbsnt.csbs.uni.edu/dept/csbr/

Kansas
CATI Laboratory
School of Family Studies and Human Services
Kansas State University
1700 Anderson Ave.
Manhattan,KS 66506-1403
Phone:785-532-5510
Fax:785-532-5505
E-mail:schumm@ humec.ksu.edu
www.ksu.edu/humec/fshs/fshs.htm
Survey Research Center
Policy Research Institute
University of Kansas
1541 Lilac Lane
607 Blake Hall
Lawrence,KS 66044-3177
Phone:785-864-3701
Fax:785-864-3683
E-mail pri@ ku.edu
http://www.ku.edu/pri

Kentucky
Urban Studies Institute
Survey Research Center
University of Louisville
426 W.Bloom St.
Louisville,KY 40208
Phone:502-852-8151
Fax:502-852-4558
E-mail:bgale@ louisville.edu
http://www.louisville.edu/cbpa/usi

Survey Research Center
University of Kentucky
304 Breckinridge Hall

Lexington,KY 40506-0056
Phone:859-257-4684
Fax:859-323-1972
E-mail:langley@ uky.edu
http://survey.rgs.uky.edu/

Louisiana
Survey Research Center
Department of Political Science
University of New Orleans
New Orleans, LA 70148
Phone:504-280-6467
Fax:504-280-3838
E-mail:unopoll@ uno.edu
http://www.uno.edu/~poli/unopoll/

Maine
Survey Research Center
Edmund S.Muskie School of Public Service
University of Southern Maine
P.O.Box 9300
Portland,ME 04104-9300
Phone:207-780-4430
Fax:207-780-4417
E-mail:leighton@ usm.maine.edu
http://muskie.usm.maine.edu/src/SRCoverview.html

Maryland
Centers for Public Health Research and Evaluation(CPHRE)
Battelle
CPHRE Business Development office
505 King Ave.
Columbus,Ohio 43201
Phone:614-424-6424
E-mail:solutions@ battele.org
http://www.battelle.org/hhs/cphre/default.stm

Center for the Study of Local Issues
Anne Arundel Community College
101 College Parkway
Arnold,MD 21012
Phone:410-777-2733
Fax:410-777-4733
E-mail:ddnataf@ aacc.edu
http://www.aacc.cc.md.us/csli

Institute for Governmental Service

University of Maryland
4511 Knox Road, Suite 205
College Park, MD 20740
Phone: 301-403-4610
Fax: 301-403-4222
E-mail: jb128@ umail.umd.edu
http://www.vprgs.umd.edu/igs/

Massachusetts
Center for Business Research
University of Massachusetts Dartmouth
285 Old Westport Road
North Dartmouth, MA 02747-2300
Phone: 508-999-8446
Fax: 508-999-8646
E-mail: nbarnes@ umassd.edu
http://www.umassd.edu/cbr

North Charles Research and Planning Group
875 Massachusetts Ave., 7th Floor
Cambridge, MA 02139
Phone: 617-864-9115
Fax: 617-864-2658
E-mail: wmcauliffe@ ntc.org
http://www.ntc.org

Communication Research Center
Boston University
704 Commonwealth Ave.
Boston, MA 02215
Phone: 617-358-1300
Fax: 617-358-1301
E-mail: elasmar@ bu.edu
http://crc.bu.edu/

Center for Survey Research
University of Massachusetts Boston
100 Morrissey Blvd.
Boston, MA 02125-3393
Phone: 617-287-7200
Fax: 617-287-7210
E-mail: csr@ umb.edu
http://www.csr.umb.edu

Michigan
Center for Urban Studies
Survey Research
Wayne State University
Faculty Administration Building
656 W. Kirby, Room 3040

Detroit, MI 48202
Phone: 313-577-2208
Fax: 313-577-1274
E-mail: CUSinfo@ wayne.edu
http://www.cus.wayne.edu

Survey Research Center
Institute for Social Research
University of Michigan
P.O. Box 1248
Ann Arbor, MI 48106-1248
Phone: 734-764-8365
Fax: 734-764-5193
E-mail: srchr@ isr.umich
http://www.isr.umich.edu

Office for Survey Research
Institute for Public Policy and Social Research
Michigan State University
302 Berkey Hall
East Lansing, MI 48824-1111
Phone: 517-355-6672
Fax: 517-432-1544
E-mail: hembroff@ msu.edu
http://www.ippsr.msu.edu

Minnesota
Minnesota Center for Survey Research
University of Minnesota
2331 University Ave. S.E., Suite 141
Minneapolis, MN 55414-3067
Phone: 612-627-4282
Fax: 612-627-4288
E-mail: armso001@ umn.edu
http://www. cura. umn. edu/programs/
mcsr.html

Wilder Research Center
Amherst H. Wilder Foundation
1295 Bandana Blvd. N., Suite 210
St. Paul, MN 55108
Phone: 615-647-4600
Fax: 615-647-4623
E-mail: research@ wilder.org
http://www.wilder.org/research

Mississippi
Survey Research Unit
Social Science Research Center
Mississippi State University

P.O.Box 5287
Mississippi State, MS 39762-5287
Phone: 662-325-7127
Fax: 662-325-7966
E-mail: Wolfgang.Frese@ ssrc.msstate.edu
http://www.ssrc.msstate.edu

Missouri

Public Policy Research Center
University of Missouri-St.Louis
362 SSB
8001 Natural Bridge Road
St.Louis, MO 63121
Phone: 314-516-5273
Fax: 314-516-5268
E-mail: pprc@ umsl.edu
http://pprc.umsl.edu/

Center for Social Sciences and Public
Policy Research
Southwest Missouri State University
901 S.National Ave.
Springfield, MO 65804
Phone: 417-836-6854
Fax: 417-836-8332
E-mail: cssppr@ smsu.edu
http://cssppr.smsu.edu/

Nebraska

Bureau of Sociological Research
University of Nebraska-Lincoln
731 Oldfather Hall
Lincoln, NE 68588-0325
Phone: 402-472-3672
Fax: 402-472-6070
E-mail: bosr@ unl.edu
http://www.unl.edu/bosr

Nevada

Center for Applied Research
College of Human and Community Sciences
University of Nevada, Reno
Reno, NV 89557-0017
Phone: 775-784-6718
Fax: 775-784-4506
E-mail: calder@ sabcar.unr.edu
http://www.sabcar.unr.edu

Cannon Center for Survey Research

University of Nevada, Las Vegas
P.O.Box 455008
Las Vegas, NV 89154-5008
Phone: 702-895-0167
Fax: 702-895-0165
E-mail: lamatsch@ nevada.edu
http://www.unlv.edu/Research_Centers/ccsr

New Hampshire

Survey Center
University of New Hampshire
Thompson Hall
105 Main St.
Durham, NH 03824
Phone: 603-862-2226
Fax: 603-862-1488
E-mail: Andrew.Smith@ unh.edu
http://www.unh.edu/ipssr/survey-center/

New Jersey

Survey Research Center
Princeton University
169 Nassau St.
Princeton, NJ 08542-7007
Phone: 609-258-5660
Fax: 609-258-0549
E-mail: efreelan@ princeton.edu
http://www.wws.princeton.edu/ ~ psrc/

Eagleton Institute of Politics
Rutgers University
Wood Lawn-Neilson Campus
191 Ryders Lane
New Brunswick, NJ 08901-8557
Phone: 732-932-9384
Fax: 732-932-6778
E-mail: eagleton@ rci.rutgers.edu
http://www.eagleton.rutgers.edu

New Mexico

Institute for Public Policy
Department of Political Science
University of New Mexico
1805 Sigma Chi Road, NE
Albuquerque, NM 87131-1121
Phone: 505-277-1099
Fax: 505-277-3115
E-mail: instpp@ unm.edu
http://www.unm.edu/%7Einstpp/index.html

New York
Marist College Institute for Public Opinion
Marist College
3399 North Road
Poughkeepsie, NY 12601
Phone: 845-575-5050
Fax: 845-575-5111
E-mail: maristpoll@ marist.edu
http://www.maristpoll.marist.edu

Center for Social and Demographic Analysis
University at Albany, SUNY
1400Washington Ave.
Albany, NY 12222
Phone: 518-442-4905
Fax: 518-442-4936
E-mail: s.south@ albany.edu
http://www.albany.edu/csda/

Paul F.Lazarsfeld Center for the Social Sciences
Columbia University
420 W.118th St., 8th Floor
NewYork, NY 10027
Phone: 212-854-3081
Fax: 212-854-8925
E-mail: psbl7@ columbia.edu
http://www. cc. columbia. edu/cu/isetr/
css.html

Department of Sociomedical Sciences
Mailman School of Public Health
Columbia University
722 W.168th St., 9th Floor
New York, NY 10032
Phone: 212-305-5656
Fax: 212-305-6832
E-mail: cgh1@ columbia.edu
http://chaos. cpmc. columbia. edu/newsms/
Flash/Index.asp

Division of Basic and Applied Social Sciences
Keuka College
Keuka Park, NY 14478
Phone: 315-536-5370
Fax: 315-279-5216
E-mail: bass@ mail.keuka.edu
http://www. keuka. edu/academic/bass/
index.html

Social Indicators Survey Center
School of Social Work

Columbia University
622 W. 113th St.
New York, NY 10025
Phone: 212-854-9046
Fax: 212-854-0433
E-mail: siscenter@ columbia.edu
http://www. columbia. edu/cu/ssw/projects/
surcent/

The Stony Brook Center for Survey Research
Department of Political Science
SUNY at Stony Brook
Social and Behavioral Sciences Building,
7th Floor
Stony Brook, NY 11794-4392
Phone: 631-632-4006
Fax: 631-632-1538
E-mail: survey_research@ sunysb.edu
http://ws.cc.stonybrook.edu/surveys/

Survey Research Institute
B12 Ives Hall
Cornell University
Ithaca, NY 14853
Phone: 607-255-3786
Toll free: 888-367-8404
Fax: 607-255-7118
E-mail: cast@ cornell.edu
http://www.sri.cornell.edu

North Carolina
Survey Research Unit
Bolin Creek Center
University of North Carolina
730 Airport Road, Suite 103, CB#2400
Chapel Hill, NC 27599-2400
Phone: 919-843-7845
Fax: 919-966-2221
E-mail: sruinfo@ unc.edu
http://www.sph.unc.edu/sru/Home.html

Social and Statistical Sciences
Research Triangle Institute
3040 Cornwallis Road
P.O.Box 12194
Research Triangle Park, NC 27709-2194
Phone: 919-541-7008
Fax: 919-541-7004
E-mail: rak@ rti.org
http://www.rti.org

Howard W. Odum Institute for Research in Social Science
University of North Carolina at Chapel Hill
Manning Hall, CB#3355
Chapel Hill, NC 27599-3355
Phone: 919-962-3061
Fax: 919-962-4777
E-mail: bollen@ email.unc.edu
http://www2.irss.unc.edu/irss/home.asp

Center for Urban Affairs and Community Services
North Carolina State University at Raleigh
P.O.Box 7401
Raleigh, NC 27695-7401
Phone: 919-515-1300
Fax: 919-515-3642
E-mail: yevonne_brannon@ ncsu.edu
http://www.cuacs.ncsu.edu

Ohio

Institute for Policy Research
University of Cincinnati
P.O.Box 210132
Cincinnati, OH 45221-0132
Phone: 513-556-5028
Fax: 513-556-9023
E-mail: Alfred.Tuchfarber@uc.edu
http://www.ipr.uc.edu

Survey Research Laboratory
Kent State University
227 Merrill Hall
Kent, OH 44242-0001
Phone: 330-672-2562
Fax: 330-672-4724
E-mail: bmcdonal@ kent.edu
http://dept.kent.edu/cati

Center for Policy Studies
University of Akron
225 South Main St.
Akron. OH 44325-1911
Phone: 330-972-5111
Fax: 330-972-2501
E-mail: jmarquette@ uakron.edu
http://www3.uakron.edu/src/

Center for Survey Research
College of Social and Behavioral Sciences
The Ohio State University

3045 Derby Hall, 154 North Oval Mall
Columbus, OH 43210-1330
Phone: 614-292-6672
Fax: 614-292-6673
E-mail: kosicki.1@ osu.edu
http://www.csr.ohio-state.edu/

Communication Research Center
Department of Communication
Cleveland State University
2001 Euclid Ave.
Cleveland, OH 44115-1121
Phone: 216-687-4630
Fax: 216-687-5435
E-mail: k.neuendorf@ csuohio.edu
http://www.csuohio.edu/com/crc.htm

Center for Human Resource Research
The Ohio State University
921 Chatham Lane, Suite 100
Columbus, OH 43221-2418
Phone: 614-442-7300
Fax: 614-442-7329
E-mail: usersvc@ postoffice.chrr.ohio-state.edu
http://www.chrr.ohio-state.edu/

Oklahoma

Bureau for Social Research
Oklahoma State University
306B Human Environmental Services
Stillwater, OK 74078-6117
Phone: 405-744-6701
Fax: 405-744-3342
E-mail: chrisaj@ okstate.edu
http://www.okstate.edu/hes/bsr/

Oregon

Oregon State University Survey Research Center
Department of Statistics
Oregon State University
44 Kidder Hall
Corvallis, OR 97331-4606
Phone: 541-737-3584
Fax: 541-737-3489
E-mail: lesser@ stat.orst.edu
http://osu.orst.edu/dept/statistics/src/

Oregon Survey Research Laboratory
University of Oregon
5245 University of Oregon
Eugene, OR 97403-5245

Phone: 541-346-0824
Fax: 541-346-0388
E-mail: osrl@ uoregon.edu
http://osrl.uoregon.edu

Pennsylvania
University Center for Social and Urban Research
University of Pittsburgh
121 University Pl.
Pittsburgh, PA 15260
Phone: 412-624-5442
Fax: 412-624-4810
E-mail: ucsur@ pitt.edu
http://www.ucsur.pitt.edu

Center for Survey Research
Penn State Harrisburg
777 W.Harrisburg Pike
Middletown, PA 17057-4898
Phone: 717-948-6336
Fax: 717-948-6754
E-mail: pasdc@ psu.edu
http://pasdc.hbg.psu.edu

Center for Opinion Research
Millersville University
P.O.Box 1002
Millersville, PA 17551-0302
Phone: 717-871-2375
Fax: 717-871-5667
E-mail: Berwood. Yost@ millersville.edu
http://muweb.millersville.edu/~opinion/

Institute for Survey Research
Temple University
1601 N.Broad St.
Philadelphia, PA 19122
Phone: 215-204-8355
Fax: 215-204-3797
E-mail: lenlo@ temss2.isr.temple.edu
http://www.temple.edu/isr

Rhode Island
A. Alfred Taubman Center for Public Policy
and American Institutions
Brown University
P.O.Box 1977
Providence, RI 02912
Phone: 401-863-2201
Fax: 401-863-2452
E-mail: thomas_anton@ brown.edu

http://www.brown.edu/Departments/Taubman_Center/

Taubman Center/John Hazen White Sr.
Public Opinion Laboratory
Center for Public Policy
Brown University
67 George St., Box 1977
Providence, RI 02912
Phone: 401-863-1163
E-mail: Darrell_West@ brown.edu
http://www.brown.edu/Departments/Taubman_Center/pubopin.html

South Carolina
Survey Research Laboratory
University of South Carolina
1503 Carolina Plaza
Columbia, SC 29208
Phone: 803-777-4566
Fax: 803-777-4575
E-mail: oldendick@ iopa.sc.edu
http://www.iopa.sc.edu/srl/

South Dakota
Business Research Bureau
School of Business
University of South Dakota
414 E.Clark St.
Vermillion, SD 57069
Phone: 605-677-5287
Fax: 605-677-5427
E-mail: rstuefen@ usd.edu
http://www.usd.edu/brbinfo/

Tennessee
Social Science Research Institute
University of Tennessee at Knoxville
209 UT Conference Center Building
Knoxville, TN 37996-0640
Phone: 423-974-2819
Fax: 423-974-7541
E-mail: pa106528@ utkvml.utk.edu
http://web.utk.edu/~ssri/

Texas
Center for Community Research and Development
Baylor University
P.O.Box 97131

Waco, TX 76798-7131
Phone: 254-710-3811
Fax: 254-710-3809
E-mail: larry_lyon@ baylor.edu
http://www.baylor.edu/ ~ CCRD

Earl Survey Research Laboratory
Texas Tech University
Box 41015
Lubbock, TX 79409-1015
Phone: 806-742-4851
Fax: 806-742-4329
E-mail: brcannon@ ttu.edu
http://www.ttu.edu/ ~ esrl

Survey Research Center
University of North Texas
P.O.Box 310637
Denton, TX 76203-0637
Phone: 940-565-3221
Fax: 940-565-3295
E-mail: paulr@ scs.cmm.unt.edu
http://www.unt.edu/src/

Survey Research Program
George J.Beto Criminal Justice Center
Sam Houston State University
Huntsville, TX 77341-2296
Phone: 936-294-1651
Fax: 936-294-1653
E-mail: icc_drl@ shsu.edu
http://www. shsu. edu/cjcenter/College/sr-pdex.htm

Office of Survey Research
University of Texas
3001 Lake Austin Blvd.
Austin, TX 78703
Phone: 512-471-4980
Fax: 512-471-0569
E-mail: survey@ uts.cc.utexas.edu
http://communication.utexas.edu/OSR/

Public Policy Research Institute
Texas A & M University
H.C.Dulie Bell Building, Suite 329
College Station, TX 77843-4476
Phone: 979-845-8800
Fax: 979-845-0249
E-mail: ppri@ tamu.edu
http://ppri.tamu.edu

Utah
Social Research Institute
Graduate School of Social Work
University of Utah
395 S.1500 E., Room 111
Salt Lake City, UT 84112-0260
Phone: 801-581-4857
Fax: 801-585-6865
E-mail: nharris@ socwk.utah.edu
http://www.socwk.utah.edu/sri/aboutsri.asp

Virginia
Survey and Evaluation Research Laboratory
Virginia Commonwealth University
921 W.Franklin St.
P.O.Box 843016
Richmond, VA 23284-3016
Phone: 804-828-8813
Fax: 804-828-6133
E-mail: srl@ vcu.edu
http://www.vcu.edu/srl/

Center for Survey Research
University of Virginia
P.O.Box 400767
2205 Fontaine Ave., Suite 303
Charlottesville, VA 22904-4767
Phone: 434-243-5232
Fax: 434-243-5233
E-mail: surveys@ virginia.edu
http://www.virginia.edu/surveys

Center for Survey Research
Virginia Tech
207 W. Roanoke St.
Blacksburg, VA 24061-0543
Phone: 540-231-3676
Fax: 540-231-3678
E-mail: vtcsr@ vt.edu
http://filebox.vt.edu/centers/survey

Washington
Collaborative Data Services
Survey Research and Technical Development Units
Fred Hutchinson Cancer Research Center
P.O.Box 19024, MP-647
Seattle, WA 98109
Phone: 206-667-7387

Fax: 206-667-7864
E-mail: kkreizen@fhcrc.org

Social and Economic Sciences Research Center
Washington State University
Wilson Hall, Room 133
P.O.Box 644014
Pullman, WA 99164-4014
Phone: 509-335-1511
Fax: 509-335-0116
E-mail: sesrc@wsu.edu
http://survey.sesrc.wsu.edu/

West Virginia
Institute for Labor Studies and Research
West Virginia University
711 Knapp Hall
P.O.Box 6031
Morgantown, WV 26506-6031
Phone: 304-293-4201
Fax: 304-293-3395
E-mail: Scook3@wvu.edu
http://www. wvu. edu/~ exten/depts/ilsr/
ilsr.htm

Wisconsin
Survey Center
University of Wisconsin
2412 Social Science Building
1800 University Ave., Room 102
Madison, WI 53705
Phone: 608-262-1688
Fax: 608-262-8432
E-mail: stevenso@ssc.wisc.edu
http://www.wisc.edu/uwsc

Institute for Survey and Policy Research
University of Wisconsin-Milwaukee
P.O.Box 413
Milwaukee, WI 53201
Phone: 414-229-6617
E-mail: akubeze@uwm.edu
http://www.uwm.edu/Dept/ISPR

Wyoming
Survey Research Center

University of Wyoming
College of Business Building, Room 1
P.O.Box 3925
Laramie, WY 82071-3925
Phone: 307-766-4209
Fax: 307-766-2040
E-mail: burke@uwyo.edu
http://uwyo.edu/src

Canada
Population Research Laboratory
Department of Sociology
University of Alberta
1-62 HM Tory Building
Edmonton, Alberta T6G 2H4, Canada
Phone: 780-492-4659
Fax: 780-492-2589
E-mail: donna.fong@ualberta.ca
http://www.ualberta.ca/PRL/

Institute for Social Research
York University
4700 Keele St.
Toronto, Ontario M3J 1P3, Canada
Phone: 416-736-5061
Fax: 416-736-5749
E-mail: isrnews@yorku.ca
http://www.isr.yorku.ca

England
National Centre for Social Research
35 Northampton Square
London EClV OAX, United Kingdom
Phone: 44-20-7250-1866
Fax: 44-20-7040-4900
http://www.natcen.ac.uk

Germany
Zuma-Center for Survey Research and Methodology
P.O.Box 122155
68072 Mannheim, Germany
Phone: 49-621-1246-0
Fax: 49-621-1246-100
E-mail: zuma@zuma-mannheim.de

伊利诺伊州控酒委员会:大学生调查

请为每个问题圈出一个数代码,除非有其他的具体说明。

1.您的年龄是?

18 岁以下 ·· 1(跳答问题22)

18 ·· 2

19 ·· 3

20 ·· 4

21 或以上 ·· 5(跳答问题22)

2.您喝过任何含酒精的饮品吗?（这里的"喝"我们是指一杯啤酒或葡萄酒,一听或一瓶啤酒、鸡尾酒,一大口或一小杯烈酒,等等。不包括您喝一小口他人的酒。）

喝过 ·· 1

没喝过 ·· 2(跳答问题16)

3.您第一次喝酒时多大?（不包括您喝一小口他人的酒。）

_____岁

4.上高中时,您是否喝酒,即使仅有一次?

是的 ·· 1

没有 ·· 2(跳答问题7)

5.您在高中毕业班时喝酒的频率通常是?

一星期两次或更多次 ·········· 1

一星期一次 ·········· 2

一个月一到三次 ·························· 3

一个月不到一次 ·························· 4

毕业班时从没有 ·························· 5（跳答问题 7）

6.您在毕业班喝酒的时候,平均喝几杯酒?

_____杯/每天

7.您在哪一年的几月从高中毕业?

_____月 _____年

8.高中毕业以来,你喝过酒吗?

喝过 ···································· 1

没有 ···································· 2（跳答问题 16）

9.过去 30 天里,您是否至少喝过一杯酒?

喝过 ···································· 1

没有 ···································· 2（跳答问题 16）

10.过去 30 天里,你有几天曾喝过酒精饮品?

_____天

11.当您喝酒的时候,您平均喝几杯?

_____杯每天

12.在过去 30 天里,您在哪里喝过酒?（圈出所有适用的）

我的公寓/宿舍 ························ 1

朋友或认识的人的家/公寓/宿舍 ········ 2

我父母家 ···························· 3

男生/女生联谊会 ···················· 4

酒吧/饭店 ···························· 5

其他(请具体说明)_____ ·············· 6

13.a.您最近一次喝酒的时候,是在多个不同的地方喝的吗?

是的 ································ 1

不是 ································ 2（跳答问题 14）

b.那次,您是在几个地方喝的?

二 ································ 1

三 ································ 2

四　　……………………………………………… 3

五或更多　………… 4

不确定　………… 8

c.那次，您在什么地方喝的？（圈出所有适用的）

我的公寓/宿舍　……………………… 1

朋友或认识的人的家/公寓/宿舍　……… 2

我父母家　………… 3

男生/女生联谊会　………… 4

酒吧/饭店　………… 5

其他（请具体说明）_____　………… 6

d.那次您在什么地方喝第一杯？

我的公寓/宿舍　……………………… 1

朋友或认识的人的家/公寓/宿舍　……… 2

我父母家　………… 3

男生/女生联谊会　………… 4

酒吧/饭店　………… 5

其他（请具体说明）_____　………… 6

e.那次您在什么地方喝最后一杯？

我的公寓/宿舍　……………………… 1

朋友或认识的人的家/公寓/宿舍　……… 2

我父母家　………… 3

男生/女生联谊会　………… 4

酒吧/饭店　………… 5

其他（请具体说明）_____　………… 6

14.在过去30天里，您喝的酒是谁买的？（圈出所有适用的）

我买的　………………………………… 1

21岁以下的朋友或熟人买的　………… 2

21岁或以上的朋友或熟人买的　……… 3

21岁以下的兄弟姊妹买的　………… 4

21岁或以上的兄弟姊妹买的　………… 5

父母买的　………………………………… 6

宴会上提供的酒——不知道谁买的　……… 7

其他（请具体说明）＿＿＿＿ ·············· 8

15.a.在过去 30 天里,您是否让其他人在大学城给您买过酒?

是 ······························ 1

否 ······················ 2（跳答问题 16）

b.在过去 30 天里,您让谁在大学城给您买过酒?（圈出所有适用的）

21 岁以下的朋友或熟人 ··············· 1

21 岁或以上的朋友或熟人 ·············· 2

21 岁以下的兄弟姊妹买的 ·············· 3

21 岁或以上的兄弟姊妹买的 ············· 4

父母 ····························· 5

陌生人 ··························· 6

其他（请具体说明）＿＿＿＿ ·············· 8

16.您为自己或其他人买过酒么?

买过 ···························· 1

没有 ···················· 2（跳答问题 18）

17.a.过去 30 天里,您为自己或其他人在大学城买过酒吗?

买过 ···························· 1

没有 ···················· 2（跳答问题 18）

b.过去 30 天里,您在大学城的什么地方买过酒?（圈出所有适用的）

酒吧/饭店 ···················· 1

零售酒商店 ···················· 2

加油站/便利店 ·················· 3

杂货店 ························ 4

其他（请具体说明）＿＿＿＿ ·········· 5

c.过去 30 天里,在大学城您常在哪里买酒?

酒吧/饭店 ···················· 1

零售酒商店 ···················· 2

加油站/便利店 ·················· 3

杂货店 ························ 4

其他（请具体说明）＿＿＿＿ ·········· 5

d.过去 30 天里,在大学城买酒您最常用的方法是什么?（如果超过一种方法,选择最常用的方法。)（只圈出一个)

使用伪造的或修改过的身份证 ·········· 1

使用大龄朋友/兄弟姊妹的身份证 ······ 2

从朋友/熟人那里买酒 ············· 3

经常去的地方不需要出示证件 ·········· 4

利用机会没有被要求出示证件 ·········· 5

其他(请具体说明)_____ ············· 6

18.您选择哪种酒精饮品?(只圈出一个)

啤酒 ····································· 1

葡萄酒 ·································· 2

烈酒 ····································· 3

混合饮品 ································ 4

其他(请具体说明)_____ ············· 5

不喝酒 ·································· 8

19.您在几岁时必须去您所在大学城的酒吧?

18 ······································· 1

19 ······································· 2

20 ······································· 3

21 ······································· 4

不知道 ·································· 8

20.a.过去 30 天里,您去过大学城的酒吧么?

去过 ··································· 1

没有 ····························· 2(跳答问题 21a)

b.你在酒吧喝了什么?

酒 ····································· 1

没有酒精的饮品 ···················· 2

酒精饮品和没有酒精的饮品都有 ···· 3

没有 ··································· 4

21.a.这个学期,您曾经接受过或参加过校园内的饮酒认知/教育活动吗?

参加过 ································ 1

没有 ····························· 2(跳答问题 22)

b.这个学期,您曾经接受过或参加过校园内专门针对低龄人饮酒的认知/教育活动吗?

参加过 …………………………………… 1

没有 …………………………………… 2

22.您的性别是？

男 …………………………………… 1

女 …………………………………… 2

23.您认为你自己的种族/民族背景是什么？

美洲印第安人或者阿拉斯加本土人 ……… 1

黑人/非洲后裔的美国人，不是西班牙后裔

…………………………………… 2

白人，不是西班牙后裔 ………………… 3

西班牙人/拉美人 ……………………… 4

亚洲人或太平洋岛民 …………………… 5

其他（请具体说明）_____ …………… 6

非常感谢您的帮助！

请把您做完的问卷装在这个邮资已付的信封邮寄到：

芝加哥伊利诺伊州立大学

调查研究实验室（M/C 336）

6905 信箱

芝加哥，IL60680

您的回答是完全匿名的。请把问卷和附上的明信片一起放进邮件中。这样我们就知道您已经寄回问卷，而不再用追踪邮件打扰您了。

附录 C
教员留任调查

教员留任　　　　　　　　　调查　　　　　2002 年 12 月

　　下面排列了一些因素，它们对于您决定是否离开伊利诺伊州立大学芝加哥校区或者它的分部可能有重要的意义，也可能没有重要的意义。请您在左栏记下这个因素对您和您的工作有多重要；在右栏记下这个因素对您决定离开大学有多重要。

　　请您圈出栏中的最能评定因素的重要性的数字。如果这个因素不适用，圈出"1"（完全不重要）。

　　1—5 分评分：

　　　1=完全不重要　2=不太重要　3=有些重要　4=非常重要　5=极其重要

1.组织的文化、政策和实施

对您和您的工作重要程度   对您离职的重要程度

完全不重要	不太重要	有些重要	非常重要	极其重要		完全不重要	不太重要	有些重要	非常重要	极其重要
1	2	3	4	5	a.大学的组织文化	1	2	3	4	5
1	2	3	4	5	b.大学里家园的感觉	1	2	3	4	5
1	2	3	4	5	c.系里的文化	1	2	3	4	5
1	2	3	4	5	d.您与组织以及组织职责之间的合适度	1	2	3	4	5
1	2	3	4	5	e.期望的研究数量	1	2	3	4	5
1	2	3	4	5	f.期望的教学数量	1	2	3	4	5
1	2	3	4	5	g.非研究性的/教学的责任和投入	1	2	3	4	5
1	2	3	4	5	h.你们系里的交流/反馈/支持	1	2	3	4	5
1	2	3	4	5	i.大学里的交流/反馈/支持	1	2	3	4	5
1	2	3	4	5	j.提升和长期聘用的政策	1	2	3	4	5
1	2	3	4	5	k.大学重视您的研究领域	1	2	3	4	5
1	2	3	4	5	l.您所在的系重视您的工作	1	2	3	4	5
1	2	3	4	5	m.对大学领导的信心	1	2	3	4	5
1	2	3	4	5	n.对系领导的信心	1	2	3	4	5
1	2	3	4	5	o.顾问的机会/项目	1	2	3	4	5
1	2	3	4	5	p.团队工作的机会/项目	1	2	3	4	5
1	2	3	4	5	q.报酬——年薪水平	1	2	3	4	5
1	2	3	4	5	r.报酬——福利	1	2	3	4	5
1	2	3	4	5	s.咨询工作的机会(大学外的,有偿的)	1	2	3	4	5
1	2	3	4	5	t.咨询工作的机会(大学里的,有偿的)	1	2	3	4	5
1	2	3	4	5	u.在重视多样性的文化中工作	1	2	3	4	5
1	2	3	4	5	v.在重视并肯定平等的文化中工作	1	2	3	4	5
1	2	3	4	5	w.工作环境安全	1	2	3	4	5
1	2	3	4	5	x.其他(请具体说明)_____	1	2	3	4	5

2.专业生活

对您和您的工作的重要程度 　　　　　　　　　　　　　　　　　　　对您的离职的重要程度

完全不重要	不太重要	有些重要	非常重要	极其重要		完全不重要	不太重要	有些重要	非常重要	极其重要
1	2	3	4	5	a.可以实现有意义的专业工作	1	2	3	4	5
1	2	3	4	5	b.感觉对您的工作有发言权	1	2	3	4	5
1	2	3	4	5	c.您课程的教学任务	1	2	3	4	5
1	2	3	4	5	d.您建议的任务	1	2	3	4	5
1	2	3	4	5	e.学生总体的质量	1	2	3	4	5
1	2	3	4	5	f.参与治理的机会	1	2	3	4	5
1	2	3	4	5	g.专业的职业生涯进步的机会	1	2	3	4	5
1	2	3	4	5	h.专业发展的机会	1	2	3	4	5
1	2	3	4	5	i.对您的研究的奖励/认可	1	2	3	4	5
1	2	3	4	5	j.对您的教学的奖励/认可	1	2	3	4	5
1	2	3	4	5	k.对您做服务的奖励/认可	1	2	3	4	5
1	2	3	4	5	l.绩效考核的透明和平等	1	2	3	4	5
1	2	3	4	5	m.工作的时间和日程安排	1	2	3	4	5
1	2	3	4	5	n.您的工作的压力水平	1	2	3	4	5
1	2	3	4	5	o.渴望新的专业挑战	1	2	3	4	5
1	2	3	4	5	p.在大学实现您的期望	1	2	3	4	5
1	2	3	4	5	q.其他(请具体说明)_____	1	2	3	4	5

3.大学的设施/服务/资源

对您和您的工作的重要程度　　　　　　　　　　　　　　　　　　对您的离职的重要程度

完全不重要	不太重要	有些重要	非常重要	极其重要		完全不重要	不太重要	有些重要	非常重要	极其重要
1	2	3	4	5	a.充足的经费和合同支持	1	2	3	4	5
1	2	3	4	5	b.可以获得让您工作的各种资源	1	2	3	4	5
1	2	3	4	5	c.充分的支持职员	1	2	3	4	5
1	2	3	4	5	d.充分的研究生助理	1	2	3	4	5
1	2	3	4	5	e.物质环境(如办公室,教师,停车场)	1	2	3	4	5
1	2	3	4	5	f.图书馆设施的质量	1	2	3	4	5
1	2	3	4	5	g.实验室设施的质量	1	2	3	4	5
1	2	3	4	5	h.其他(请具体说明)＿＿＿＿＿＿	1	2	3	4	5

4.环境

对您和您的工作的重要程度　　　　　　　　　　　　　　　　　　对您的离职的重要程度

完全不重要	不太重要	有些重要	非常重要	极其重要		完全不重要	不太重要	有些重要	非常重要	极其重要
1	2	3	4	5	a.你们校园的研究环境	1	2	3	4	5
1	2	3	4	5	b.你们系的研究环境	1	2	3	4	5
1	2	3	4	5	c.你们校园的教学环境	1	2	3	4	5
1	2	3	4	5	d.你们系的教学环境	1	2	3	4	5
1	2	3	4	5	e.你们校园的服务环境	1	2	3	4	5
1	2	3	4	5	f.你们系的服务环境	1	2	3	4	5
1	2	3	4	5	g.你们机构作为一个研究机构的声望	1	2	3	4	5
1	2	3	4	5	h.你们学院的声望	1	2	3	4	5

续表

完全不重要	不太重要	有些重要	非常重要	极其重要		完全不重要	不太重要	有些重要	非常重要	极其重要
1	2	3	4	5	i.与你们系领导的融洽关系	1	2	3	4	5
1	2	3	4	5	j.你们系里同事的声望	1	2	3	4	5
1	2	3	4	5	k.与同事的情谊	1	2	3	4	5
1	2	3	4	5	l.与同事意气相投	1	2	3	4	5
1	2	3	4	5	m.同事的多样性	1	2	3	4	5
1	2	3	4	5	n.与学生的思想讨论	1	2	3	4	5
1	2	3	4	5	o.其他(请具体说明)＿＿＿＿＿	1	2	3	4	5

5.个人的考虑

对您和您的工作的重要程度　　　　　　　　　　　　　　对您的离职的重要程度

完全不重要	不太重要	有些重要	非常重要	极其重要		完全不重要	不太重要	有些重要	非常重要	极其重要
1	2	3	4	5	a.你们校园位于城市中	1	2	3	4	5
1	2	3	4	5	b.交通转车的时间	1	2	3	4	5
1	2	3	4	5	c.在当地社区的社交机会	1	2	3	4	5
1	2	3	4	5	d.当地人口的多样性	1	2	3	4	5
1	2	3	4	5	e.获得与文化有关的机会	1	2	3	4	5
1	2	3	4	5	f.当地中小学教育的质量	1	2	3	4	5
1	2	3	4	5	g.可获得的住房的质量	1	2	3	4	5
1	2	3	4	5	h.可获得的儿童托育	1	2	3	4	5
1	2	3	4	5	i.配偶的职业机会	1	2	3	4	5
1	2	3	4	5	j.你们城市的地理气候	1	2	3	4	5
1	2	3	4	5	k.家庭的邻近(你的,你配偶的)	1	2	3	4	5
1	2	3	4	5	l.其他(请具体说明)＿＿＿＿	1	2	3	4	5

附录 D
Kinko 的开放式服务的满意度调查

您是位受尊重的消费者。您的意见对我们很重要。请耽搁一些时间填写这张卡片，或打客服电话 1-800-×××-××××，或者访问我们的网站，让我们知道我们现在做得怎么样。

总的来说，您今天对我们的服务满意吗？

（圈出一个）

极不满意   极为满意

1	2	3	4	5	6	7	8	9

哪些服务我们做得好？ _____

_____

我们应当改进哪些服务？ _____

_____

我们做些什么才能给您更好的服务？ _____

_____

其他的评价？ _____

_____

访问日期：_____　　　　　时点：_____

姓名：_____

地址：_____

城市/州/邮编：_____

区号：_____　电话：_____

职业：_____

谢谢您的合作。

图书在版编目(CIP)数据

问卷设计手册:市场研究、民意调查、社会调查、
健康调查指南/(美)布拉德伯恩(Bradburn,N.),(美)
萨德曼(Sudman,S.),(美)万辛克(Wansink,B.)著;
赵锋译.—2版.—重庆:重庆大学出版社,2018.10(2021.12重印)
(万卷方法)
书名原文:Asking Questions:The Definitive
Guide to Questionnaire Design—For Market
Research,Political Polls,and Social and Health
Questionnaires
ISBN 978-7-5624-5597-4

Ⅰ.①问… Ⅱ.①布…②萨…③万…④赵… Ⅲ.
①问卷法—手册 Ⅳ.①C91-03

中国版本图书馆 CIP 数据核字(2010)第 153210 号

问卷设计手册
——市场研究、民意调查、社会调查、健康调查指南
诺曼·布拉德伯恩
希摩·萨德曼 著
布莱恩·万辛克

赵 锋 译
沈崇麟 校

策划编辑:林佳木

责任编辑:李定群 邬小梅 版式设计:林佳木
责任校对:刘 刚 责任印制:张 策

*

重庆大学出版社出版发行
出版人:饶帮华
社址:重庆市沙坪坝区大学城西路 21 号
邮编:401331
电话:(023) 88617190 88617185(中小学)
传真:(023) 88617186 88617166
网址:http://www.cqup.com.cn
邮箱:fxk@ cqup.com.cn(营销中心)
全国新华书店经销
重庆华林天美印务有限公司印刷

*

开本:940mm×1360mm 1/32 印张:11.25 字数:335千
2018 年 10 月第 2 版 2021 年 12 月第 8 次印刷
ISBN 978-7-5624-5597-4 定价:42.00 元

版贸核渝字(2017) 第 237 号